中国少数民族设计全集

The Design Collection of Chinese Ethnic Minorities

京族

中国少数民族设计全集编纂委员会　编

图书在版编目（CIP）数据

中国少数民族设计全集.京族／中国少数民族设计全集编纂委员会编；孙林，许边疆著.—太原：山西人民出版社，2019.8
ISBN 978-7-203-10910-5

Ⅰ.①中… Ⅱ.①中…②孙…③许… Ⅲ.①京族-民族文化-研究-中国 Ⅳ.①K28

中国版本图书馆CIP数据核字（2019）第111957号

中国少数民族设计全集.京族

编　　者：	中国少数民族设计全集编纂委员会
著　　者：	孙　林　许边疆
责任编辑：	赵晓丽
复　　审：	武　静
终　　审：	阎卫斌
装帧设计：	谢　成

出 版 者：	山西人民出版社　人民美术出版社
地　　址：	太原市建设南路21号
邮　　编：	030012
发行营销：	0351－4922220　4955996　4956039　4922127（传真）
天猫官网：	https://sxrmcbs.tmall.com　电话：0351－4922159
E — mail：	sxskcb@163.com　发行部 sxskcb@126.com　总编室
网　　址：	www.sxskcb.com

经 销 者：	山西出版传媒集团·山西人民出版社
承 印 者：	山西出版传媒集团·山西新华印业有限公司

开　　本：	889mm×1194mm　　1/16
印　　张：	16.25
字　　数：	238千字
印　　数：	1—1 000册
版　　次：	2019年8月　第1版
印　　次：	2019年8月　第1次印刷
书　　号：	ISBN 978-7-203-10910-5
定　　价：	240.00元

如有印装质量问题请与本社联系调换

中国少数民族设计全集编纂委员会

总 主 编（按年龄排序）
　　　　　　张夫也　王立端　戴晋明　廖　军　王　琥　李豫闽　过伟敏　顾　平
　　　　　　王　强　李　岗
执行主编　王　琥
编务统筹　张明山

中国少数民族设计全集编辑工作委员会

主　　任　刘伟冬
编　　委（排名不分先后）
　　　　　　王　琥　王　峰　王　强　王立端　王浩滢　白　波　过伟敏　许　星
　　　　　　许边疆　李　岗　李　丽　李豫闽　成光虎　肖　飞　余　强　汪传跃
　　　　　　罗　力　杨明朗　陈　述　陈见东　邱　珂　胡万明　顾　平　郑　静
　　　　　　郭立忠　姬　莹　张夫也　张泽国　张明山　张秋平　张耀引　梁盛平
　　　　　　樊　进　谢　玮　熊　伟　熊　微　熊建新　蔡克中　葛　芳　鞠　斐
　　　　　　魏　洁　廖　军　戴晋明

中国少数民族设计全集出版工作委员会

主　　任　胡彦威　周　伟
执行主任　姚　军　欧京海
编务统筹　阎卫斌　周小龙
编　　辑（排名不分先后）
　　　　　　王新斐　史美珍　冯　昭　冯灵芝　吉　昊　吕绘元　刘小玲　任秀芳
　　　　　　孙　琳　孙宇欣　李广洁　李建业　李　靖　员荣亮　张小芳　张志杰
　　　　　　张书剑　何赵云　陈俞江　吴春华　武　静　周小龙　柳承旭　郝文霞
　　　　　　赵　玉　赵晓丽　席　青　秦继华　高　雷　郭向南　阎卫斌　崔人杰
　　　　　　傅晓红　蔡咏卉　翟丽娟　樊　中　薛正存　魏　红　魏美荣
整体设计　谢　成

中国少数民族设计全集·京族

本册著者　孙　林　许边疆
民族顾问　苏维芳（京族）

求同存异 和合共荣

刘伟冬

中华民族,是一个由56个民族组成的大家庭。在漫长的文明发展史中,汉族和各少数民族都为中华文明的繁荣发展贡献了自己的聪明才智。纵观中华文明史,其实就是一部各族群之间"求同存异,和合共荣"的文化演进史。

从根子上讲,4000年前的"中国",仅指北方中原地区,居住在这里的相传是上古时期黄帝部落和炎帝部落的后裔,故而自称"炎黄子孙"。其时的"中国",不过是黄河中下游(西起陇山,东至泰山)区域。在千年发展与民族融合之后,尤其是晋末"衣冠南渡",南迁的中原汉族与南方百越民族彻底融合,来自北方的鲜卑等民族融入汉族,使汉族前所未有地壮大发展,逐渐形成后来疆域辽阔、人口众多、物产繁盛、文化昌明的中华民族的主体族群。特别值得强调的是,自从作为一个民族整体之后,中华民族就从未中断过自己的民族发展史——这在世界历史上是硕果仅存、独一无二的。

中华民族具备兼容并蓄、虚心好学的民族天性。仅以设计学范畴的事例讲:在数千年文明发展历史中,中华民族在不断向外输出优秀的文明成果(如烧造之陶瓷砖瓦、营造之榫卯斗拱、织造之丝绸刺绣、锻造之"失蜡"分模等),影响全人类的日

常生活与生产方式的同时，也不断地吸纳域外各民族的优秀文明成果，如汉魏之印度佛教和西域音乐、隋唐之西亚服饰和家具、宋元之东洋印染和漆艺、明清之西洋机器与建筑……在中华民族内部，这样的文化交流更是从未停止过，而且是风生水起、枝繁叶茂，愈发流畅、深入，中华民族各族群之间"求同存异，和合共荣"的文化大演进，共同创造了中华民族极为灿烂辉煌的造物文明历史。仍以设计学范畴为例：原本是匈奴人发明的单足绳圈，被晋代的汉族人设计成铁质双镫；最早是鲜卑人原创的毡毯卷边，被晋代的汉族人改造成"高桥马鞍"，这宗中国式马具设计案例，被誉为"13世纪中国传入欧洲的最重要文化成果"（李约瑟语）。再如，西域（今新疆地区）是全世界最早的皮靴生产地，哈尼族为主的红河地区出现了全世界最早的梯田。再如，全世界最早的"干栏式建筑"和全世界最早的稻米人工育种、栽培，均起源于长江中下游的百越地区；全世界最早的竹藤编结器物起源于闽越地区……由中华民族共同创造、发明，后来又影响了全人类文明进程的优秀造物设计案例很多，不胜枚举。几千年中华民族的文明史，就是各种文化多元融合、共同发展的最好例证。不了解中华民族内部各族群的文明交流史，就无法真正理解中国文化史，也不能理解为什么中华民族总是能在逆境中成长强大。甚至可以说，能否完整地理解中华民族的文化史，是检验每一个当代中国知识分子（特别是文史哲专业的学者）文化立场的"试金石"。

随着改革开放的逐渐深入，各民族地区的经济与社会状态已发生了天翻地覆的变化。令人遗憾和担心的是，由于各地区政策执行力度不平衡，保护措施不得力，少数民族的文化特性正在逐步衰退，有些地区的少数民族文化特征甚至已经消失殆尽，仅仅

存在于徒具形式，充满口号、标语的民族文化村旅游景点中。有学者预言，再不加快整理抢救工作，中国的少数民族可能在物质形态和文化内涵的特征上，若干年后将不复存在。

从少数民族地区反映古代中国社会某些面貌的文化遗存看，这些少数民族之所以一直与汉族地区差距巨大，存在多方面的原因，其中历代汉族统治者对少数民族的歧视政策是主要原因。此外这些地区本身就处于偏僻荒地，不是沙漠就是山区，自然条件远不及汉族聚集地区，社会发展水平滞后。20世纪50年代，有相当比例的少数民族在当时仍处于原始农耕社会或奴隶制社会，不要说通电、通水、通汽车，不少人一辈子连铁器长什么样都没见过。部分少数民族聚集地的各种自然条件也较差，缺肥少水，基本生活来源，一靠老天爷恩赐的"望天收"农作物；二靠家庭手工作坊制作些竹藤编结物和土织、土陶等土特产来换取粮食；三靠养猪、兔、羊和鸡、鸭、鹅等家禽来换取日用品，如灯油、农具、衣物和油盐酱醋等；四靠为土司、头人和大户们出卖劳力（社会底层奴隶身份），年老即被抛弃。中华人民共和国成立后，党和政府在这些地区实行社会主义改造，打倒以土司、巫师和头人为首的剥削阶级，将土地和生产资料一律收归集体所有，解放了全体少数民族民众，使他们历史上第一次有了自由劳作和生活的权利。

中华人民共和国成立之初，党和政府就高度关注民族事务问题，为如何保护、关心各少数民族制定了一系列方针、政策，也为当代中国社会处理民族问题、保护民族文化树立了光辉典范。中央人民政府政务院于20世纪50年代初发布了《关于民族事务的几项决定》，为新中国民族政策奠定了最初的思想基础，其主要内容是：一、各大行政区军政委员会（人民政府）须指导各有关

省、市、行署人民政府认真推行民族区域自治及民族民主联合政府的政策和制度，并随时向政务院报告推行经验，请示者须事前向政务院请示。二、各大行政区军政委员会（人民政府）须指导各有关省、市、行署人民政府认真并有计划地实行政务院在1950年颁发的《培养少数民族干部试行方案》，并将该项工作进行情况定期加以检查，每半年向政务院报告一次。中央民族学院及西北、西南、中南各军政委员会和新疆省人民政府的民族学院，必须依计划实行，并向政务院报告。三、政务院于1951年下半年适当时间将同时召开有关少数民族的卫生、教育及贸易三个专业会议，责成政务院文教委员会、中财委指导中央卫生部、教育部、贸易部开始筹备，并责成中央民族事务委员会协助进行。有关部门如农业部、文化部也须派人参加。四、责成中央人民政府各委、部、会、院、署、行注意建立有关民族事务的业务。五、在政务院文教委员会内设民族语言文字研究指导委员会，指导和组织少数民族语言文字的研究工作，帮助尚无文字的民族创立文字，帮助文字不完备的民族逐渐充实其文字。六、扩大中央民族事务委员会委员名额，责成中央民族事务委员会提出补充名单的建议，并于1951年下半年召开中央民族事务委员会扩大会议，检查与总结关于推行民族区域自治及民族民主联合政府的经验。

20世纪50年代，中央人民政府和政务院，曾多次组织"中央慰问团""土改工作队"和"普查工作队"等，花费大量人力和物力，深入各少数民族地区，进行了大量较为翔实的社会历史调查。50年代这轮由政府统筹、由中央民委组织行政领导和人类学、社会学专家学者以及民族同志组成工作队与考察队的少数民族大考察活动，1953年正式启动，1956年结束（个别地区延期至1958年才结束）。直接成果之一，就是为1956年国务院公布的55

个少数民族的正式定名和划分，提供了可靠的依据。

从当时考察的资料看，各少数民族的社会发展水平参差不齐，不少民族呈现类似汉族曾经历过的各种历史发展状况，为我们今天考察、了解并研究过去的历史以及各学术分支问题，提供了绝好的活体范本。比如以"设计发生学"研究为例，以山寨（村落）为主的初级社会组织形态，原始手工业在农耕环境中的地位，原始造物的手工技艺与设备、工具等，都是我们极感兴趣的研究对象。

在西北、西南和东北各少数民族聚集地区，有些古时流传下来的本民族手工造物技术，迄今仍保存良好。其吸收了汉族和其他兄弟民族的技术长处之后演变出来的各时段手工造物技术，则印证了各民族互相融合、取长补短的史实。更有些原始手工艺，特别具有艺术和历史研究价值。以维吾尔族人为例，本世纪初，笔者在新疆喀什城艾格孜艾日克老街看到几样手工艺绝活：其一是整条街的维吾尔族乐器店，除了热瓦普、曼陀林和冬不拉等少数维吾尔族知名乐器外，全是些笔者叫不上名来却似曾相识的弹拨乐器和拉弦乐器，于是从心里认可了"西域古乐成就了中国传统民乐"这句话所言不谬。其二是亲眼所见一个拖着鼻涕的不到10岁的维吾尔族小男孩，拿着电砂轮在铜壶上信手飞快地刻着精美细腻的图案，一不要底稿，二没有图纸，真是佩服得五体投地，也相信了"汉族人长于热铸，西域人长于冷锻"这个说法。其三是在喀什近郊著名的大巴扎"金器一条街"上看见近百家金店生意红火，家家门前毡毯上都围坐着一群金店伙计和顾客，正在热烈讨论、共同设计着花样繁多的未来金饰嫁妆，感受到了"中国传统样式的金银首饰工艺，最富有创意的设计和最先进的工艺制作，原来在维吾尔族人手里"这句大实话。还有，笔者

在云南景洪县城集市上，曾亲眼见过景颇族老乡用古老的"焖烧法"烧出的红彤彤的土陶——跟笔者一知半解的仰韶彩陶的烧制工艺几乎一模一样。还有，笔者在大西北甘陕宁各省亲眼所见的回族、保安族、裕固族和东乡族老乡巧手做出的那些花样繁多、样式复杂的面塑造型，真是个个精妙绝伦。这方面的事例实在太多了。

50年代的少数民族地区社会大普查，以及半个多世纪以来社会各界对其丰富而珍贵的考察、研究，意义深远，价值极为重大。这些地区客观上保存的较为完整的、与数千年前中国原始社会最初形态近似的许多社会特征，为我们研究社会的最初形态形成和当时的经济、文化、政治的基本状况以及"设计发生学"的相关课题，提供了珍贵的类型学"活化石"范本，价值非凡。改革开放以来，这些少数民族地区也获得了前所未有的巨大发展，人民生活日新月异；但与此同时，少数民族地区的民族性在不可避免地愈发衰减、退化，甚至消失。如果我们再不采取保护措施，若干年后，各少数民族的许多宝贵民族文化遗产将无法挽救地彻底消亡，这部分同属于全人类精神财富和中华民族集体智慧的宝藏，我们将再也看不到了。

在"设计发生学"问题上，我们一向秉持文化多元论的观点，认为人类文明是全世界人民共同创造的，各国家、地区、民族均做出过大小不一、形态各异的贡献；同理，中华民族的灿烂文明是中国的各族人民共同创造的，每个民族都对中华传统文化做出过贡献，也都应当得到尊敬和肯定。中国的各少数民族在中华文明漫长的演化过程中，都曾经以自己独特而充满智慧的文明成果，补充、完善甚至改良着中华文明。比如，古代西域的龟兹古国各民族创造或引自西亚的弹拨乐器和拉弦乐器以及音律、曲

式，彻底改造了中国古代音乐，新创作出代表中国古乐精髓的江南丝竹；南疆的维吾尔族和北疆的哈萨克、塔塔尔、塔吉克等族首创了制革术，并引进古波斯革皮书籍装帧术和制靴术、制毡术、毛衣编结术；海南岛的黎族率先种植棉花并纺织棉布，传入内地后棉织业逐渐形成中国古代手工行业的"天下第一营生"……保护少数民族的民族文化特性，就是保护我们的历史遗产，就是传承我们的文明。我们应进一步发扬文化兼容的优良传统，把振兴中华的百年民族复兴梦，逐步落实为将大中华建设成为中国各民族共同拥有的美好家园。

由上千名来自全国各高等艺术院校的教授、研究生组成的55支团队参与编撰的《中国少数民族设计全集》（55卷），正是有识之士基于对各少数民族的民族文化特性正在快速衰减、消亡的严重现实问题的深切忧虑而进行的抢救、发掘、整理中国少数民族文化遗产的重要文化工程。经过两年精心筹划，六年努力写作，在国家出版基金管理部门的支持下，在山西人民出版社和人民美术出版社的策划和组织下，目前《中国少数民族设计全集》的书稿编撰工作已基本完成，即将付梓。在长达八年的漫长过程中，全国兄弟院校各团队涌现出的各种可歌可泣的事迹经常感动着笔者，并不时鞭策着全体作者克服千难万险，一路向前。有的分卷作者身患绝症仍不眠不休地忘我工作，有的分卷作者遭遇各种意外仍坚持工作。特别是，很多民族同志公而忘私、不计较个人得失，有人不惜将自己赚钱的企业关张歇业，全身心地投入各自所负责分卷的繁重编撰工作中；有人义无反顾地将自己珍藏多年的本民族实物、资料和研究成果无偿提供给相关分卷作者。大家万众一心，克服各种复杂得难以想象的困难，以确保这部凝聚了众人八年心血的巨著，能按计划如期完成。借此机会，笔者谨

代表本丛书编委会全体成员，向领导、编辑和作者们表示衷心的感谢！

作为一项文化创举，笔者深信《中国少数民族设计全集》必将在未来岁月的长期检验中，愈发显现其非凡的、独特的文化价值。

2017年夏季于南京

前言

在55个少数民族大家庭里，京族属于人口较少的民族。2010年第六次全国人口普查显示，京族有28 119人，其中大部分人聚居在广西东兴市江平乡沥尾、巫头、山心等地（过去是岛），余者与汉族杂居于潭吉、江平、红坎、恒望、竹山等村落或集镇中。过去，京族人曾被称为"越族"，1958年成立东兴各族自治县时，国务院顺应本民族的意愿，将"越族"改为"京族"。

据沥尾岛乡民保存的清光绪元年《乡约》里的记载："承先祖父洪顺三年，贯在涂山，漂流出到……立居乡邑，一社二村，各有亭祠。"洪顺三年是越南封建王朝年号，时间相当于我国明朝正德六年，即公元1511年，这样算来京族已有500多年历史。据京族老人口述，京族祖先最初是追逐鱼群来到三岛的，那里不仅水深鱼多，而且适宜人类定居，这是后期京族人陆续迁居三岛的原因。从生存方式看，京族是以海洋渔业经济为主的少数民族，衣、食、住、行、用、乐皆与大海有着密切联系，其文化、风俗及精神方面自然也散发着海洋的气息。出于对京族传统造物的研究，本卷以设计学眼光，遴选出一批与京族民生息息相关的器物，从结构、形态、材料、成形工艺及工作原理等方面入手，对物的特点及其功能加以分析和解读，以期间接地反映出京族人的劳动方式、生活习俗及宗教信仰。

据《广西京族社会历史调查》资料显示，中华人民共和国成立初期京族的经济结构主要是由渔业、农业、盐业、手工业等构成。

以山心村为例，当时该村的经济收入"渔业占60%、农业占30%、盐业占3%、手工业占7%"[1]。20世纪中叶渔业是京族的主要产业，农业是辅，手工业和盐业仅是当地的一种家庭副业，这种经济模式导致京族人的劳动工具多与海洋渔业有关，如果细分这类工具，有浅海捕捞渔具、深海捕捞渔具和渔业杂用器具。归纳来看，京族浅海渔具有渔箔、拉网、鲨网、塞网、墨鱼笼、蟹网、高脚箩、鱼钩、虾灯、竹排等，深海捕捞渔具有围网、拖网、鲨鱼网、木船（机帆船）等，渔业杂用器具有沙虫锹、蟹耙、牡蛎刨、螺耙、鱼叉、拉拔、鱼篓、虾箩等。20世纪70年代之前，由于京族人缺乏机帆船，故深海捕鱼所占比重不大，海上作业大都属于近海浅水捕捞，这类作业的特点是渔获量低。例如"山心、沥尾、巫头三地，1949年总产量只有498 000多斤"[2]。

不过，在长期的捕鱼实践中，京族人根据潮水的变化规律及鱼群的洄游习性，制作了一些极富特点的捕鱼器具，渔箔便是其中的典型案例。从规模上看，渔箔属于大型定置式渔具，利用树木和竹条通过围扎的方式构建而成，其层层变小的"箔漏"结构能巧妙地将顺水而入的鱼群拦住，使之不能洄游，无论是结构设计还是材料的选择，都彰显了京族人的聪明才智。即使到了今天，这种已有200多年历史的传统渔具仍然被人们使用着。从设计学角度分析，京族传统渔具的显著特点是：就地取材，按需设计；功能第一，不事装饰。墨鱼笼、拉拔、虾灯、章鱼煲、竹排等皆属于此类渔具。比如，墨鱼笼、虾灯是用竹片编织而成，拉拔则是用绳索与贝壳拴结在一起，章鱼煲是巧用废旧器皿，竹排是用天然毛竹捆扎成形，

---

[1] 广西壮族自治区编辑组编《广西京族社会历史调查》，民族出版社，2009，第4页。
[2] 广西壮族自治区编辑组编《广西京族社会历史调查》，民族出版社，2009，第6页。

渔网是用天然青麻线织成。过去，利用天然材料造物是社会生产力发展水平不高的一种必然选择，京族人也不例外，不过我们不难发现京族传统渔具功能上的合理性，这种合理性源于他们的长期生产实践。换言之，京族人的造物活动始终是将物的实用性放在第一位的。是故，京族传统工具不重视外表装饰，这一点不仅体现在渔具方面，生活器具，甚至早、中期的建筑也概莫能外。

这里，我们以京族居所的历史变迁来进一步阐释京族的造物特点。据京族博物馆资料显示，京族先人最初定居三岛时的房屋十分简陋，通常是用5根较粗的木杆（甚至是借用活态树干）以相互交叉的形式，营造出或单斜面，或"人"字形双斜面结构的棚寮房，房屋墙壁是用茅草或竹篾拼排而成的，其内设距地一尺左右高的铺架。这种低矮的房屋，因骨架结构呈三角形态，因而不易被海风吹倒，这是棚寮房的优点所在；不足之处是生活空间狭小，建筑材料容易腐烂。显然，京族人营造这种房屋是岛上建筑材料缺乏及加工工具简陋导致的，也与经济条件不足有关，但无论如何，当时这种低矮的房屋也算是一种合理的选择。后来，在与汉族、壮族等民族交往的过程中，借鉴了这些民族的建筑技术或房屋形制（如壮族干栏建筑），最终形成了本民族的栏棚屋。栏棚屋属于京族中期建筑，该类建筑立柱由过去的4~6柱演变为9~12柱，柱数的增多自然会使房屋内部空间得以拓展，但这一时期的建筑材料仍然是竹木。其原因是：京族人大部分居住在海岛上，交通与大陆阻隔，运输不便；经济水平低下；岛上森林茂密、周边竹资源丰富，能就地取材。由于栏棚屋高度增加，屋内上面可住人，下面养家畜，生活环境及卫生条件都有明显改善。出于防台风的需要，京族人便用许多石块（或砖）压住屋顶茅草，结果就形成了京族传统民居特有的一种景象——石块压房顶，显然，这是单纯从使用的角度做出的一种

选择。总之，京族人的传统造物思想是功能第一、形式第二，京族后期石条瓦房的萌生（替代了竹木栏棚屋）也是这种思想的延续。

历史上，京族的手工业是有限的，主要与当地渔业、农业有关。手工业大致有两类：一类是制造木质用具和竹器，如木屐、椅子、木耙、木桶、睡床、簸箕、竹笠、虾篓、箩、沙虫篓等等；另一类是用以养蚕、制鱼汁、烧蚝蛎灰等。除了木匠、竹工有少量的专业户外，大部分手工业都具有家庭副业的性质，也就是说，一些手工业是在农闲渔闲的时候进行的。据京族博物馆的资料显示，过去京族有较长的养蚕历史，民国时期至少有20%的家庭从事养蚕，每家每年养蚕约10簸箕，收的蚕茧能织出10丈丝布，除自己使用外，也卖与他人。当然，蚕丝织成的布属于上等布料，即使当地相对富有的人也十分珍视，平时人们大都穿棉布或麻布缝制的衣服。

关于京族传统服饰，如果与渔具、农具、住房、饮食等相比，服饰不仅是生活用品，更是民族身份的象征。从历史渊源看，京族传统服饰与越南主体民族京族人的服饰有着密不可分的联系。首先，京族人的祖先是从越南北部地区陆续迁至中国的；其次，东兴市与越南交界，两国边民历来有贸易上的往来，生活习俗及服饰相近是极其自然的事。总的看，京族传统服饰可分为便装和盛装两大类，盛装是在节日和宴会之时穿着的服装，而便装则是日常生产生活之服饰。从款式上分析，京族男女服饰有着共同的特征，例如男女下装既宽又长，裤脚往往没过脚背，看上去很像轻柔飘动的长裙，这一点与京族服饰的发展历程有关。据越南学者吴德盛的研究，越南京北与河内一带京族人最初是习惯于穿裙子的。17世纪中期，黎玄宗皇帝为了阻止外来裤子对古式裙子的排挤，曾颁布了禁穿裤子的诏书。而到了19世纪初，明命皇帝却下令禁穿裙子。从设计学角度看，在炎热的南方，裙子确能给妇女生活或劳动带来方

便。但是，裤子毕竟是一种普及性很强的服装类别，随着社会的发展，裤子最早在越南北部城市里流行起来，继而又逐渐普及至农村。越南北部京族人的裤型开始演变成似裙非裙的款式，该款式显然是裤、裙的折中，但它却成了本民族服饰的特征之一，其式样自然也影响到中国京族三岛上的居民。

除下装外，京族女性的胸掩（又称"掩胸衣"）也颇具民族特色。从功能上看，京族胸掩常与无领垂衣搭配使用，垂衣是开襟的，不系纽扣。京族胸掩通常被设计成菱形，早期以单纯的素面布料为主，后期则绣有精美图案，妇女外出穿上它既实用又美观。由于胸掩被视为女性内衣，因此，过去胸掩都是自己缝制，市面上并无售卖。另外，最具民族特点的服饰还要数京族的京笠。京笠又称"葵笠"，是用竹篾和葵叶编织而成的一种帽子，其外形呈圆锥尖顶形状，人们戴着它可遮挡海边炎炎烈日。在京族区，只要看见戴有京笠的人，十有八九便是京族人，京笠已成为京族人身份的象征。对京族人而言，京笠不仅是生活用具，也是本民族文化习俗的一种载体，其背后所蕴藏的信息在本卷相应案例中都有具体分析，这里不再赘述。总之，京族人的裤裙、胸掩、无领紧身窄袖衣、长衫、京笠、假辫、木屐等服饰，共同构成了京族人特有的外部形象。

京族人也过春节，但最具本民族特色的节日是"哈节"。在京族博物馆调研时，我们发现该馆陈列了不少与哈节有关的物品，如独弦琴、道公服、皮鼓、铜锣、幡旗、华伞、花棍、杯珓、神位牌、神案等等，众多的器物表明哈节在京族人心目中有着十分重要的地位，我们不妨得出这样的结论：如果说渔业是京族人生存的基础，那么哈节则是京族人精神的支柱。

历史上，京族拜祭的神灵有很多，既有自然神，也有祖先神。总的看，他们的信仰是由佛教和道教混杂而成，甚至还有少数人信

仰天主教。需要指出的是，京族信仰的道教与当地汉族信仰的道教虽同属于正一派，但京族的法师非纯正的正一派。前者做法事时是静坐念经，后者则是击鼓跳跃。为了考察京族哈节，2015年7月24日至31日，我们参与了氵万尾哈节的全过程，整个活动大致分为4个部分，即迎神、祭神、乡饮、送神。其中，迎神活动要用到以下器具：香案、祭品台、华伞、大小鼓、铜锣、幡旗、杯珓等；祭神涉及神灵、祖先的神位，敬酒具，香炉，鼓，铜锣，祭品和供案；乡饮中的"唱哈"涉及独弦琴、大小铜锣、木鱼等民间乐器；最后是送神，为了将镇海大王送回海宫，京族人除了念《送神调》外，哈妹还要跳天灯舞和花棍舞。尤其花棍舞，是将哈节活动推向最后一次高潮的表演，哈妹仅凭借着自制的道具，跳出了极富民族个性的舞蹈。这里需说明的是，哈节所用的种种器物，有些虽不是京族人自己生产的，但由于它们长期被京族人所使用，早已成为京族民俗活动不可分割的部分，因而，我们也将其纳入案例之中。

京族哈节是在哈亭内举行的，整个京族地区共有4处哈亭，即氵万尾、山心、巫头、红坎，目前以氵万尾哈亭规模最大。据《广西京族社会历史调查》记载："哈亭有着独特的民族形式，整个建筑物都是用一些特殊的木料建造成的，格外坚固美观。从哈亭正梁所写的越南封建王朝的年号来看，有些哈亭的历史相当悠久。"[1]在实际调研中，我们却发现旧时的哈亭早已荡然无存，能见到的仅是山心村20世纪下半叶拍摄的哈亭照片，现在我们看到的哈亭建筑皆是当代水泥建筑。不过，这些建筑与过去的建筑风格应有某些关联，形制方面不仅具有一定的个性，而且具有浓郁的宗教气息，因此我们也将它编入案例中。从民俗的角度分析，京族哈节实际是吃的节日，

---

[1] 广西壮族自治区编辑组编《广西京族社会历史调查》，民族出版社，2009，第43页。

例如山心村就直接称哈亭为"吃亭"。事实上，中国南方的许多少数民族（如壮族），一些重大节日都具有"吃"的意义，因为只有丰收了才有吃的，而举办"吃"的节日也是为了期盼来年的生产再丰收。从田野考察情况看，京族特色食品大都与海产品有关，当然也有一些农作物类加工食品，如风吹饼、米乙丝、野艾乙、卷心粉等。

中华人民共和国成立前，京族农业十分落后，土地资源匮乏，"山心、沥尾、巫头、潭吉4个自然村的土地仅有3495亩"[1]，后来进行了长期的围海造田，土地面积才得到较大拓展。总的看，京族农田可分为水田、旱地、坡地三种，其中以坡地最多，其次为旱田，最少的是水田。另外，由于土地多临近海边，土壤属于沙质，既贫瘠又不耐旱，且碱性大，故农作物产量相对较低。至于种田技术，据说是迁岛五六代之后，向邻近汉族学来的，农具大都也是从汉族地区买来的，有犁、锄、吊桶、禾叉、耙、草刀、拖耙、戽斗等等，除了一些京族自制农具外，汉族特征强的农具我们皆没有选入案例中，这样做是基于民族性考虑的。

本卷的研究起步于2013年春季，前后历经5年时间。在这5年时间里，我们走遍了京族区每个角落，并得到了东兴市委宣传部、市文广新局及京族博物馆的大力支持，在此，向他们致以衷心的感谢。

许边疆
2017年6月

---

[1] 广西壮族自治区编辑组编《广西京族社会历史调查》，民族出版社，2009，第12页。

目录

第一章　京族传统建筑
京族栏棚屋　002
京族石条瓦房　007
京族祭祀建筑　011

第二章　京族传统服饰
京族葵帽　018
京族簑衣　023
京族木屐　028
京族砧板髻　033
京族女性头饰　038
京族女性礼服　042
京族男性礼服　046
京族生活服饰　050

第三章　京族传统餐饮
京族风吹饼　056
京族野艾乙　061
京族炒沙虫　065
京族卷心粉　069
京族竹筒饭盒　072
京族鲶汁酿造器具　076

第四章　京族传统生活用具
京族独弦琴　082
京族风筝　088
京族木梛　094

　　京族牛皮桶鼓　098
　　京族水烟筒　103

第五章　京族传统生产工具

　　京族拉网　108
　　京族高脚笭　112
　　京族渔箔　116
　　京族虾灯　121
　　京族螺箔　126
　　京族螺耙　130
　　京族墨鱼笼　135
　　京族章鱼煲　139
　　京族鲕鱼钓　143
　　京族拉拔　147
　　京族沙虫锹　152
　　京族沙虫篓　156
　　京族鱼篓　160
　　京族鱼叉　164
　　京族牡蛎刨　169
　　京族竹筏　173
　　京族木船　179
　　京族铁锚　183
　　京族小石磨　187
　　京族纺线车　191
　　京族镰刀　195
　　京族戽斗　199

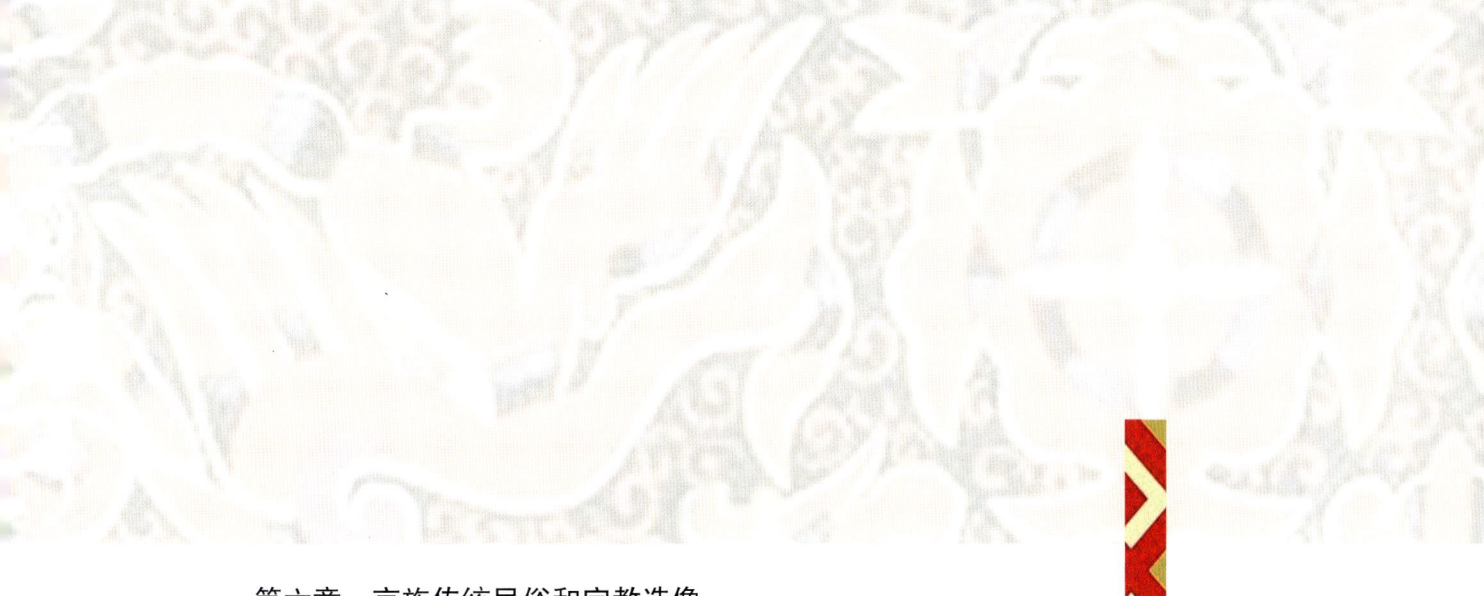

第六章 京族传统民俗和宗教造像

  京族祭祀器具 206

  京族幡旗 212

  京族祭祀香案 216

  京族耍花棍 220

  京族华伞 225

  京族龙杠 231

第一章 京族传统建筑

京族栏棚屋

图一　京族栏棚屋主图

栏棚屋属于京族早期建筑,《京族史歌》里有"父生子来子生孙,靠海为活年过年;木柱茅屋栏棚底,在此吃来在此眠"的句子(苏维芳等:《京族海洋文化》,广西人民出版社,2015,第156页),其中"木柱茅屋栏棚底"即指这种建筑。据苏维芳考证,京族栏棚屋有300多年的历史。为了勾画出栏棚屋的发展轨迹,我们将其分为早、中、晚三个历史阶段,不同历史时期的栏棚屋,其差异性主要反映在结构上,本案例属于早期栏棚屋。

从建筑图像及博物馆还原的早期栏棚屋建筑模型看,这类居所主要是借助木柱的支撑来架空居住面的窝棚。具体地说,是用4根木柱分别立在地面之上,以配对的形式将木柱的另一端交叉固定,从而构成"人"字形的房屋支架。为了使该支架有较强的牢固度,窝棚顶端、中部及下端再用若干木料连接,使房屋骨架形成一体化的结构,这种结构对抵御海风的侵袭显然是十分重要的。由于当时生产力低下,最初京族先民只能选择茅草、树叶和竹片来充当墙壁和屋顶的材料,所以这一时期的居所既简陋又矮小。据京族学者苏维芳考证,自京族先人上岛定居之后，这种建筑延续了十多年。

随着生活的稳定，京族先人也在设法改善着他们的居住条件，当然这种变化过程是缓慢的，并非突变。其中，最显著的地方便是营造方式的改变，比如原本倾斜的木柱变成垂直于地面，以求居住面积的拓展；再比如，将过去屋内低矮的铺架抬高，这样既能防止野兽的侵害，也可隔离潮湿的地面。归纳地看，京族中期建筑多是以一尺高的木墩（或石墩）作为四角支柱，然后再用木条和粗竹片以横竖交叉的方式架在柱墩之上，上面再铺粗制的竹席或草垫。也许是岛上建筑材料的限制，中期建筑的节点或用山藤或用竹篾捆扎，这种构造方式显然同京族先人制作竹筏的技术有关。

大约到了17世纪中期，因周边百越干栏建筑的影响，京族建筑结构又有了较大改进，其中最突出的是，房屋支柱由过去4~6柱演变成9~12柱，柱数的增加不仅意味着建筑面积的扩展，也使房屋自身高度得到了增加，这对居住环境的改善尤为重要。此外，柱体与柱体间的节点也不再是过去的捆绑方式，而是相互穿插，再用竹钉加以固定，竹钉的使用显然能有效地缓减过去房屋框架容易摇晃的弊端。总之，这一时期的建筑结构趋于合理，建筑特点也开始形成，表现为房屋地板距离地面高度增加，上面住人、下面饲养家畜；房屋内用半墙分隔出左、中、右三居室结构（长辈居中，晚辈分居两侧），这种内部格局一直延续到20世纪中期；屋顶之上用许多石块压住茅草，以防止海风对屋顶的损坏；建筑材料一般就地取材，以竹、木为主。

图片来源

图一、图七　京族博物馆
图二至图六　许边疆　制图

图二　京族中期栏棚屋多种建筑形制

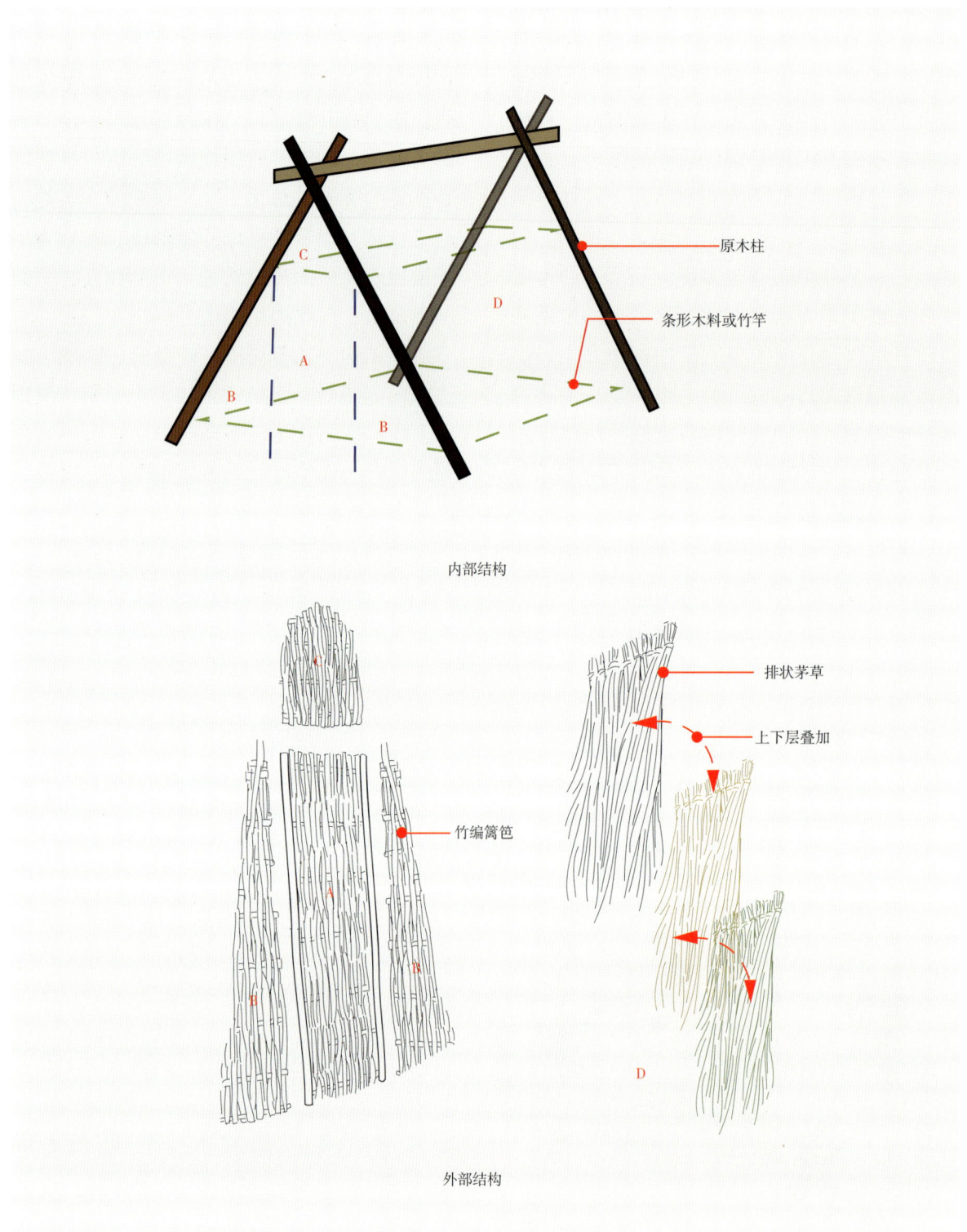

图三　京族早期栏棚屋结构示意图

图四 京族中期栏棚屋建筑形制

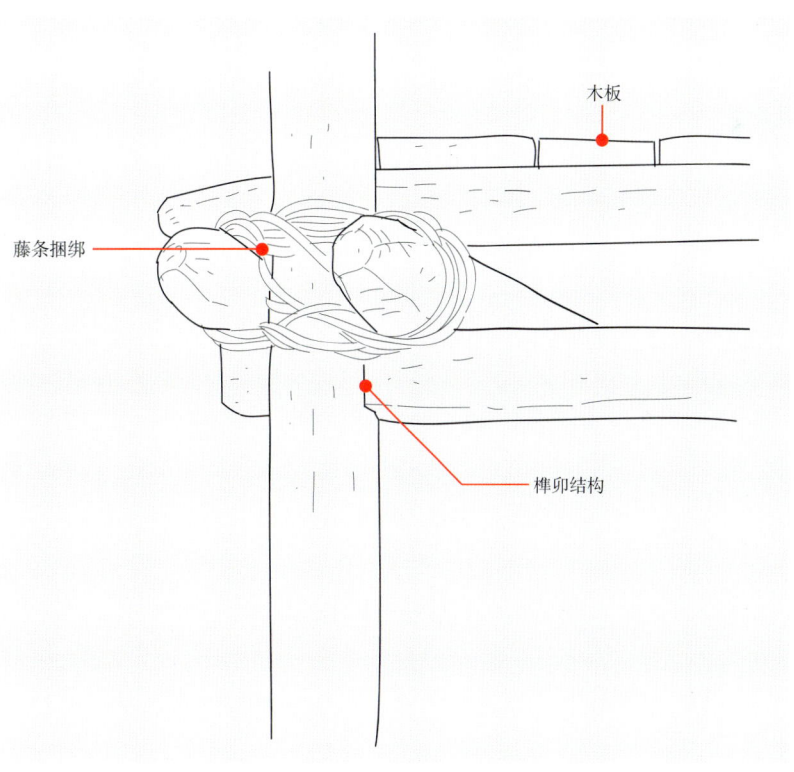

图五 京族中期栏棚屋局部分析图

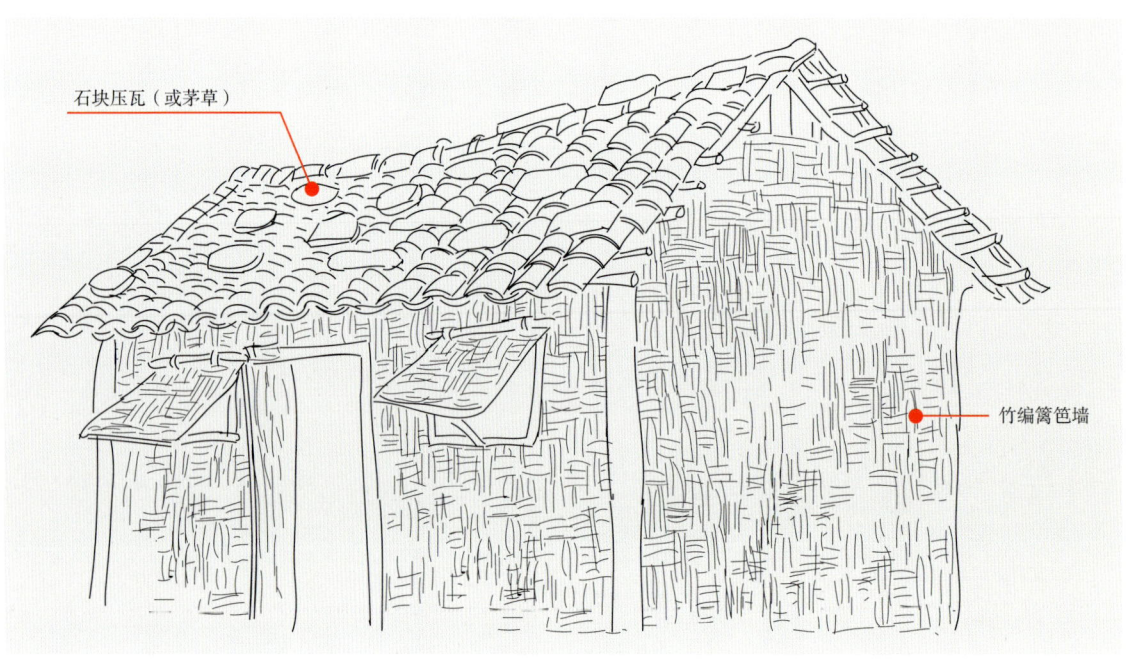

图六　京族中晚期栏棚屋建筑形制

图七　京族晚期栏棚屋建筑形制

京族石条瓦房

图一　京族石条瓦房主图

石条瓦房是20世纪中期才出现在京族地区的一种建筑形式，因营造方式为陶瓦覆盖屋顶、石条砌筑四壁而得名。据《京族简史》介绍："从20世纪50年代开始，随着京族社会经济的发展和人民生活的逐步改善，京族民居发生了巨大的变化。京族人开始住进石条瓦房。"（本书编写组：《京族简史》，民族出版社，2008，第86页）随着社会快速发展，不足半个世纪石条瓦房又被钢筋水泥楼房所取代，当地仅保留了少量的旧居以供世人观瞻。

本案例采自沥尾，位于哈亭周边约300米处，属于京族典型石条瓦房。案例总计4间房，最左边一间为独立居室，其余3间为连体，中部设吞口、开房门，结构呈"凹"形，进深3.9米。经现场测绘，正面长11.67米，山墙宽6米、高4.57米。从营造方式看，墙体是用灰褐色岩石砌筑而成，屋顶属于双斜面"人"字形结构，铺青瓦。由于海岛常遇台风，京族人便用大小相近的石块（或砖块）压住青瓦，以免瓦片被狂风吹落，这种经验无疑源于昔日的栏棚屋。从力学角度分析，用较重的石块砌筑墙体，能有效地提高建筑主体的抗风能力，这类条石虽无统一的标准尺度，但在同一建筑体上却有一致的高度与宽度。例如，本案例有些石条长70多厘米，有些仅有十几厘米，宽度与高度则统一分别为24厘米和13厘米。有趣的是，京族人也将这类石条用作挑檐檩构件，甚至还用它来充当悬挂物体的石栓，石条的应用可以说是京族建筑的特色之一。

京族石条瓦房的内部结构也有其自身特点，屋内常设砖砌立柱，每个立柱顶端既安放檩木又搭建椽木，檩木高度与山墙一致，从而构成了房屋的骨架。从设计学角度分析，这里的立柱不仅是支撑房屋顶部的构件，也是分隔室内空间的界标。依据传统习惯，京族石条瓦房内部空间依旧是保留左、中、右三间房的格局（另建一单间作厨房），用木板、竹片或砖块分隔，每间房与屋前墙之间留有宽敞的屋内通道，可放置一些家庭用具。三间房的功能各不相同：中间房用作堂屋，左、右房则为卧室。堂屋除了平日吃饭、聊天或会客外，正壁一般都设有神龛，逢年过节之时，这里便是拜神祭祖的地方。

石条瓦房不仅牢固，而且屋内凉爽（因石材的缘故），不足之处是房屋低矮、采光受限。

图片来源
图一 孙林 摄影
图二至图六 许边疆 制图

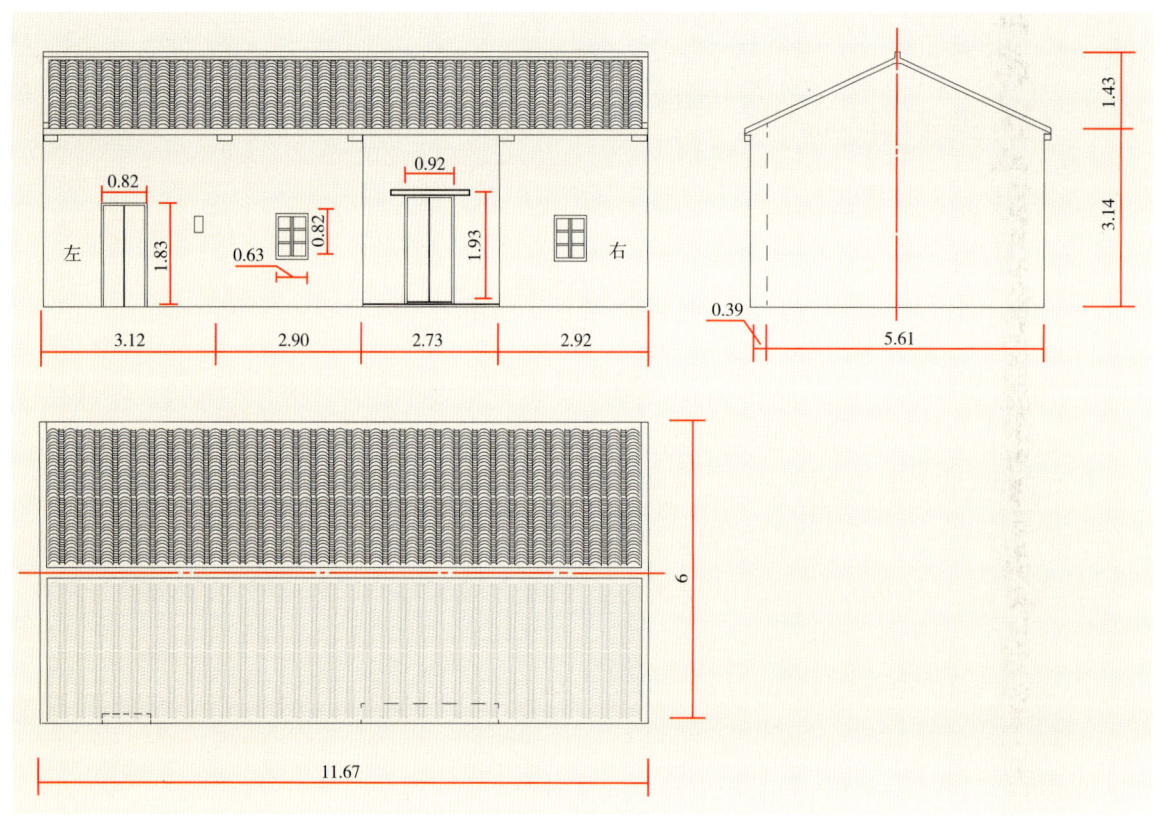

图二 京族石条瓦房尺寸图（单位：m）

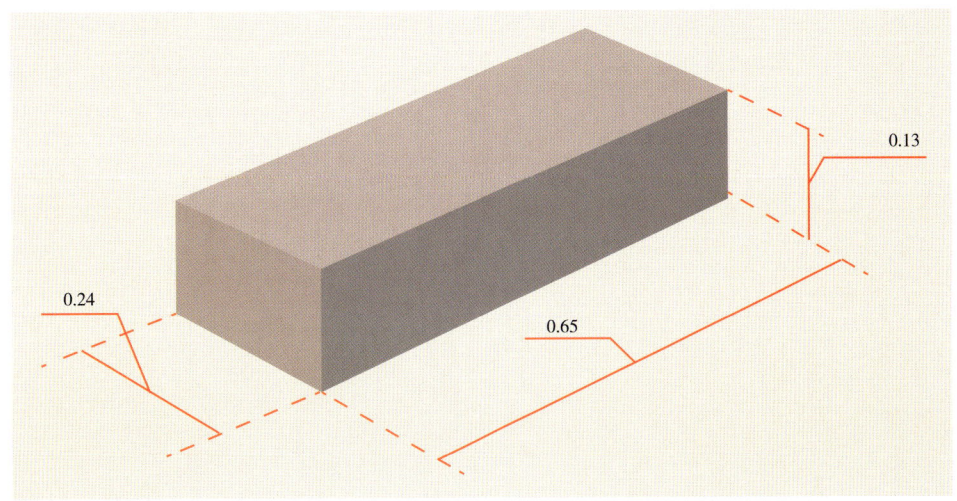

图三　京族石条尺寸图（单位：m）

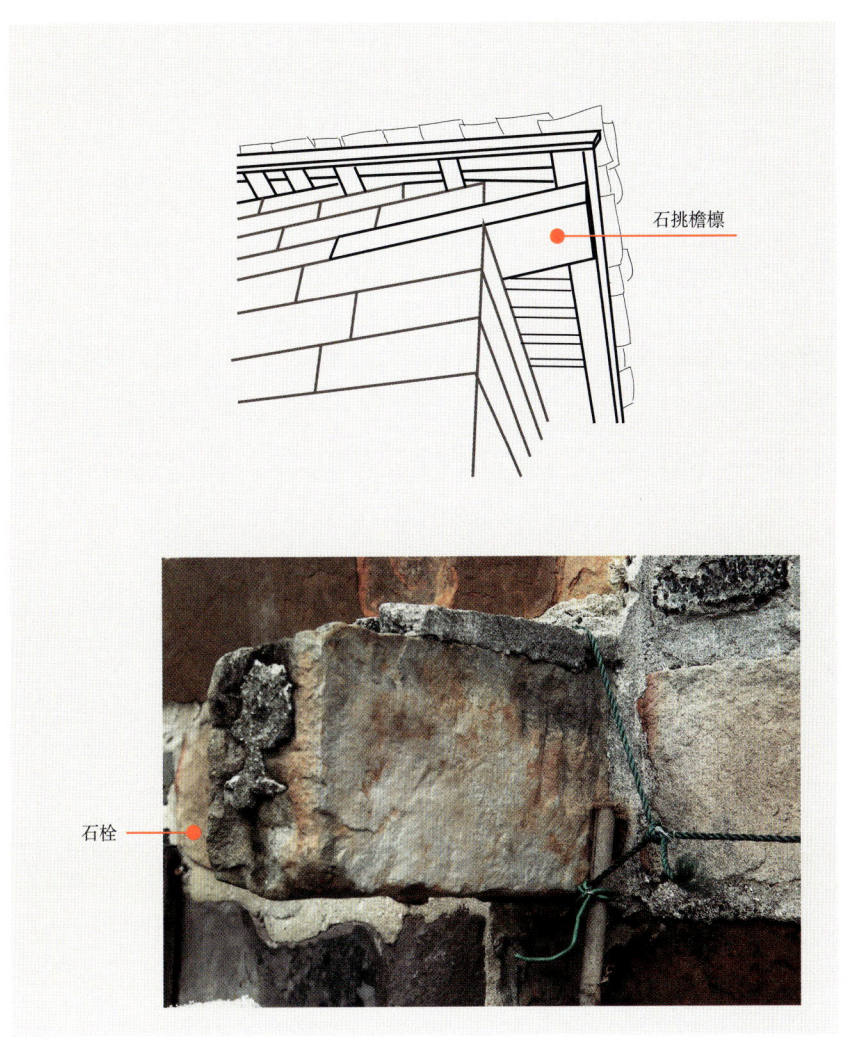

图四　京族石条瓦房局部分析图

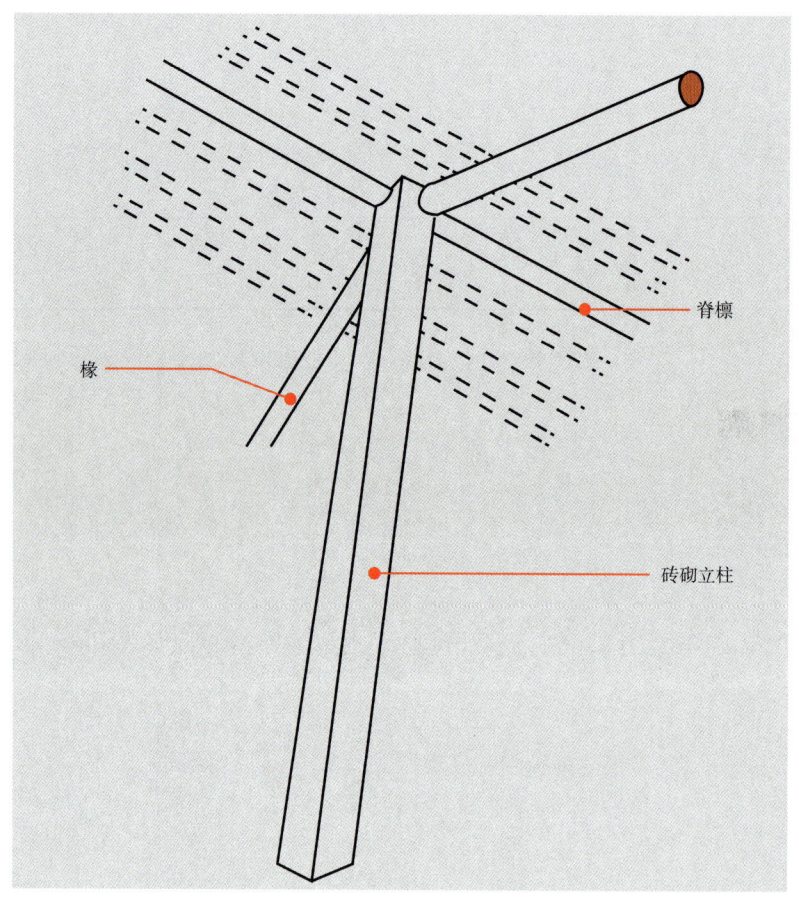

图五 京族石条瓦房结构名称图

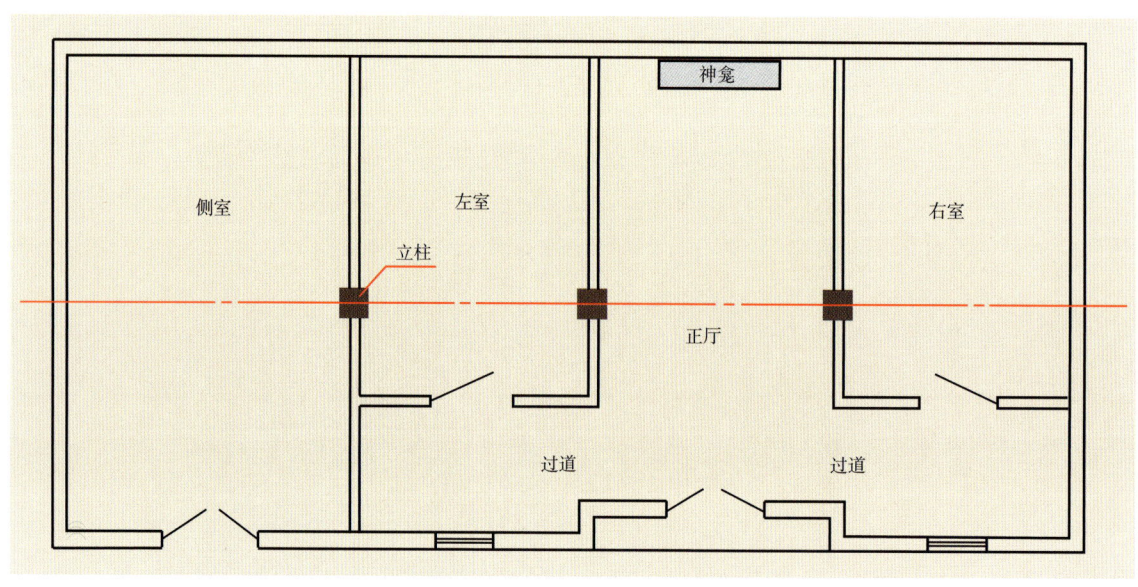

图六 京族石条瓦房室内平面图

京族祭祀建筑

图一　京族祭祀建筑主图

祭祀建筑是指用以祭祀神灵、祖先及在特定时间举办宗教活动的建筑。归纳起来看，京族主要的祭祀建筑有哈亭、六位灵官庙、灵山寺、三婆庙、十王殿、伏波庙、高山大王庙、本境土地神庙、观音老母庙等，其中影响最大的是哈亭（或吃亭），在沥尾、巫头、山心和红坎皆有哈亭建筑。哈亭既是祠堂、神庙，又是京族人娱乐的场所，本案例采自沥尾。

历史上，沥尾哈亭无论形制还是选址都有多次变迁，本案例为新建筑，始建于2001年。从形制上看，现在沥尾哈亭是二进式结构，屋顶采用反翘曲线式样，其高低错落的屋顶被棕红色釉瓦覆盖，与白墙形成鲜明对比。沥尾哈亭是京族最大的哈亭，建筑面积1100平方米，占地面积约5000平方米，哈亭高9.8米，建筑内分正殿和左、右偏厅。正殿里厢安放镇海大王（即海龙王）、高山大王、广泽大王、点雀大王和兴道大王的神位，并设祭坛；左、右偏厅则是哈节期间听哈和摆设宴席的场所，能容纳一二百人。正殿又称"龙廷"，龙廷两侧设"左昭""右穆"牌位，用以供奉京族先祖"十二家先"。

据苏维芳编著的《京族海洋文化》一书介绍，氵万尾哈亭始建于公元1530年左右，最初选址为现在氵万尾小学以南旧哈亭山林处，建筑形式为早期栏棚屋，墙壁以竹夹草围成。第二次移址具体时间不详，但地址变更为现在梁能光房屋以西与罗周才房屋以东的中间地带，属于中期栏棚屋。第三次移址是在1857年的正月，选址即为现在哈亭所在地。为了将哈亭建得更好，1888年又在原址上进行了重建，木料是从越南买来的格木、红木，据说全部采用凿眼钻孔精工技术，以大竹钉稳固连接纵横梁架，用大方石垫柱底。为了防台风，还以石、砖砌墙。

如今各村新建的哈亭，除建筑规模及建筑式样存在差异外，建筑装饰手法基本一致，比如山心村的吃亭正脊和走廊立柱皆塑龙形，建筑总体色彩基调也是红棕色，甚至吃亭边的三婆庙也是遵循这种手法建成的。事实上，20世纪中期山心村吃亭的建筑形制是很有个性的，拱形的大门、中低两高的弧形屋脊，都颇有些寺庙的气质。

除了哈亭自身外，其建筑周边往往还设其他小神庙，例如氵万尾哈亭东侧有六位德朝庙，西侧有本境土地神庙，门前300多米处有翁庙和婆庙。此外，京族还有非封闭式祭祀建筑，如山心村三婆庙前的神台便是这种建筑类型。

图片来源
图一、图四、图六　孙林　摄影
图二、图三、图五、图七　许边疆　制图
图八　孙林　摄影、制图

参考文献
苏维芳，苏沛雄，苏凯.京族海洋文化[M].南宁：广西人民出版社，2015：164-168.

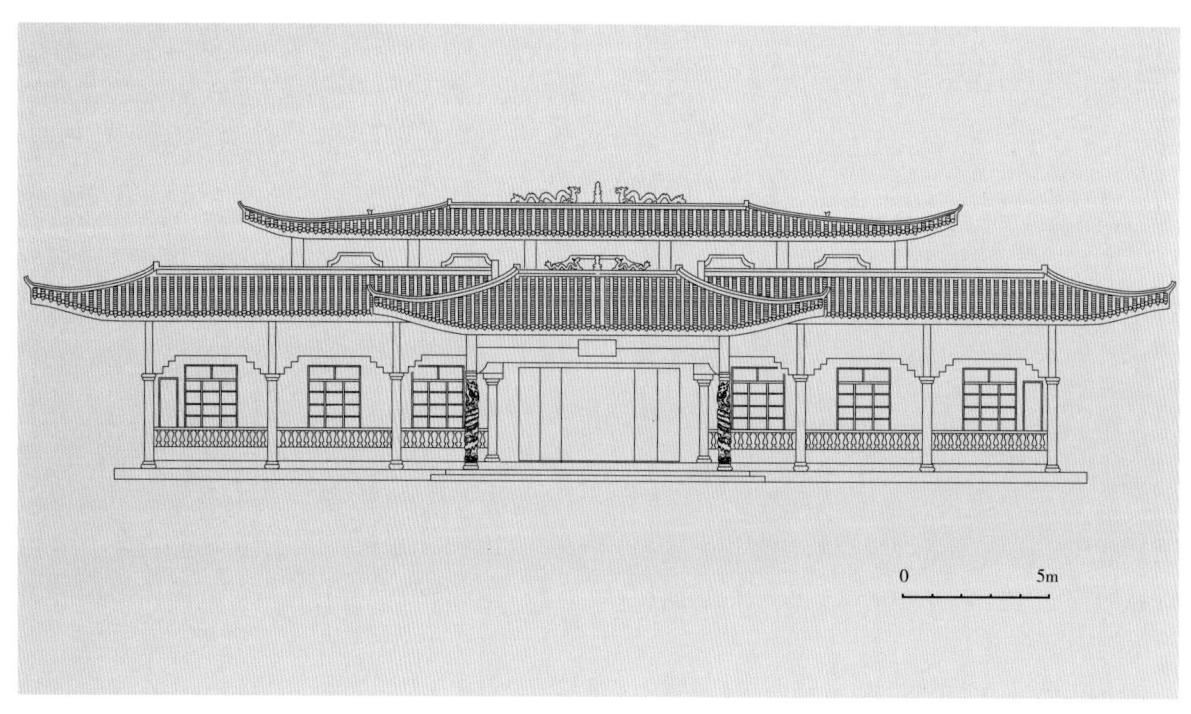

图二　京族哈亭正立面图

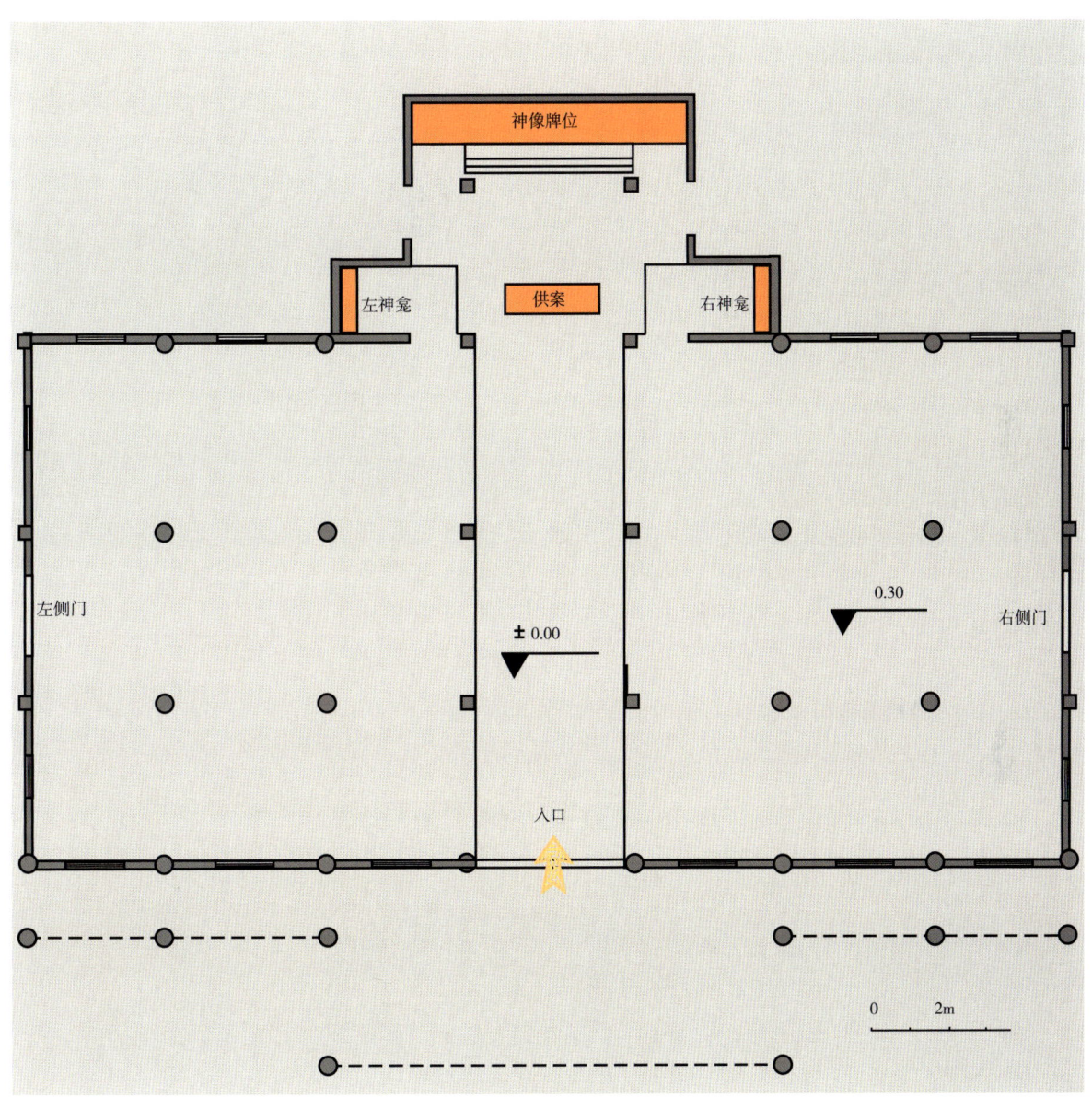

图三 京族哈亭室内平面图（单位：m）

图四　京族当代吃亭建筑形制

图五　京族民国时期吃亭立面图

图六　京族三婆庙建筑形制

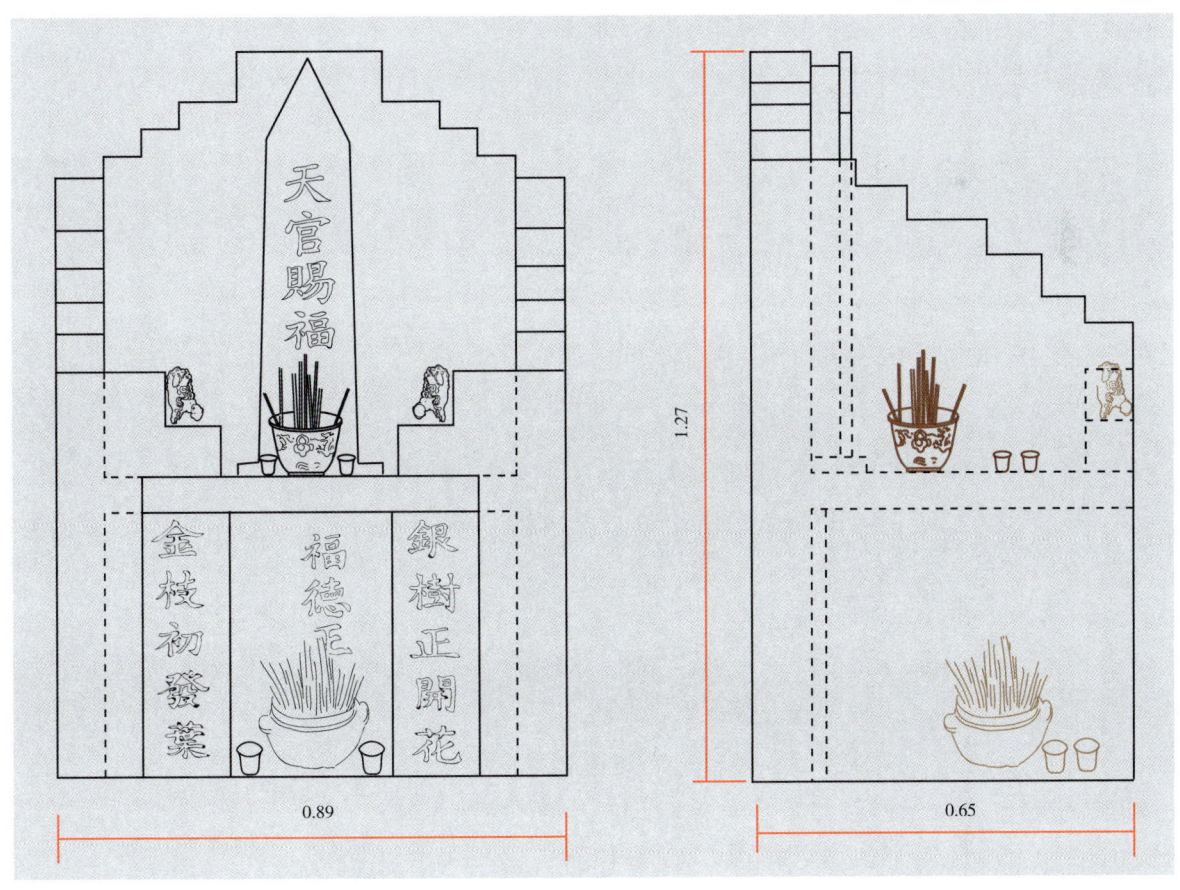

图七　京族神台尺寸图（单位：m）

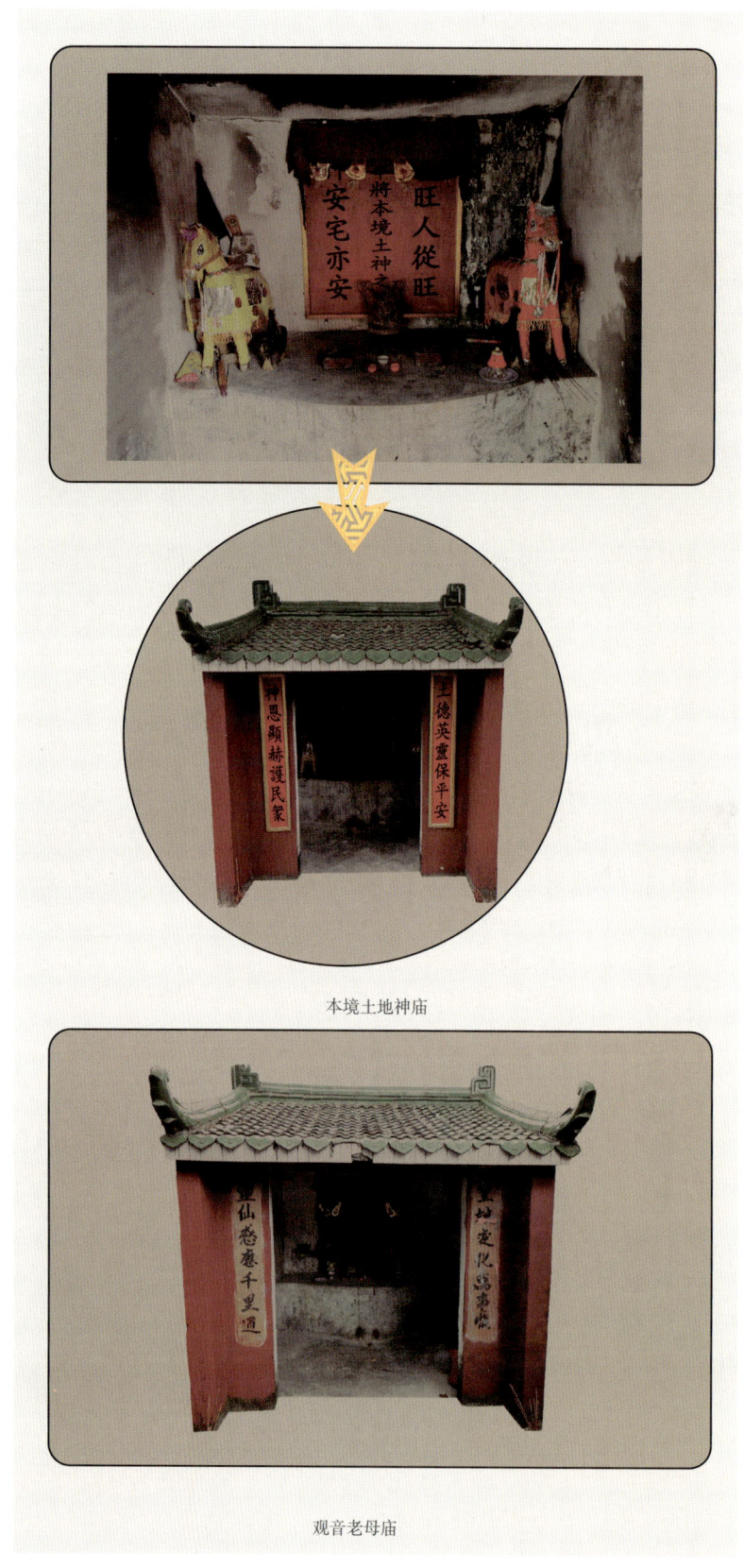

本境土地神庙

观音老母庙

图八 京族祭祀建筑延展图

第二章 京族传统服饰

京族葵帽

图一 京族葵帽主图

京族葵帽又称"斗笠帽",是用来防晒、遮雨的一种用具,因主体材料为葵叶,故名之。本案例采自广西东兴沥尾乡,其尺寸为帽檐两边直径42厘米,垂直高度19厘米。整体形制呈圆锥状,内斗较深,质地轻盈,是典型的京族葵帽。由于这种葵帽京族人世代使用,加之形制特殊,故在外人眼里是京族人身份的象征,或者说是京族人存在的一种视觉符号。

京族葵帽由葵叶、细竹条及丝线等材料制成,这些材料对南方而言是十分丰富的,因此其成本低廉。据在东兴市场调查得知,目前葵帽零售价约在15元一顶,其中人工费占较大比重,因为葵帽的生产方式仍是手工。关于它的加工方式,我们通过当地懂得此类工艺的人的口述及间接资料,梳理出葵帽的基本制作流程:①选择完整、青嫩、成熟的葵叶(叶子太老,材质则粗糙,色泽也易变黄),将其洗净、晒干(不可暴晒),然后经漂白与晾干,再涂一层阻水专用油。上过油的葵叶经晾晒一天后即可备用。②制作专用细竹条。做葵帽的竹条要粗细均匀、表面光滑、截面呈圆形,因为圆形竹条易于同葵叶紧密结合。细竹条在葵帽中起胎骨作用。③根据制帽模具,将细竹条圈成不同直径的竹圈,并将竹圈附在模具上。京族葵帽通常有16层大小不等的竹圈。④将加工好的葵叶逐次均匀地叠加在细竹条上,然后用针和丝线(或麻线)沿着细竹条将葵叶固定住。⑤最后,在其内部适当位置用不同的彩线(或单色)对称地襻上两个套扣,用来拴结面巾。从实用功能分析,面巾既方便遮挡人的面孔,同时也能起到系牢葵帽的作用,防止葵帽被风吹走。由于京族葵帽是借助模具生产的,因此帽形相同,大小一致。

概括地看,京族葵帽有以下几方面优点:一是,葵帽主体是用脱水葵叶制成,自重不超300克,故戴在头上让人感觉舒适;

二是，葵帽具有一定的挡风遮雨功能，同时在阳光下又可防止日光暴晒；三是，携带方便，不使用时，可借助面巾垂挂在背后，不会影响出行或劳作；四是，价格低廉，一般人都能用得起。当然，京族葵帽也有不足之处：一是使用寿命不长，大约3年左右；二是遮雨功能只局限于小雨，直径仅有42厘米的葵帽显然无法抵御暴雨的侵袭。

除了实用功能外，京族葵帽也蕴藏着特定的民俗文化，承载着某些特殊功能。传说，京族有一对彼此相爱的青年男女，两家相距很远，平时难能见面，于是他们就约定在月圆时相见。农历十六是月亮最圆的时候，为了在这一晚能给心上人送一件礼物，姑娘就想出了要亲手编16圈的葵帽送给恋人，此后葵帽成为爱情的象征。正是缘于这个令人感动的故事，人们将葵帽编成16圈，一直延续至今。

京族葵帽源于何时尚待考证。一些学者认为葵帽是从越南传入，例如黄静瑶在其文《话说越南斗笠》里写道："斗笠的前身形象早就被雕刻在'玉鲁'铜鼓和距今2500—3000年前'陶盛'的陶罐上。据说，越南斗笠是为了配合从前农民们的长发而设计的。大约在20世纪初，当时无论男女都留长发，外出耕作时，为了方便，必须用布将头发缠在头顶上，而可大可小的圆锥横切面，恰好能适宜各种尺寸的头，于是这种形式便一直流传下来。"（黄静瑶：《话说越南斗笠》，《东南亚之窗》2009年第1期）此外，还有一些证据表明早在13世纪，斗笠帽就已成为越南陈朝宫廷贵妃们的装饰物，当然那时的斗笠帽形制不一定就与后期的相一致。从历史看，中国京族的祖先大约是在公元1511年左右，因追逐鱼群而来到中国福安村（即今日的沥尾），由此推断，京族葵帽是在那时被带进中国的。所以，我们谈论京族葵帽时一定离不开越南的斗笠帽。事实上，越南斗笠帽种类多样，除了用葵叶做的斗笠外，还有竹笠、木笠、稻草笠等，这些不同材料制成的帽子形态各异，如篮子笠、尖锥笠、象脚笠、木斛斗笠等，其中以本案例形制的斗笠帽最为常见。如今，随着社会的发展，葵叶帽不仅成了京族女性身份的标志，而且还被艺术家搬上了舞台，赋予其更多的文化内涵。

图片来源
图一　孙林　摄影
图二至图八　许边疆　制图

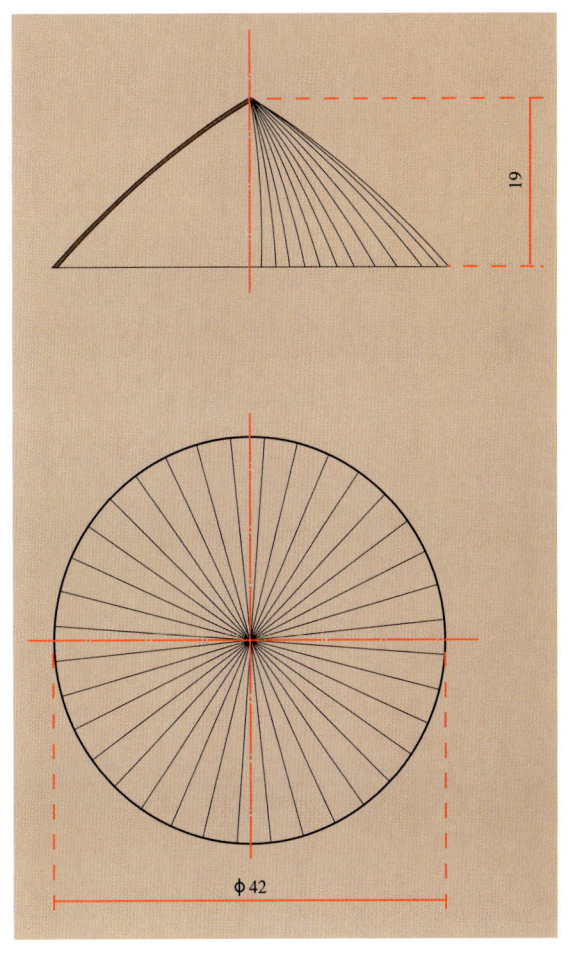

图二　京族葵帽尺寸图（单位：cm）

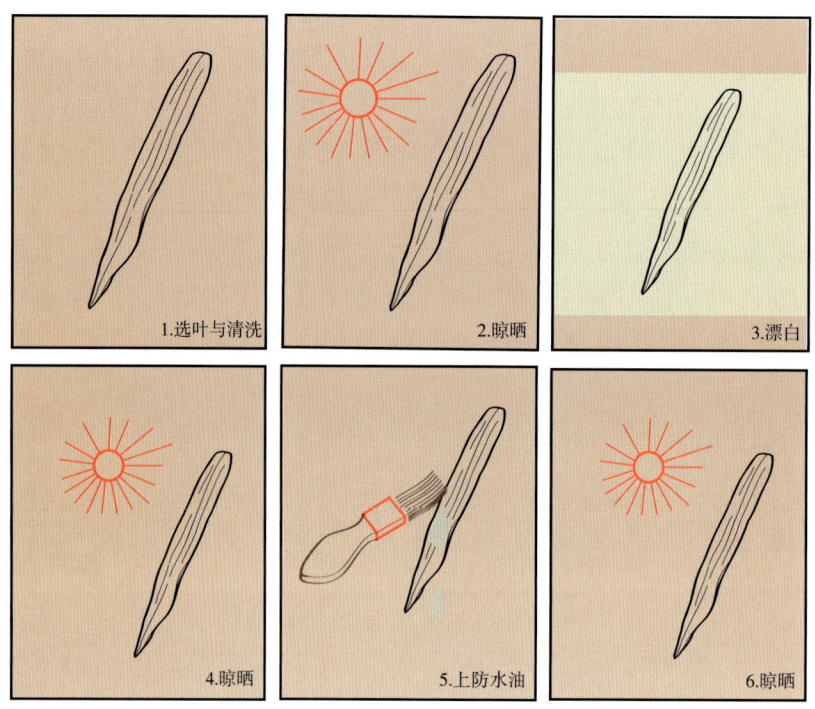

图三　京族葵帽制作流程图1

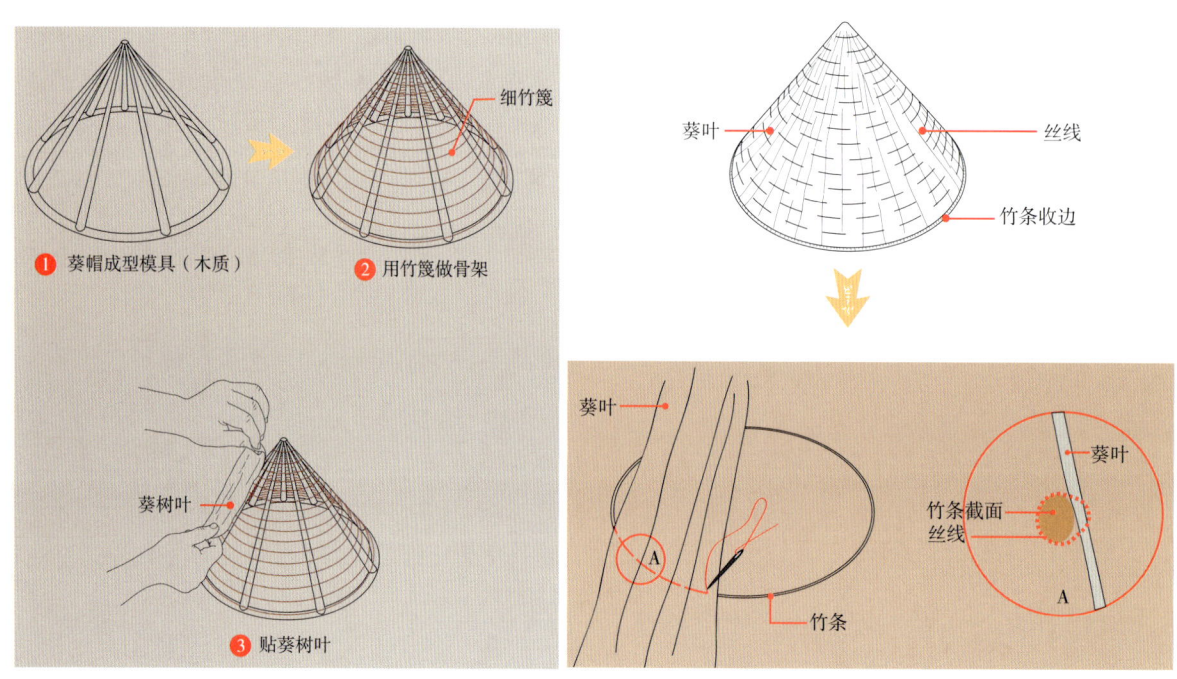

图四　京族葵帽制作流程图2

图五　京族葵帽局部工艺分析图

富有装饰性的实用结构

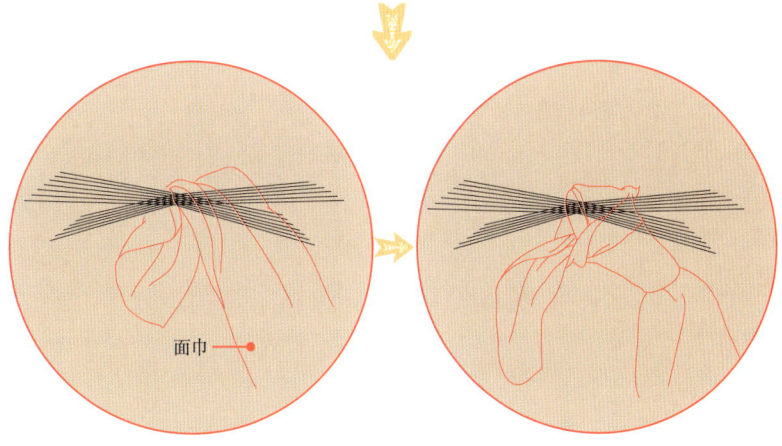

面巾

图六 京族葵帽设计分析图1

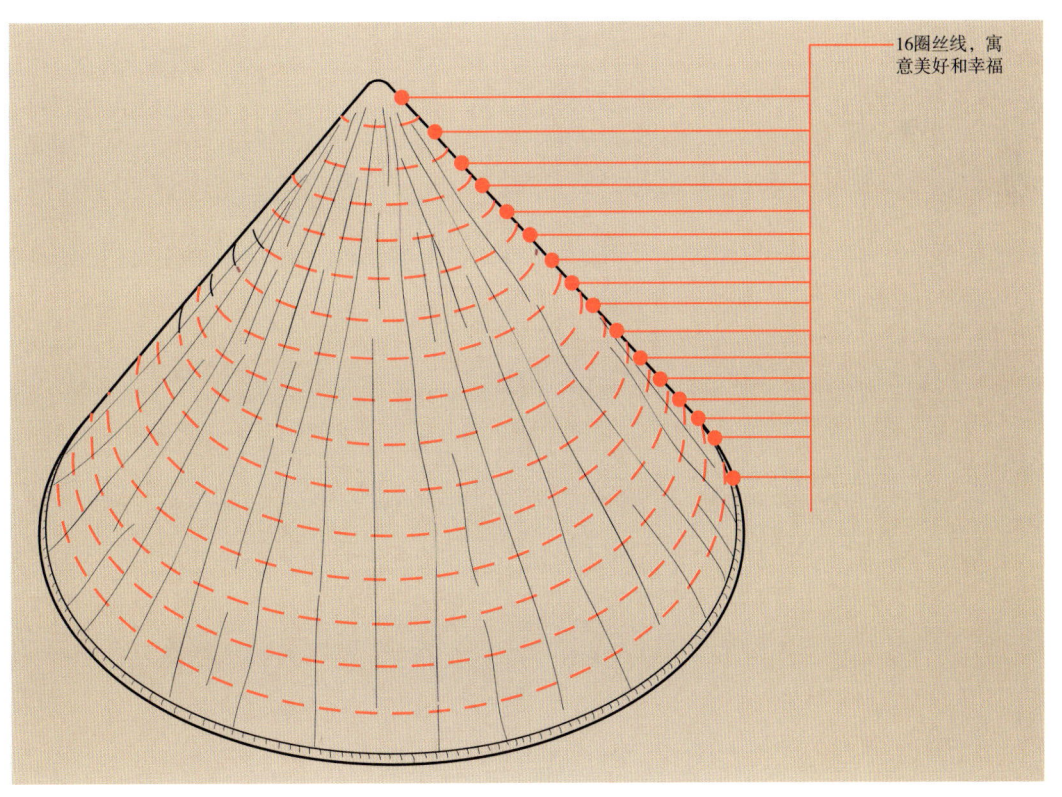

16圈丝线,寓意美好和幸福

图七 京族葵帽设计分析图2

第二章 京族传统服饰

防日光暴晒　　　挡微风细雨

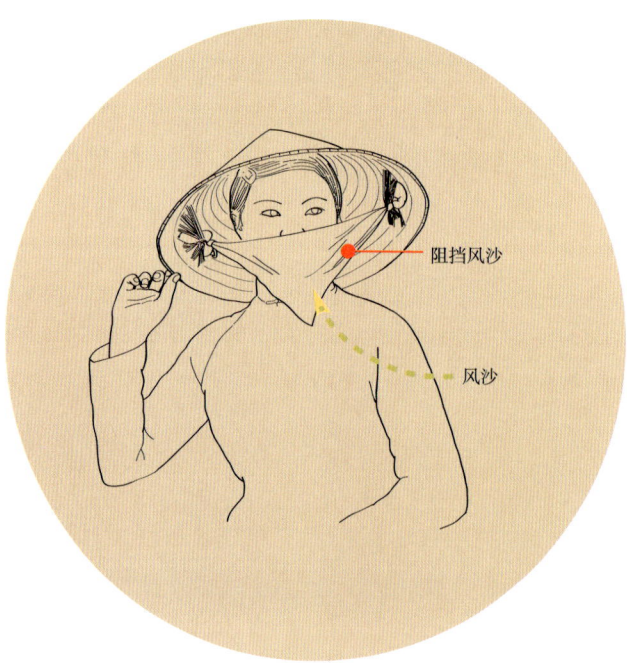

图八　京族葵帽功能分析图

京族蓑衣

图一 京族蓑衣主图

蓑衣是一种遮雨用具。早期蓑衣是用不易腐烂的蓑草制成，后来人们将棕丝、蒲葵叶、竹叶等不同材料制成的雨具通称为蓑衣，本案例即为葵叶蓑衣。它是用细竹篾及蒲葵叶编织而成，现藏于广西东兴京族博物馆。案例主体尺寸为：围脖长33厘米，下裳展开长度90厘米，总高86厘米。如果将围脖领口对接，那么案例整体形制将呈现近似圆台形。

京族人生活在广西南部，该地区属于南亚热带季风气候区，气温常年偏高，降水丰沛，使得京族人的日常生活同雨具密不可分，自然也会产生多样化的雨具，葵叶蓑衣便是其中之一。概括地看，京族蓑衣可分为软性蓑衣（如本案例）与硬性蓑衣两大类。所谓软性蓑衣是指蓑衣的形制能以某种方式弯曲变形，而硬性蓑衣一旦成形则具有刚性特征。二者虽功能一致，但在结构设计及穿戴方式上却存在差异。例如，本案例围脖两头有系带，当使用者将蓑衣穿上后，系带刚好位于颈部，只需抬手就可拴结；而硬性蓑衣是用竹篾夹着葵叶编织而成，不具有可弯性，因而其穿戴方式为双肩背，即从蓑衣上方中间引出两股绳带，然后以对称形式将绳带端头分别系于蓑衣下方，从而将蓑衣以背包形式挎在肩上。

从设计学角度分析，本案例是用葵叶叠压方式实现阻雨的。其具体做法是：先将加工好的葵叶以重合3至4层的方式构成一单元；然后把许多单元的葵叶以头尾叠压的方式排列在一起，用细竹丝从叠加部位穿过，如同针线缝制碎布一般，让松散的叶子结成一体；每当细竹丝向前延伸一定距离（约15厘米左右），就在蓑衣内面添加一根约1厘米宽、0.3厘米厚的竹条，并用细线将细竹丝与这根竹条固定在一起，从而起到加强结构的作用。由于案例呈上窄下宽的形制，缝制葵叶时要注意控制细竹丝的延伸长度，每到蓑衣边缘就必须借助竹条来收边，以防蓑衣结构松散。

从构造方式上看，当若干葵叶叠加连片时，就会形成由上至下阶梯式排列，雨滴因自身重力必然会顺着叶面层层流下，不会出现向蓑衣内部渗透的现象。当然，该结构也存在不足，如果起着串联作用的细竹丝一旦断裂，就容易导致蓑衣解体。或许是因为这

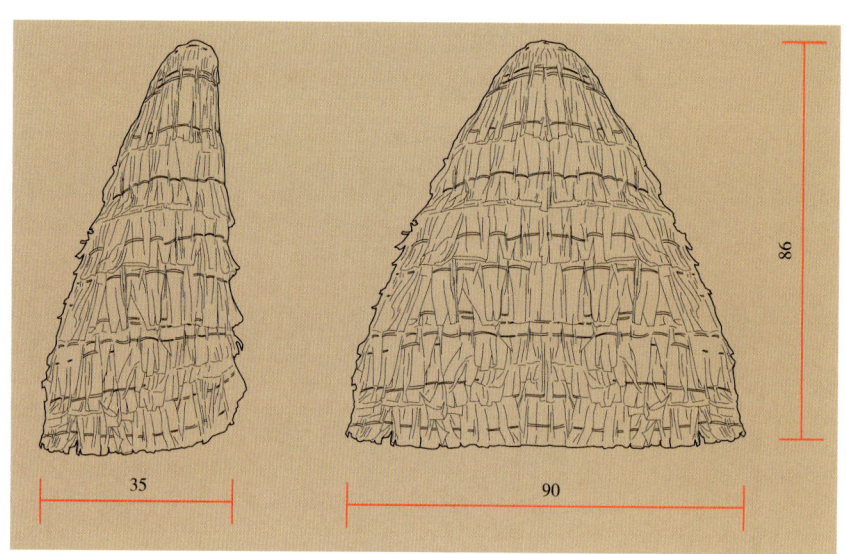

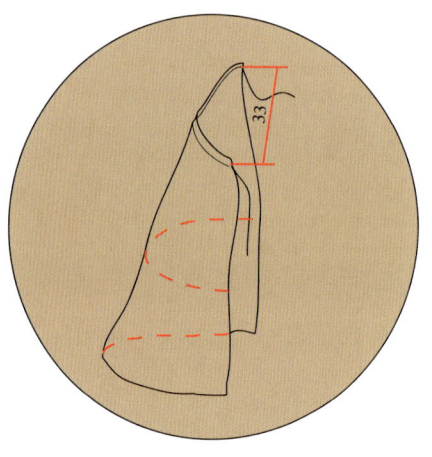

图二　京族蓑衣尺寸图1（单位：cm）

个缺点，京族人还有另一种结构的蓑衣——硬性蓑衣，这种蓑衣结构比本案例要牢固得多。从编织方式看，硬性蓑衣与京族竹编斗笠如出一辙，具体来说，它是用常见的双层"胡椒眼"花型将葵叶（或竹叶）夹在竹篾之间构成蓑衣体的，由于其边缘结构与竹编结构一体化，故在结构上不可弯折，但却有效地保护了内部葵叶，延长了蓑衣使用寿命。

如果对以上两种蓑衣进行比较，其利弊是：一、本案例制作方式简易，而硬性蓑衣需要更多编织技巧；二、本案例使用寿命不如硬性蓑衣长；三、在功能上，本案例形制可张可缩，能较好地适应人的身材体型，而硬性蓑衣则显得很被动；四、在排水方式上案例是依靠上小下大的形制来实现，而硬性蓑衣则凭流线型形制，让雨水顺着坡面流下，更巧妙的是，京族硬性蓑衣下边被设计成外翘形态，使流下的雨水能远离人的身体，避免打湿裤子；五、无论何种蓑衣，都需要斗笠帽配合使用；六、从京族人劳动方式看，案例更适宜出海捕鱼时披挂，而硬性蓑衣则方便在田间劳作时使用。

随着社会的发展，现代雨具已大量普及，它们不仅功能更优，而且价格便宜，自然会将传统蓑衣淘汰。不过，就本案例而言，它所蕴藏的设计思想对当代设计师无疑仍有启迪作用。

图片来源
图一　孙林　摄影
图二至图七　许边疆　制图

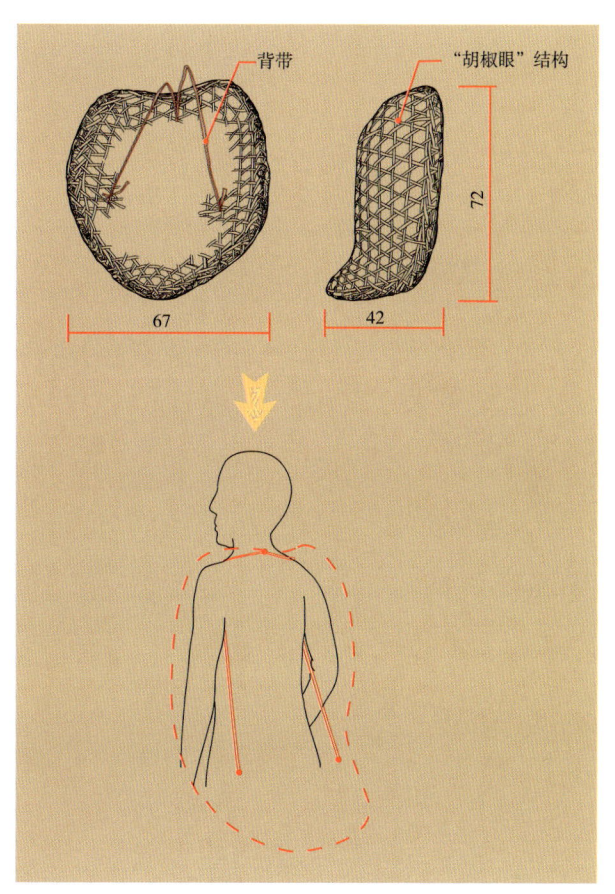

图三　京族蓑衣尺寸图2（单位：cm）

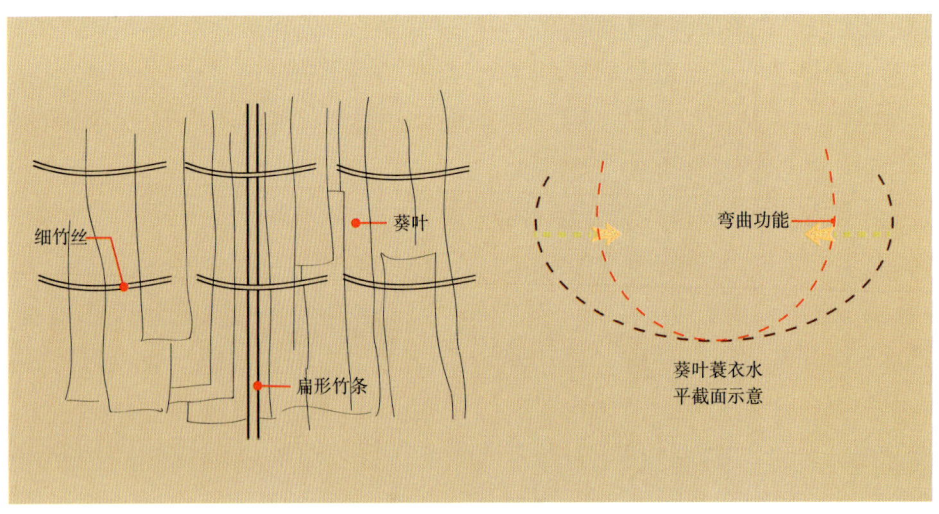

图四 京族蓑衣设计分析图

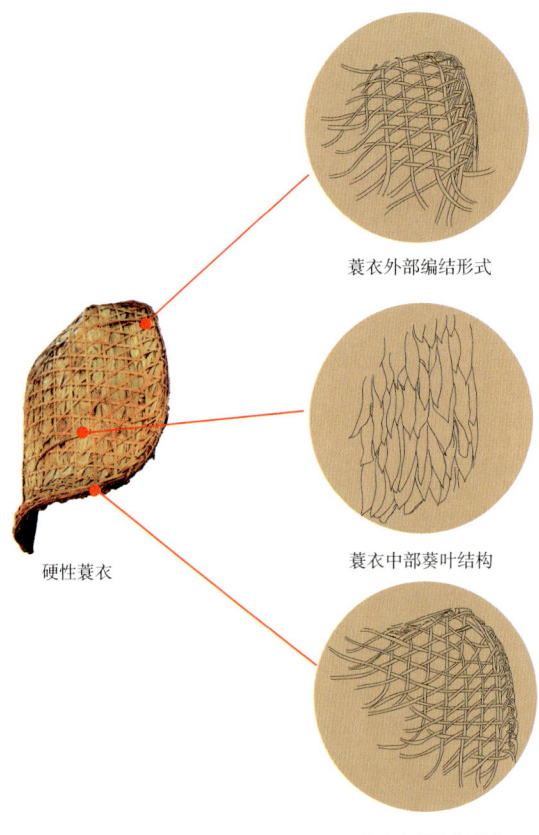

图五 京族蓑衣结构分解图

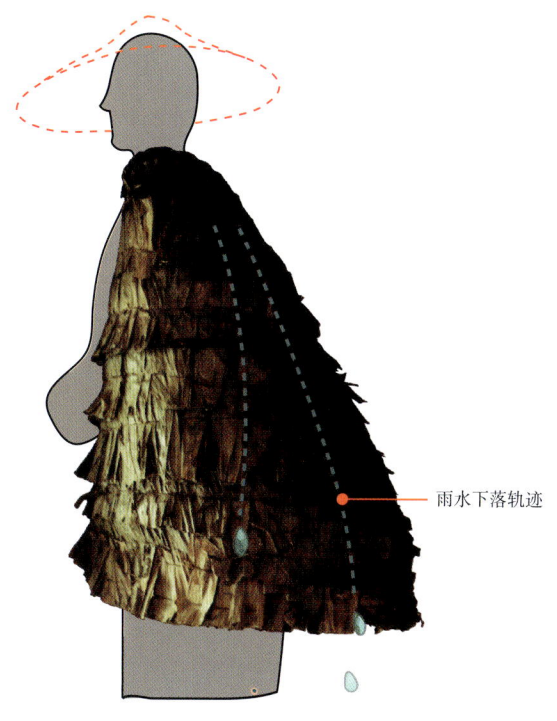

图六 京族蓑衣功能分析图1

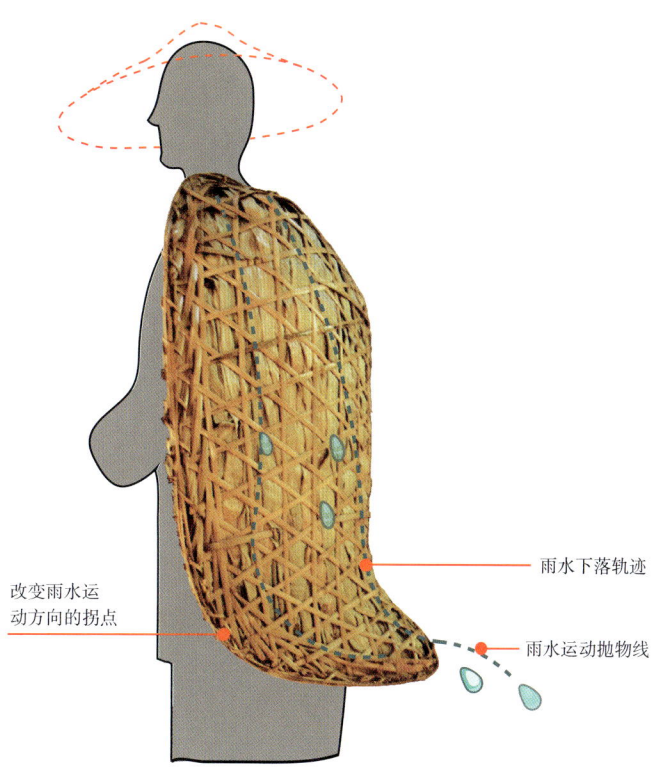

图七 京族蓑衣功能分析图2

第二章 京族传统服饰

027

京族木屐

图一　京族木屐主图

　　木屐，即木质拖鞋。自1511年京族人追逐鱼群迁居以来，木屐就是他们日常生活里不可或缺的用品。本案例为京族博物馆藏品，长23厘米，鞋头宽9厘米，后跟宽7厘米，鞋底厚2.7厘米。京族木屐由鞋头、后跟、鞋底、系带、屐齿等部分组成，除系带用藤条制作，其余皆为木质。

　　过去，京族人不习惯于穿布鞋，尤其是年轻人。一则缘于当地气候温暖；二则他们长年生活在海边，无论农作还是海作，都习惯于在赤脚状态下进行。从功能上看，木屐湿后快干、穿脱方便，在平均气温偏高且多雨的南方，穿木屐更舒适。京族木屐形制多在屐齿上进行变化。由于京族人常年在海滩沙地劳作，屐齿能有效地减少木屐底板与地面的接触面，从而起到强化底板"抓"地的功能，避免脚下打滑。与其他民族木屐相比，京族木屐还有某些独特之处，比如其"人"字形系带多为藤条制成。

　　概括地看，京族木屐的制作流程分为：①选择木料。广西的桑木、梧桐及苦楝木都适宜制作木屐，但在选材时需避开疤结或裂纹。②做粗坯。先将木屐坯料阴干，再借助脚形模板用锯、斧、刨等工具，做出木屐基本形，此时的基本形要留1厘米的余量，以便下一步对木屐进行修整。③精加工。用多种工具对木屐鞋底做进一步加工，尤其是鞋底边缘弯曲部位，不仅要修整好，还需打磨整个表面。为了方便磨制，可将木屐型坯放入水中浸泡一段时间，这样打磨时不至于干涩。④钻孔并安装系带。用木钻在鞋底前后适当位置打贯通孔，然后将粗细适中的藤条穿过孔洞，打结固定。⑤涂刷桐油。桐油能起到阻水的作用，假如木屐表面还要装饰，也在此阶段完成。

京族木屐除实用功能外，在传统婚姻中还扮演着重要角色。恋爱中的京族男女要互送花屐，如果双方送出的木屐能拼合成一对，则表示天作之合，如果两只木屐都是同一方向的，则婚约就此结束。实际上，京族人之所以选择木屐来为婚姻占卜，应该是京族人崇拜神灵的一种反映。鉴于神灵无法用肉眼看见，为了知道神灵的意志，人们便借助某种具体的物来体现，于是，成双配对使用的木屐便成了这种媒介。

关于京族木屐的来源，有两种可能：一是木屐随京族先祖从越南被带入中国，也就是说他们迁居中国之前就已使用木屐了；二是京族先祖进入中国之后，受其他民族的影响而有了木屐。事实上，木屐最早源于中国，1988年在浙江宁波慈城镇新石器时代晚期遗址出土的木屐遗物便可证明。至于中国社会后期，木屐形制种类就更多了，并且还传播到了其他国家，如朝鲜、韩国、日本、越南等。

图片来源
图一　孙林　摄影
图二至图七　许边疆　制图

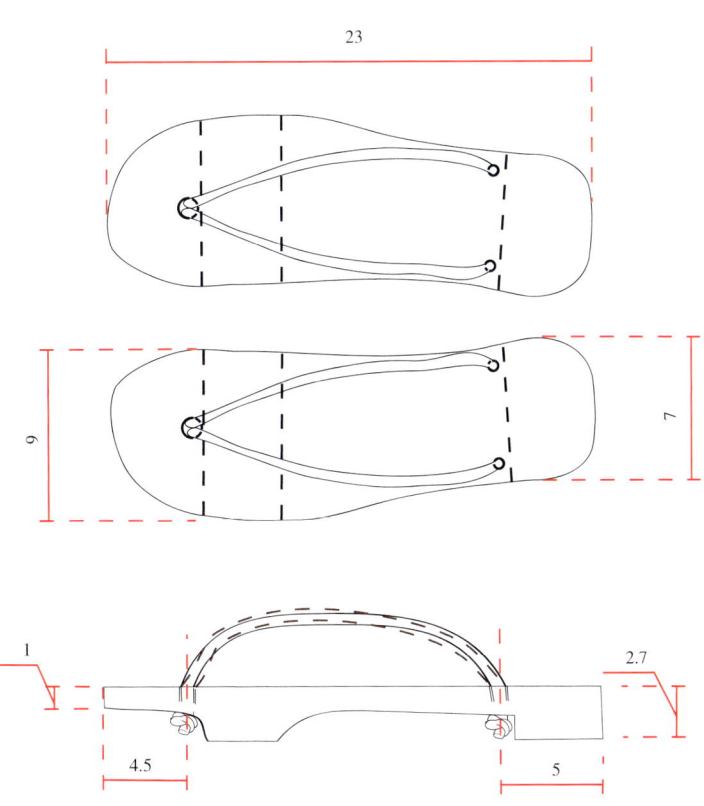

图二　京族木屐尺寸图（单位：cm）

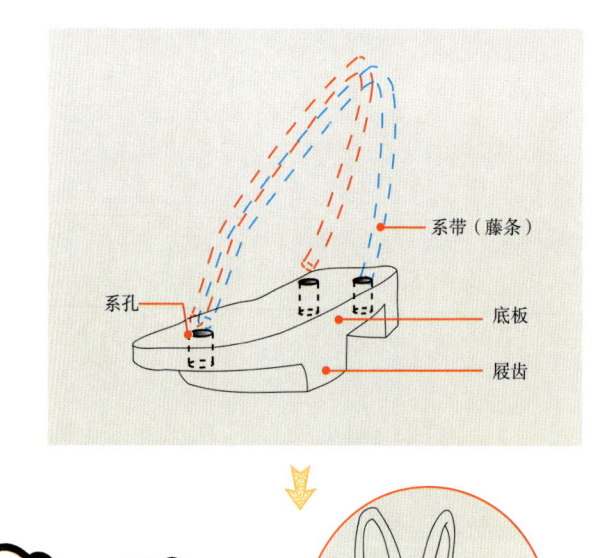

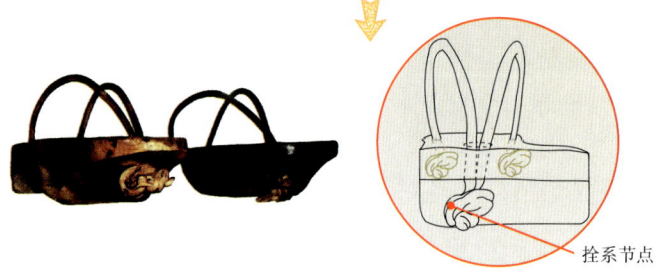

图三 京族木屐结构名称图

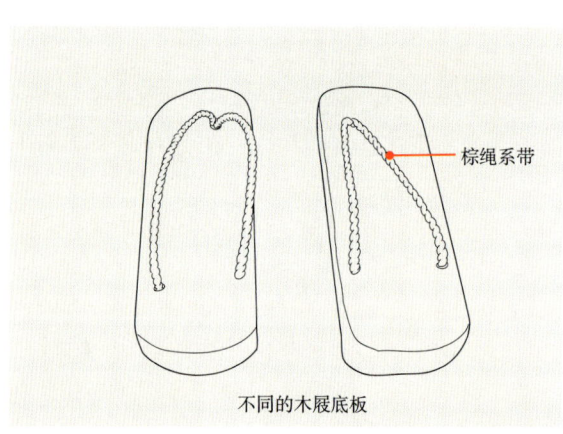

不同的木屐底板

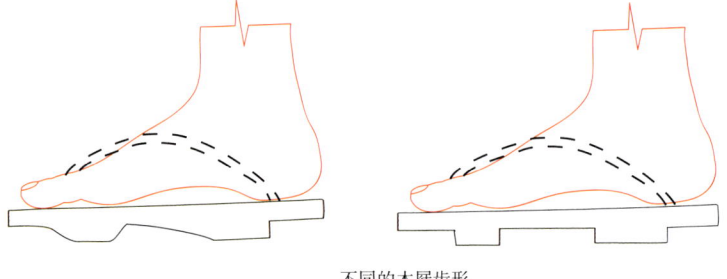

不同的木屐齿形

图四 京族木屐设计分析图1

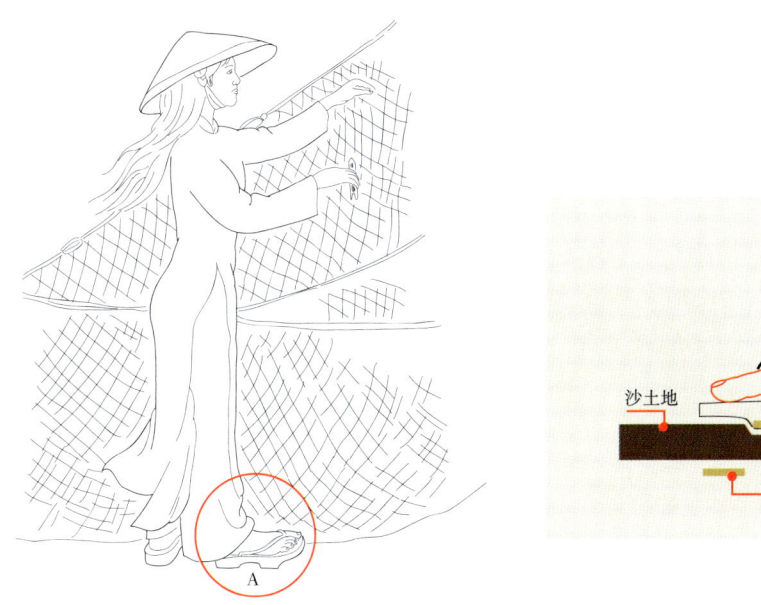
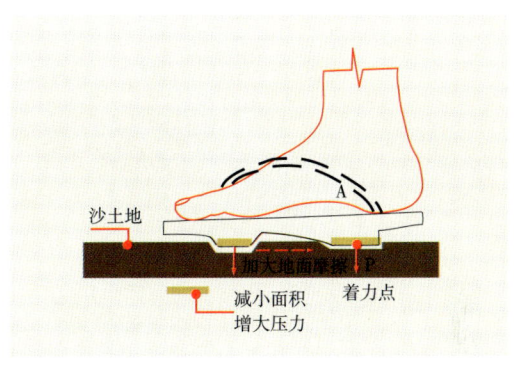

图五　京族木屐设计分析图2

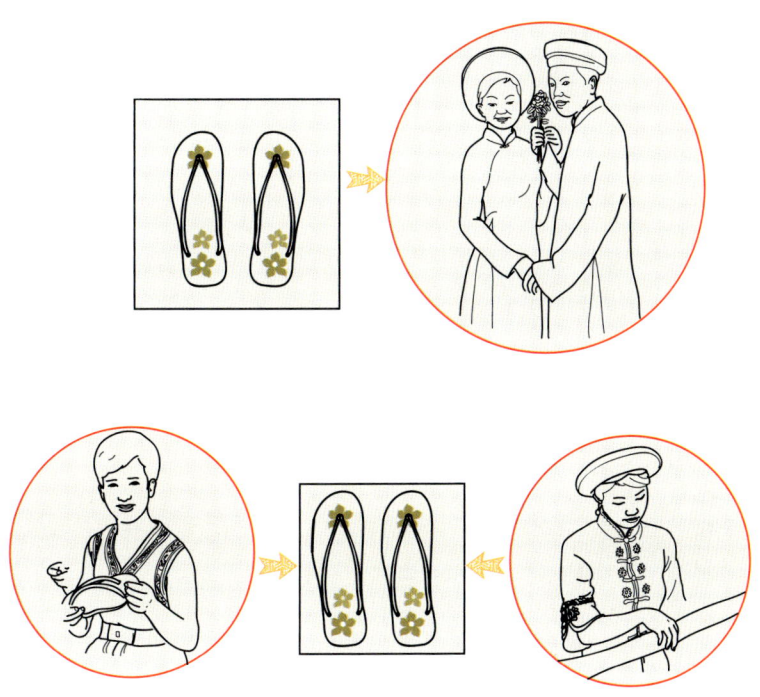

图六　京族木屐功能分析图

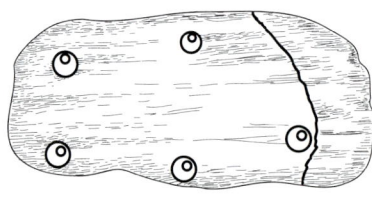
中国新石器时代晚期木屐

三国（吴）漆木屐

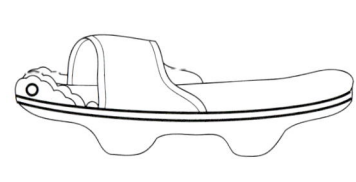
中国明代木屐

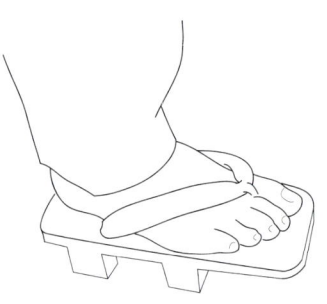
日本木屐形制之一

图七　京族木屐对比图

京族砧板髻

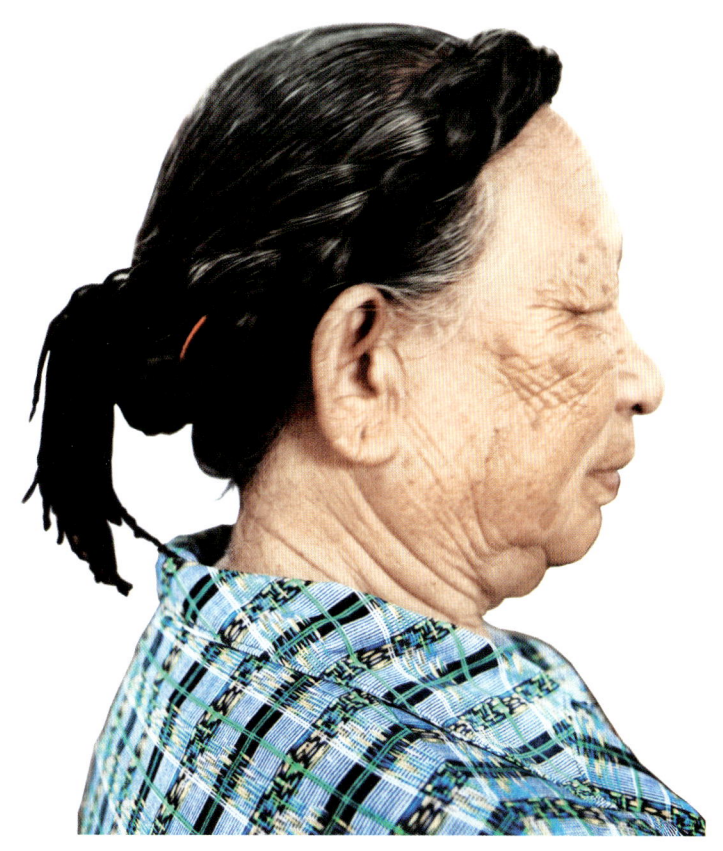

图一　京族砧板髻主图

　　砧板髻是京族妇女的一种传统发型，其状如圆形砧板，故而名之。过去，这种发式也是京族女性成年的一种象征。具体地说，当京族女性年满14岁时就可以梳砧板髻了。不过，到了20世纪中后期，梳砧板髻的女性几乎都是老年妇女，一些相对年轻的女性因时代的影响，已逐渐汉化了。当然，对未成年女子而言，她们至今仍梳长辫，辫子上扎红丝带。

　　从砧板髻的发型结构看，其成形方式是：①先将头发向脑后梳理，让额头充分显露出来，并且两鬓之处留"落水"；②将脑后发束分出三股，依次交叉编结，形成人字形独辫，并用布条或丝线缠住；③接着用手将发辫自左至右盘于头顶之上，形成一个环绕头顶的辫圈，而辫梢则是由下至上以倾斜的方式插进辫圈里。显然，砧板髻以巧妙的方式将女性长长的发辫收拢于头顶周边，其坚实、紧凑的结构，不仅能方便女性的日常劳作，而且在头的顶端形成一个极富装饰意味的发圈。

　　有些年纪较大的京族老人往往也使用假发辫。我们在京族博物馆就见过此类物品，经现场观察和测量得知，这种假发辫是用三股黑色羊毛线（线的粗细约0.2厘米）制作而成，即将三股毛线的端头拴结在一起，总长约76厘米，三股毛线可分可合。据当地一些老人介绍，假发辫的使用方式是：先在假辫打结处把拢在一起的头发束紧，然后再将头发与假辫合并，朝着一个方向理顺的同时，从左至右地将假发辫盘于头上，盘结的方式同真发一样。现实生活里，一些老年妇女更倾向于将假辫简单地捋顺成一束，再盘在头顶上，这种盘法虽快捷，却不能让毛线结构变得紧固，特别是在身体处于活动状态时，常因头部的晃动而导致假辫松散。为此，京族妇女常用红色丝线和发卡对假辫进行局部固定，这样既避免了上述问题，又为假辫带来了色彩装饰及形式上的变化。

京族砧板髻究竟源于何时，现已无法考证。我们推断，京族妇女之所以会选择这种发式，应该与她们的生存环境及生活方式有关。比如，京族三岛常有较大的海风，海风会吹乱妇女的头发，迫使她们将头发扎成一束；再比如，自古以来京族女性就有在海边劳动的习惯，为了方便劳作，她们将头发盘在头顶之上显然是一种不错的选择。总之，砧板髻对京族女性装束的影响很大，从后期女性的头饰上可以看出，最典型的例子莫过于头箍，头箍与砧板髻显然有着内在的联系。

图片来源
图一　孙林　摄影
图二至图五　许边疆　制图
图六、图七　孙林　摄影、制图

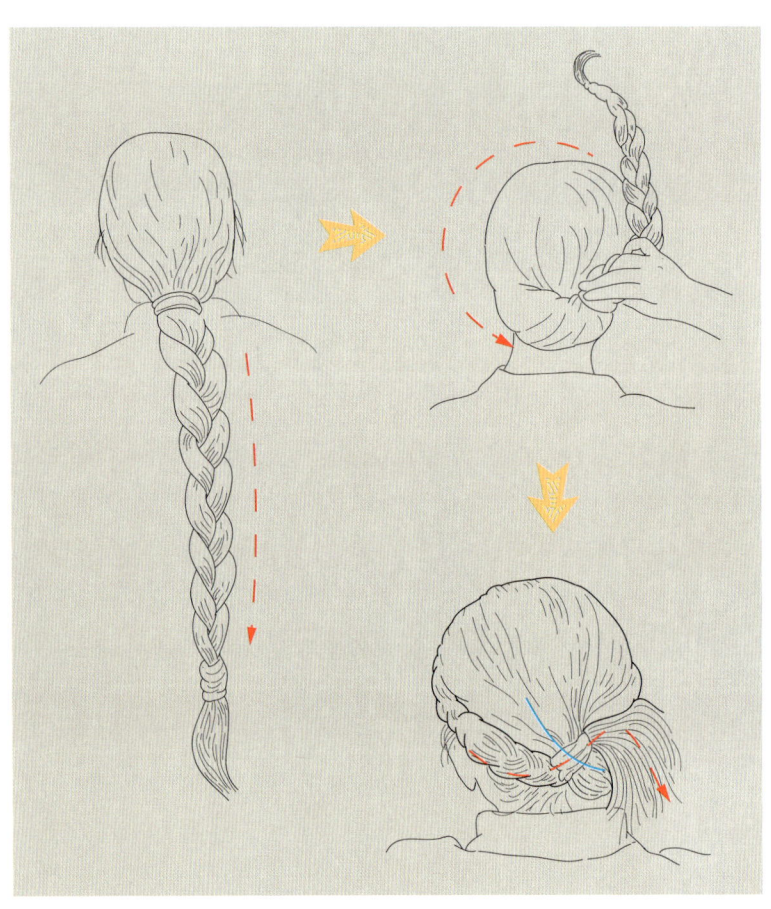

图二　京族砧板髻成形示意图

图三　京族砧板髻正面图

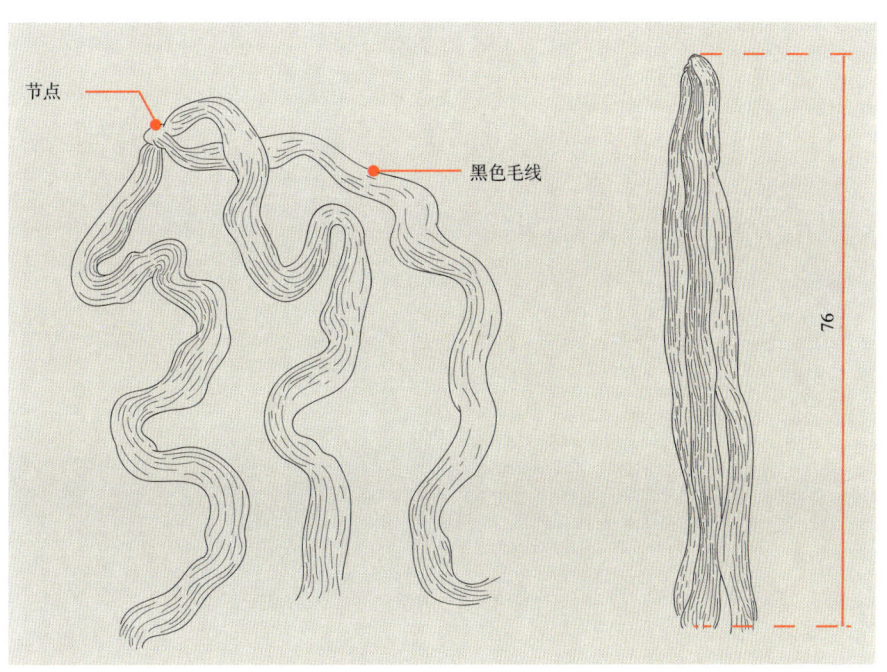

图四　京族假辫尺寸、结构名称图（单位：cm）

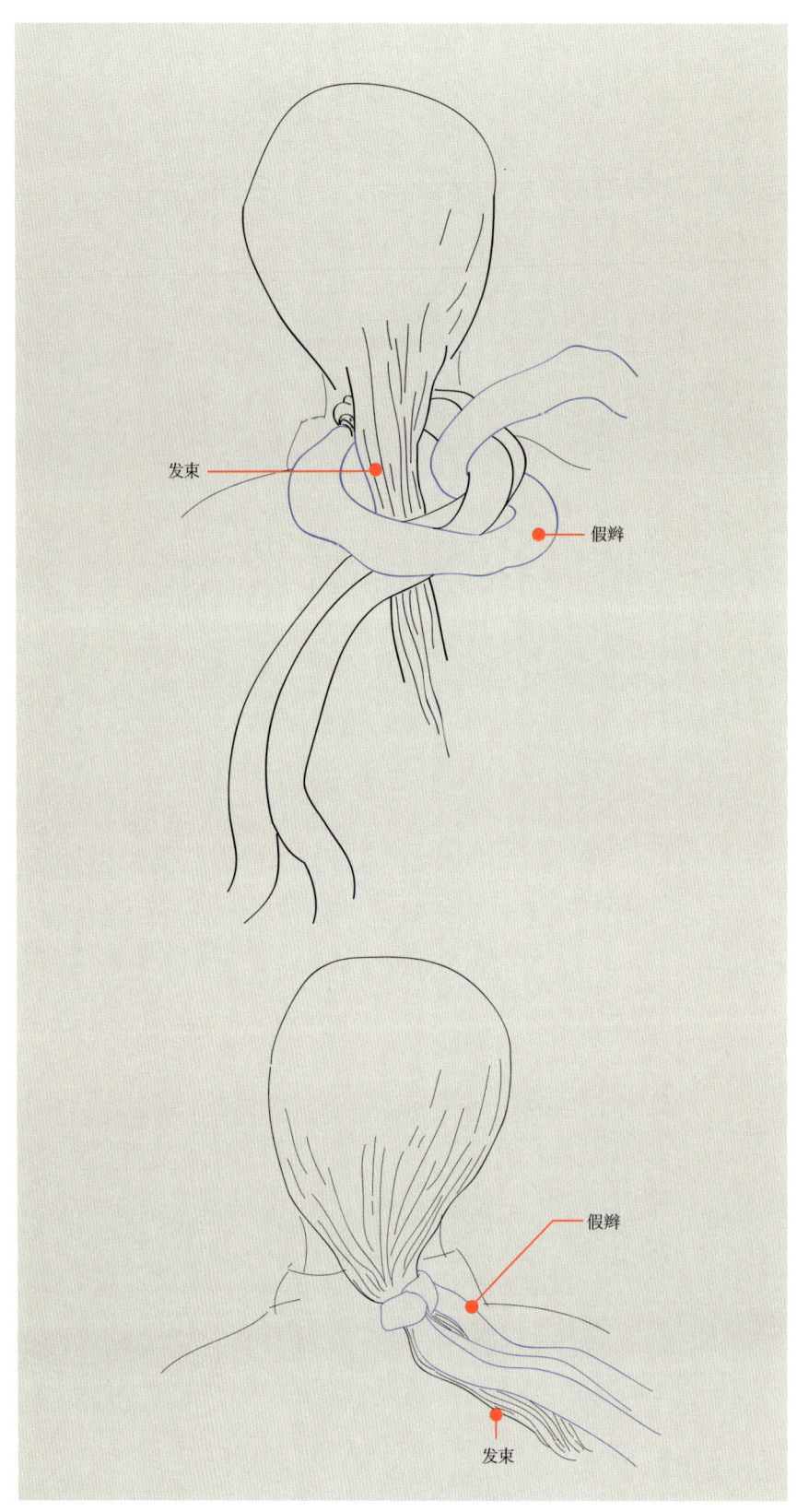

图五　京族假辫使用示意图

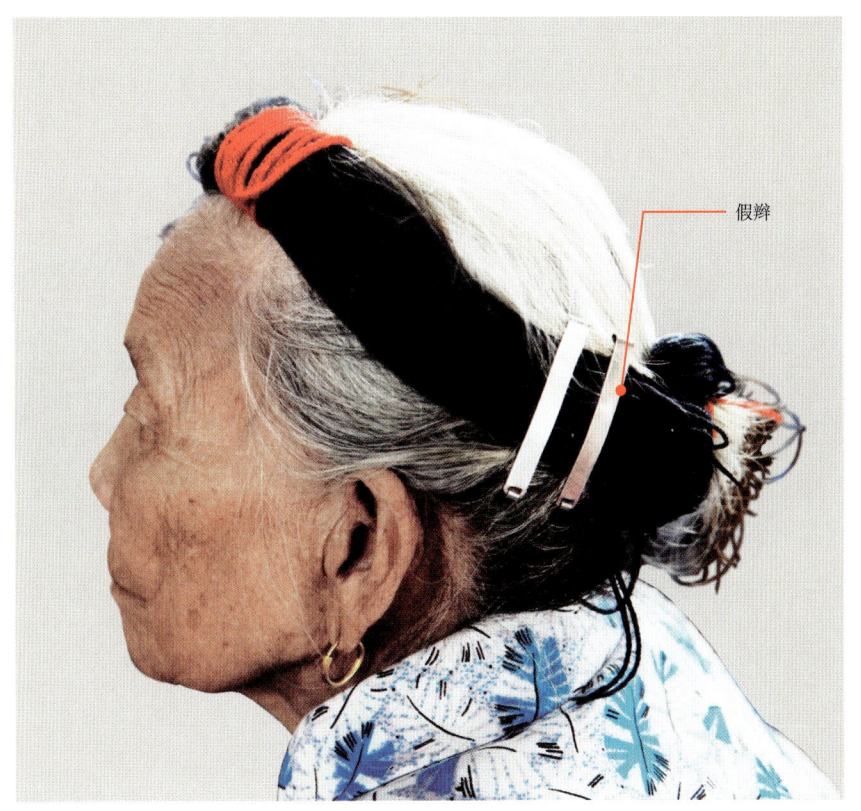

图六　京族假辫砧板髻

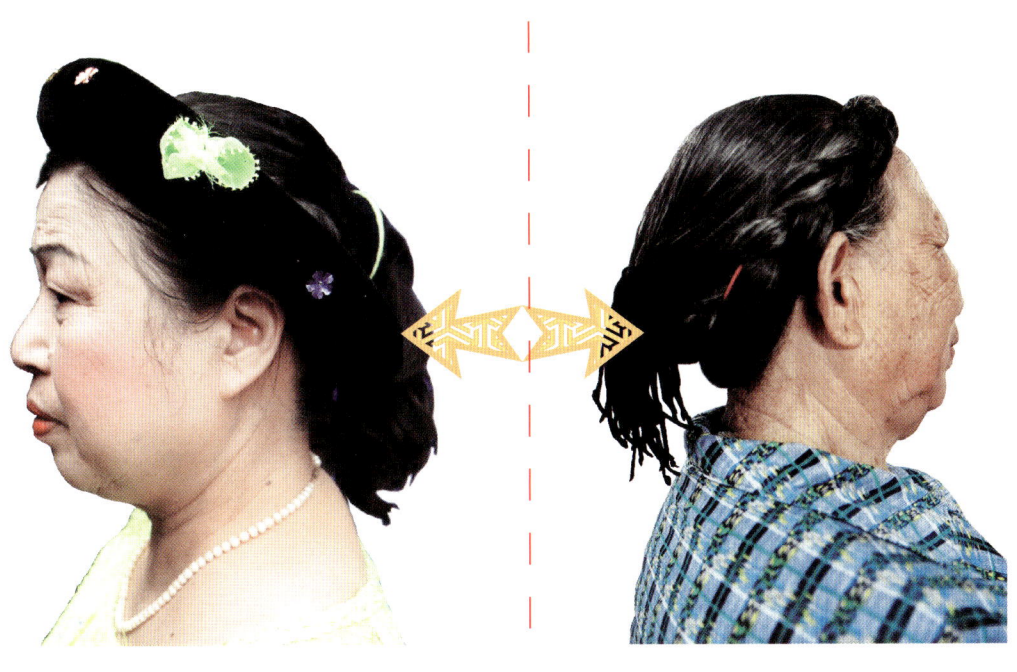

图七　京族砧板髻对比图

第二章　京族传统服饰

京族女性头饰

图一　京族女性头饰主图

　　京族女性最有特点的头饰便是头箍。过去，京族女性在外出赶圩或节日庆典时，一般都要戴个圆顶礼帽，这个礼帽即为头箍。本案例采自京族博物馆，属于20世纪中后期之物品。经测量，箍外直径21厘米，箍内直径15厘米，高3.8厘米。本案例用绒布制作而成，这类箍帽颜色主要有紫红、枣红、淡红、黑等色。

　　京族女性头箍源于何时尚待考。不过，在明清时期汉族和壮族就已开始流行勒额，勒额与京族头箍相比虽有形制上的差异，但在使用功能上却彼此有相似之处。例如，它们都有防止头发被风吹乱的功能，也有与服装协调的装饰功能。从形制方面看，京族女性头箍虽然整体呈环状，但截面形制却有矩形、圆形等。头箍外表常用绒布或平布包裹，内部则用软体材料填充，如棉絮、海绵等。经我们考察得知，京族女性头箍的装饰手法可分为三种：一是附加法，即用彩色布（或其他材料）做出若干个小花朵，再镶嵌于头箍之上；二是单一的布料原色——红、黑、紫等色（有些布料也自带暗花纹）；三是，两种以上的彩色布料通过组合来形成色块的变化。有些头饰设计得十分醒目，通常由中年妇女使用，少女反而喜戴色彩单一的头箍，反映出了不同群体在审美方面的差异。另外，现代哈妹的头箍也出现了金属装饰件，显然，这是新时代的产物。

　　事实上，京族女性头箍还有其他特殊形制，例如哈节期间她们常戴一种盘形头饰，这种头饰是用长长的布片由内向外逐渐盘筑而成，犹如一个大圆盘扣在人的头顶之上。

　　京族女性也常用另一种头饰——头巾。当地博物馆就藏有此类头巾，据该馆工作人员介绍，头巾对京族女性十分有用，它能有效地抵御海风对面部的侵袭。在海边，人们可以将围巾包在头上,也可以同葵帽搭配使用(见葵帽案例)。这些围巾看似普通,但在特定环境下与京族服饰搭配,能彰显出海洋民族特有的服装韵味。

图片来源
图一、图五　孙林　摄影
图二、图六　许边疆　制图
图三、图四　孙林　摄影、制图

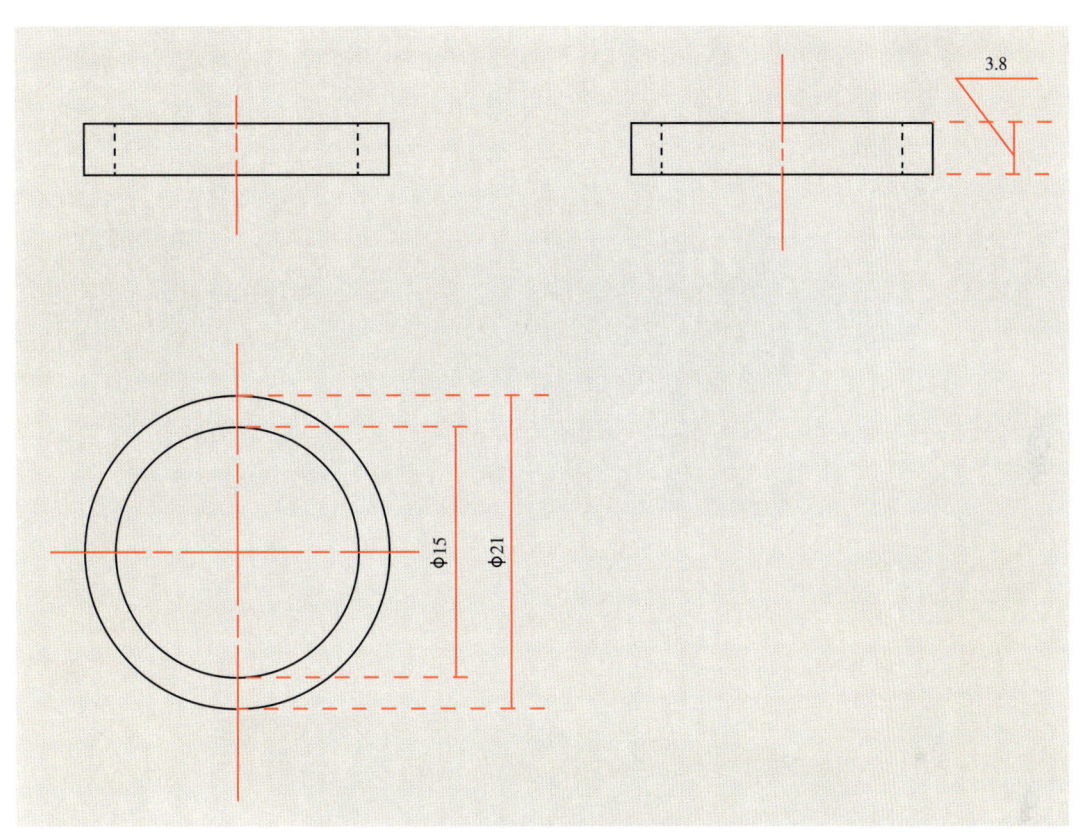

图二　京族女性头饰尺寸图(单位:cm)

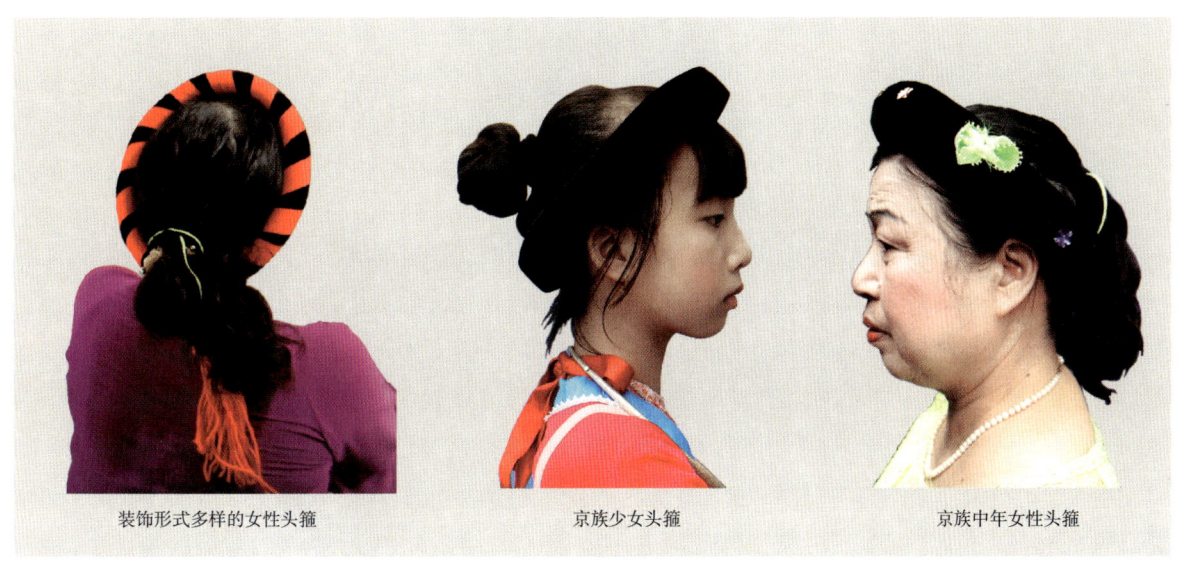

装饰形式多样的女性头箍　　京族少女头箍　　京族中年女性头箍

图三　京族女性头饰样式图1

京族哈妹头饰　　　　　　　　　　京族女性箍帽

图四　京族女性头饰样式图2

图五　京族女性头巾

图六　京族女性头巾使用示意图

京族女性礼服

图一 京族女性礼服主图

京族女性礼服是指在特殊节日或庆典之时所穿的服装,其中最隆重、最热闹的民族盛事便是京族哈节。节日期间,族内民众须人人参与,哈妹自然是必不可少的人员,有了哈妹的助祭、助兴,京族哈节显得更加丰富多彩。本案例采自京族博物馆,源自20世纪80年代京族哈妹之着装。从款式结构看,该服装与汉族旗袍(起源尚有争议)很相似,但下摆较宽。衣服胸部、领口及袖口处皆用枣红色布带镶边,布带内含凤纹和小饰件,由于布带同衣料颜色互为补色,故布带十分显眼,清晰地呈现出了对称式的结构关系。本案例衣长142厘米,肩宽40厘米,腰围72厘米,领围38厘米,袖口围16厘米,衣身两边开衩至腰部。款式属于右衽式,襟沿处设花形布纽4组。

从博物馆陈列的其他哈妹服饰来看，服装结构基本都是右衽式，矮领、窄袖，腰部开衩。不同的是，外部纹样装饰或对称，或均衡布局，布料颜色也更加多样化。据博物馆工作人员介绍，这类服装一般都是中年哈妹穿的，衣服略显宽松，年轻哈妹的服装则相对紧些，紧身的衣服能体现出年轻女性优美的身段。此外，无论是何年龄段的京族女性，礼服往往都是高位开衩。从设计学角度分析，高位开衩的服装无疑能让女性身体显得更为修长，该设计法也成就了京族女性服饰的民族特点。或许是由于高开衩的缘故，京族传统女性礼服都与既宽又长的裤子搭配。我们在哈节上看到，无论成年女性还是少女，都遵从这种着装习惯。

与便服相比，京族女性的礼服更倾向于以下几点：①服装上往往设有纹样，②服装的颜色较为鲜艳，③衣服的用料相对比较考究。随着社会的发展，京族女性礼服的款式也在悄然发生变化，例如原本不系腰带的礼服，如今用彩色布条在腹部打个结，下垂的布条给人以洒脱之感。不仅如此，还通过减少花纹（甚至不用），来强化布料色块的对比，从而使当代礼服既显得大气又自然奔放，新服饰为哈节增添了时代光彩。

图片来源
图一、图四、图五　孙林　摄影
图二、图三　孙林　制图
图六　孙林　摄影、制图

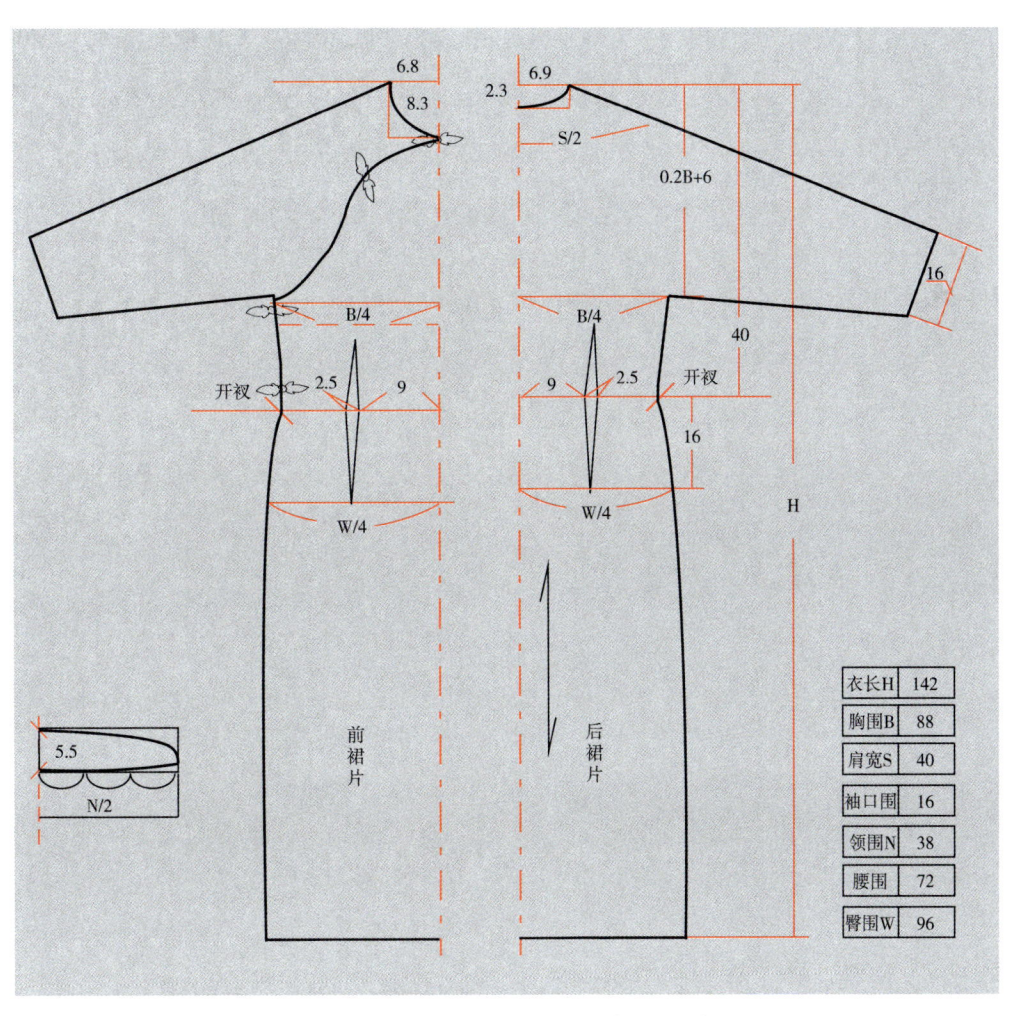

图二　京族女性礼服尺寸图（单位：cm）

图三　京族女性礼服设计分析图

图四　京族女性礼服穿着效果图1

图五　京族女性礼服穿着效果图2

图六　京族女性礼服延展图

京族男性礼服

图一 京族男性礼服主图

京族男性礼服多与祭祀活动、节日庆典有关，本案例采自京族博物馆，属于京族哈节陪祭员之服饰。通常，陪祭员的装束有右衽式中长衫和左（或右）衽式长衫两种，中长衫衣袖短而宽，长衫衣袖则延伸至手腕处。比陪祭员职位略显重要的司文官员也穿这类服装，但可以通过其头饰或衣装的颜色差异来加以区分（陪祭员无冠）。例如，司文官员无论是穿蓝布长衫还是红色长衫，都戴"八"字形道士帽，这种装束显然与道教信仰有关。从实际宗教活动情况看，京族"师傅"信奉的是道教中的正一派，然而在做具体法事时，他们又将道、佛、巫融为一体，这些在道士帽上能间接反映出来。

在职责方面，比司文官员、陪祭员更为重要的人员是香公（翁巫）和翁祝。其着装形式是左衽长袖黑衫，头戴黑色筒形箍帽，他的着装形式显然与职责有着密切关系，如在神灵面前抛掷"阴阳珓"、在祭祀仪式中进香等等，是故，香公服饰需要有一定的神秘感。与香公服饰形成鲜明反差的是，翁祝的服装是金黄色偏开襟长衫，帽子也是金黄色箍帽，服饰既华丽又富贵。从职责上看，翁祝是撰写祭文和宣读祭文的人，因此，他的服饰要体现出一种神圣感。

除以上人员外，职责最重大的是主持哈亭民间事务的翁村（现称亭长）和副翁村（副亭长），他们的服饰都是矮领长袖对襟衣，上有5～6颗布纽扣，衣襟边缘有两条纹样装饰带，该款式显然是从汉族服饰演变而来。从设计学角度分析，对称式的服装往往会显得端庄严肃，这种属性正是该类职务所需要的。

概括地看，京族男性礼服主要有三种款式：①左（或右）衽式服饰，②对襟式服饰，③偏开襟式服饰。无论何种款式，服装的侧面都有开衩，甚至有些是高衩。此外，京族男性礼服色彩也存在多样化——黑、蓝、浅灰、红、黄等色，色彩与服装的功能有着直接关联。

图片来源
图一、图五、图六、图八　孙林　摄影
图二、图三　许边疆　制图
图四、图七　许边疆　摄影

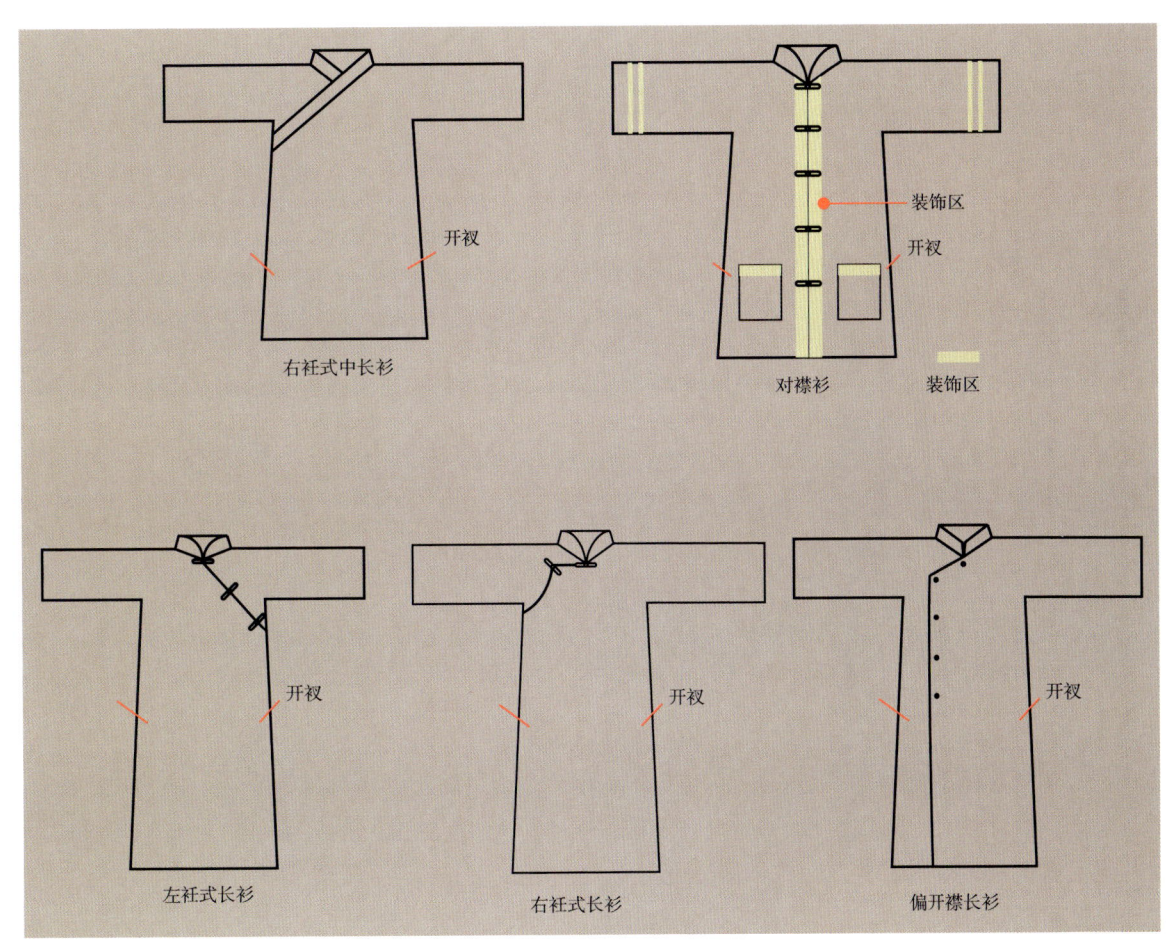

图二　京族男性礼服结构名称图

 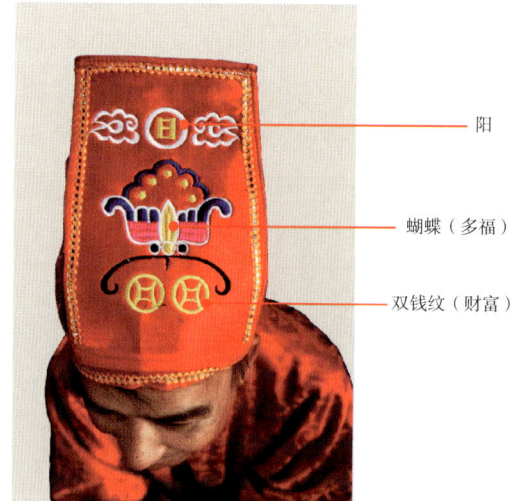

图三 京族司文官员头饰分析图

阴 — "寿"字

阳 — 蝴蝶（多福） — 双钱纹（财富）

图四 京族司文官员服饰穿着效果图　　　图五 京族香公服饰穿着效果图

图六　京族翁祝服饰穿着效果图

图七　京族陪祭员服饰穿着效果图

图八　京族亭长服饰穿着效果图

京族生活服饰

图一　京族生活服饰主图

"一方水土一种衣",生态环境是人类赖以生存的物质基础。京族属于海洋民族,主要从事渔业生产,为了方便在海滩行走或渔船上打鱼,他们的裤筒自然要设计的肥大些,加之北部湾终年暖热,全年无冬,宽松的衣服也会让人感到凉爽。本案例采自京族博物馆,为当地女性日常生活之服饰。从款式特征看,案例上装是右衽式结构,腰部开衩,无领,领口中部及右侧各设布纽扣一个,腰部则排列五组纽扣;下装是宽大筒裙,裙首用白布制成,裙身则为黑布,裙首上端穿一根布带,布带上悬挂一个用布缝制的腰包,可容纳小件物品。

事实上,京族女性的下装无论是筒裙,还是筒裤,共同特征便是肥大、宽松(男性裤型也如此)。之所以要这样设计,是因为宽大的裤筒不仅能保护人的身体不受海风的侵袭，而且在海边耙螺或捕鱼时更容易将裤筒快速上提（假如男性在筏上落入海中，也容易脱下，尽快脱险）。除此以外，京族女性服饰还有"长不遮臀"之说，即上衣往往较短，衫脚仅至腰间而不及臀部，本案例就是典型一例。归纳地看，京族女性生活装有右衽式和对襟式两大类，款式不受年龄所限，比如年长女性既穿对襟衫，也穿右衽服。不过，在服饰搭配方面却存在一定差异，一般年轻女性爱穿白、青或绿色上衣，裤子除了黑色外，也常穿褐色；中年女性上衣多为浅绿色或青色，裤子以黑色为主；老年女性则以棕色上衣和黑色裤子最为常见。

除了外部着装外，京族女性生活装中还有件特别的物品，即胸掩。我们在京族博物馆见到一种胸掩，这种胸掩通体用白色棉布缝制而成，其表面无装饰。据说，这种胸掩多为年纪较大者使用，年轻人的胸掩常绣有精美的图案，在掩盖胸部的同时也将美丽的纹饰展现出来，从而给人以视觉之美，胸掩通常与对襟衫搭配穿着。至于它的来源，传说是由东汉时期伏波将军马援所赠，当年马援将军来到交趾（今越南北部），见到当地妇女装束与男人一样袒胸，感到很不美观，于是就亲自设计了一块美丽的胸掩相赠。从那时起，京族妇女便开始穿着胸掩，并一直流传至今。当然，随着社会的发展，京族女性生活服饰也延伸出新的品种，无领低胸长衫就是其中一种，该服装款式既保留了传统长衫的神韵，又产生了相异的形式，体现出了当代人的生活风貌。

京族男性服饰则不如女性变化多，生活装主要受汉族影响较大，上装多为对襟款式（似唐装），衣服颜色有浅青、淡蓝或浅棕；下装则为宽大的裤子，有些裤子的裤裆几乎是裤长的三分之二，颜色以黑色为主。此外，1945年的《防城县志》曾记载："江平的安南人（20世纪40年代以前对京族人的称呼）的服装，男衫过膝，窄袖袒胸，腰间束带；女衫长不遮臀，裤阔……"据说，那时的男子常穿长过膝盖、无领无扣、窄袖袒胸的上衣，腰间束以彩色腰带，一般束一至两条，富有的人则束五六条。由于上衣长过膝盖，而且开衩很长，为了便于活动，男性常把两边衫脚撩起，在腹前随意打个结，给人以洒脱、奔放之感。

如今，随着服装款式的多元化，京族男女服饰受潮流影响较大。

图片来源
图一　孙林　摄影
图二、图五、图六、图七　许边疆　制图
图三、图四　孙林　摄影、许边疆　制图

参考文献
符达升, 过竹, 韦坚平, 苏维光, 过伟. 京族风俗志[M].中央民族学院出版社, 1993: 31.

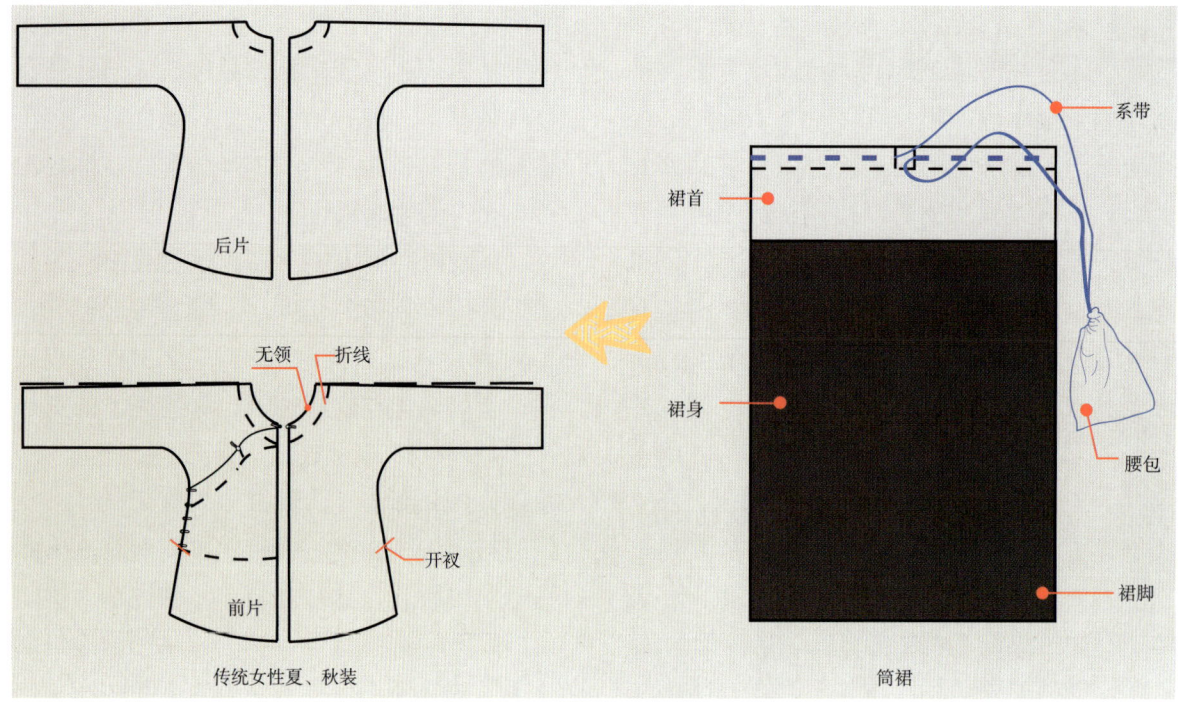

图二 京族女性右衽服饰结构名称图1

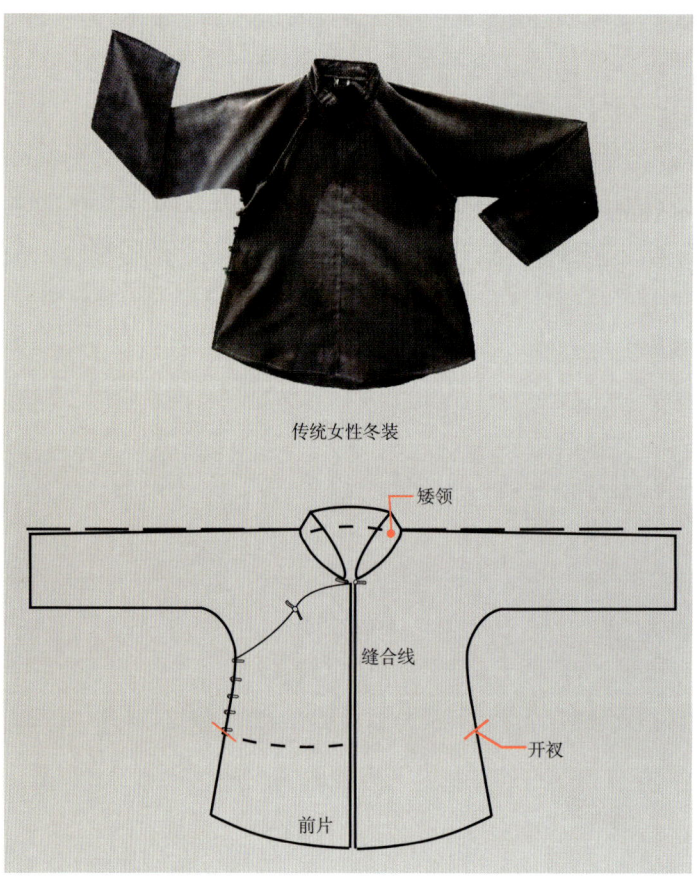

图三 京族女性右衽服饰结构名称图2

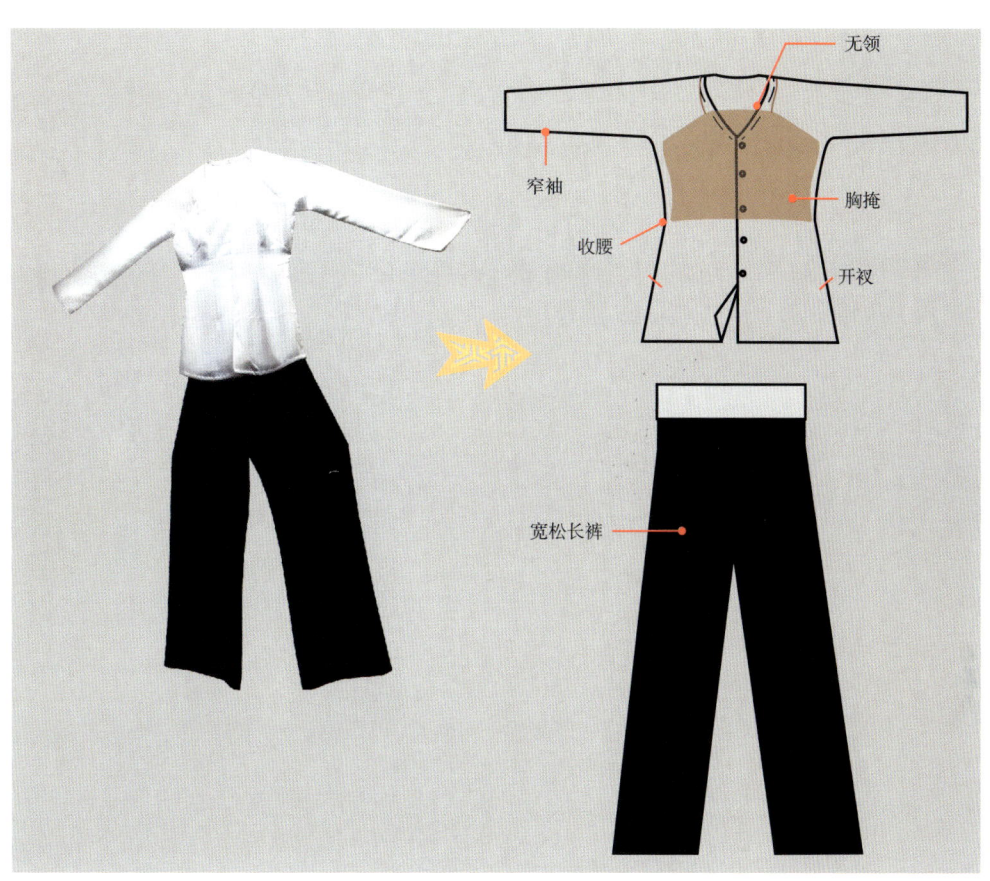

图四　京族女性对襟服饰结构名称图

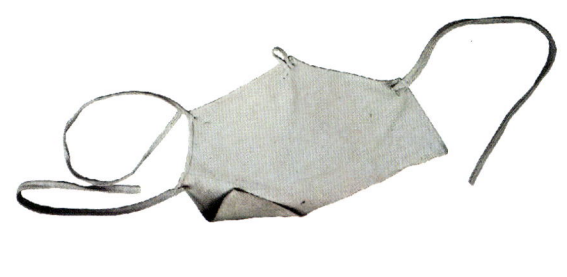

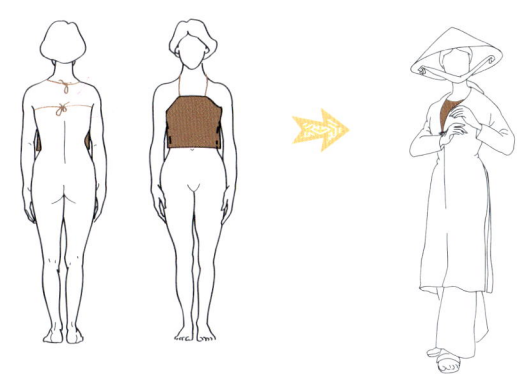

图五　京族女性胸掩穿着示意图

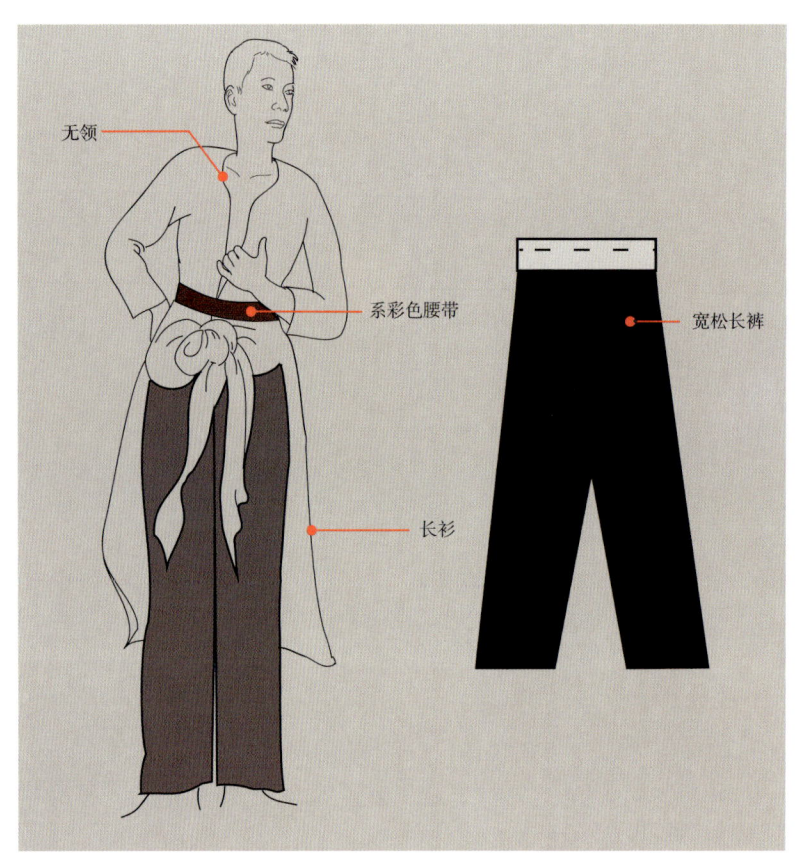

图六　京族男性生活服饰结构名称图

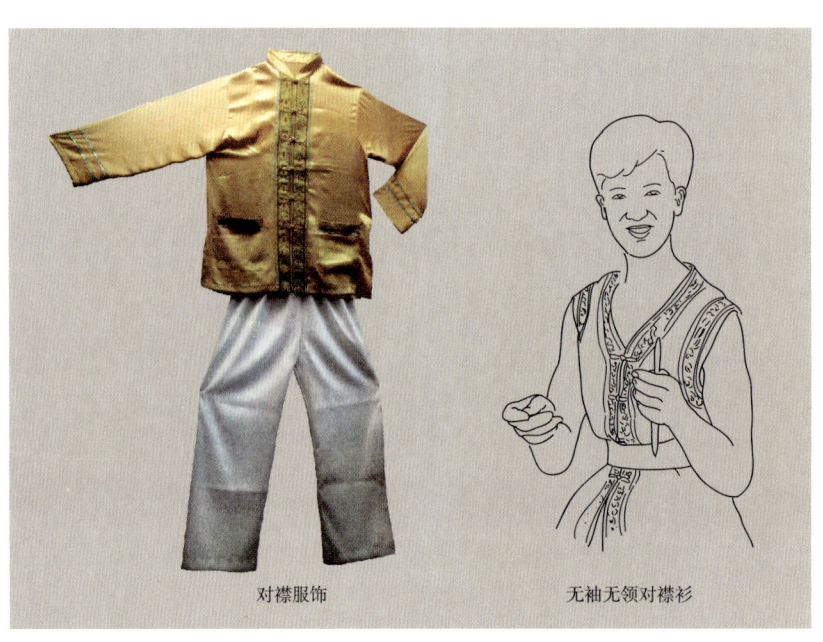

图七　京族男性对襟服饰样式图

第三章 京族传统餐饮

京族风吹饼

图一 京族风吹饼主图

　　风吹饼是京族独特的风味小吃，俗称"冰喇"，近似于圆形，十分薄，似乎能被风吹走，故京族人形象地称之为"风吹饼"。本案例采自广西防城港市东兴市江平镇，该镇是风吹饼的主要生产地之一。从案例表象看，外表呈乳白色，上面黏附着一层黑色芝麻粒，某些部位因烘烤的缘故略显焦黄。京族风吹饼大小基本已模式化，直径大约36厘米，厚度约0.3厘米。

　　在江平镇考察期间，我们发现当地加工风吹饼的人大都是年龄偏大的女性，这或许是风吹饼的生产过于耗时的缘故。据劳动路11号风吹饼作坊何阿婆介绍，风吹饼的生产程序是：①先用温水浸泡大米，将米泡软。②将浸泡后的大米磨成米浆（米浆中要放适量的盐），过去用石磨，现多用小型机械设备磨浆。③在铁锅里放一个竹箅，竹箅上铺棉纱布，并在锅中倒入水，之后合上锅盖点柴烧水。④待锅里蒸汽上来后，打开锅盖，用勺从预先备好的米浆罐里舀米浆（一般就是一满勺）倒在纱布上，此时要用勺底快速地荡平米浆，让米浆均匀地铺在布上（尽可能薄），形成个圆饼皮。由于有蒸汽的作用，这层米浆很快就会变成柔韧的固体，但此时不可停歇，需继续舀一勺米浆，同时抓一把黑芝麻放入米浆中，再将混有芝麻的米浆倒在刚才摊平的饼皮上，用同样的方式摊平米浆。有经验的人摊出的饼皮不仅厚薄均匀，而且形状很圆。至此，盖上锅盖，再蒸大约2~3分钟后，就可用竹板条从锅中小心地挑出饼皮，平摊在竹席上。⑤摊平在竹席上的饼皮需拿到室外晾晒。据何阿婆介绍，如果天气好的话，晒4~5个小时就行了，若天气不好，那就要晾很长时间了，所以，碰到不好的天气一般不做风吹饼。⑥最后一步便是用木炭火烘烤晒好的饼皮。烘烤过程既要有耐心，同时两只手要配合好。具体方式是：一只手拿饼皮，不断地在火盆上部翻动；另一只手拿一个小竹板，不停地扇风，以便控制烘烤的强度，直到原本色泽较暗、柔韧晶莹的饼皮变成乳白膨胀、米香扑鼻的硬质薄饼为止。笔者的口感体验是，刚烘烤出的风吹饼更好吃，嚼起来香味浓，吃到嘴里感觉有点像虾片，风味独特。

由于风吹饼呈圆形薄片状，表面嵌有一层黑芝麻，京族人不仅自己爱吃，也拿来待客，尤其是逢年过节探亲访友之时，京族人常用风吹饼作为礼物。烘烤好的风吹饼变硬易碎，京族人还专门为此设计了一种竹篓，用它来盛装风吹饼，该器具不仅可以保护风吹饼，同时也方便搬运或存放。

笔者相信，京族人一定会将这种非物质文化遗产传承下去，同时勤劳聪明的京族人也一定会将这种食品进一步发扬光大，研制出更多口味的风吹饼，从而为推动当地经济发展做出贡献。

图片来源

图一、图六　许边疆　摄影
图二至图五、图七、图八　许边疆　制图

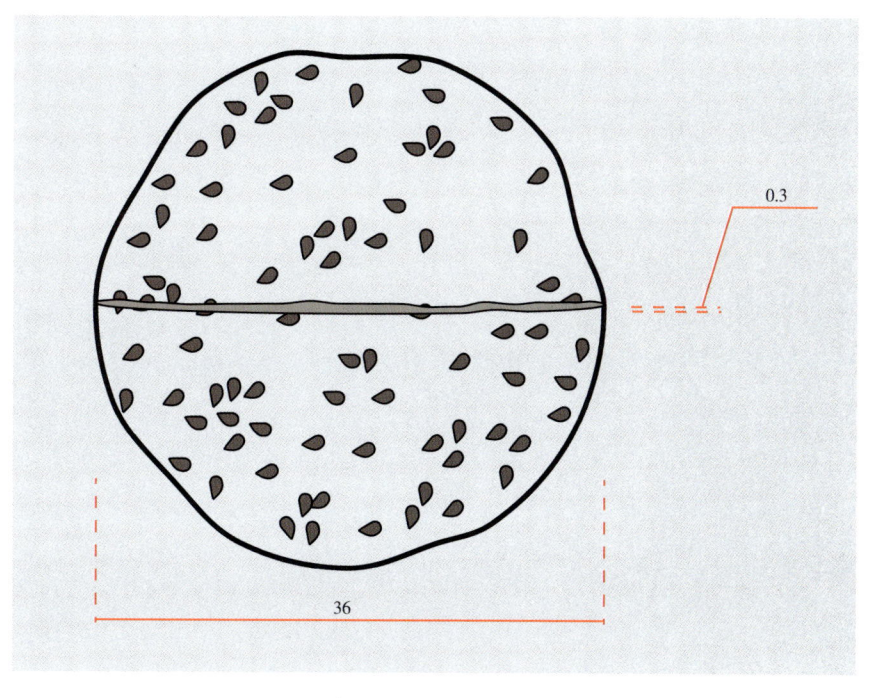

图二　京族风吹饼尺寸图（单位：cm）

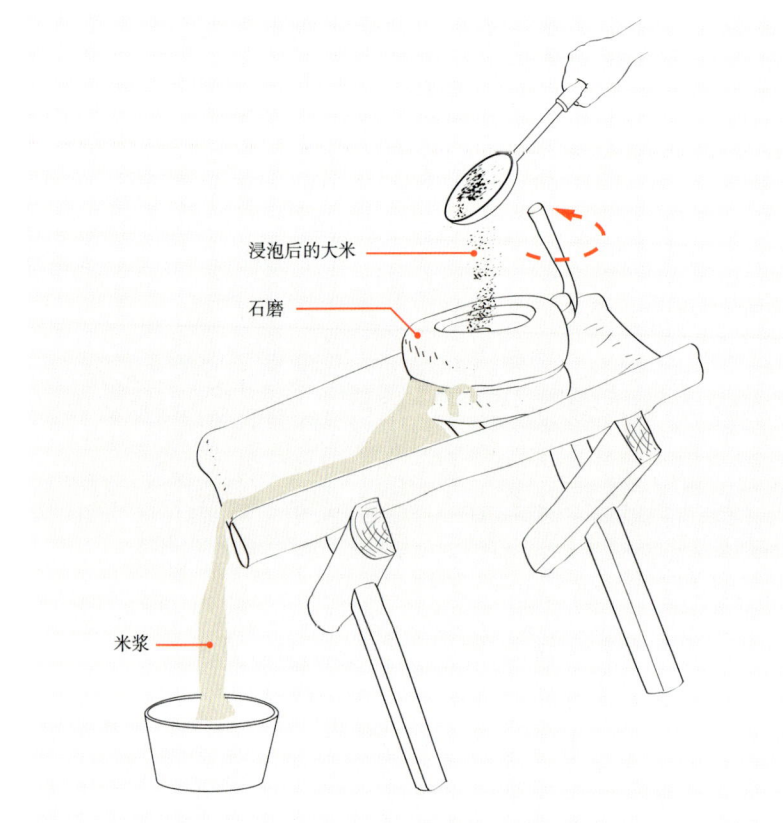

图三　京族风吹饼制作流程图1

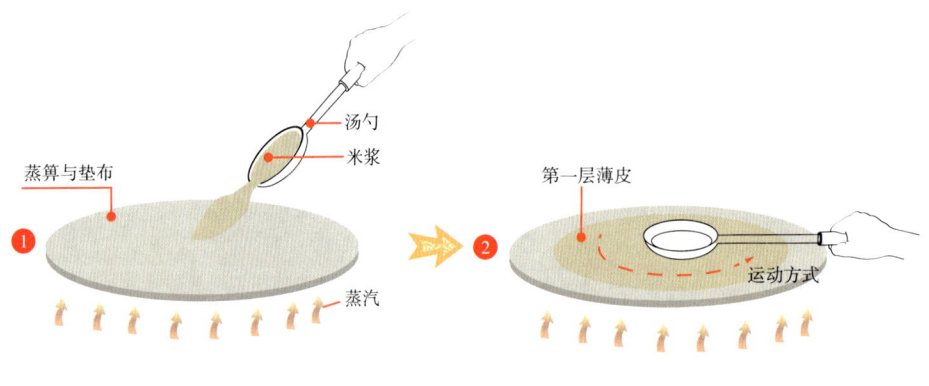

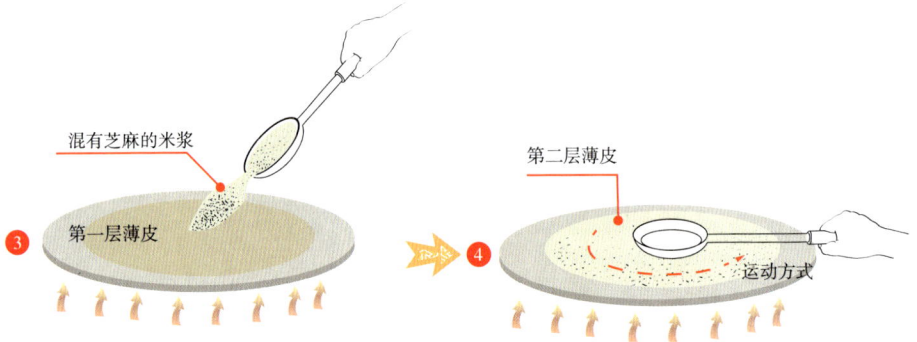

图四　京族风吹饼制作流程图2

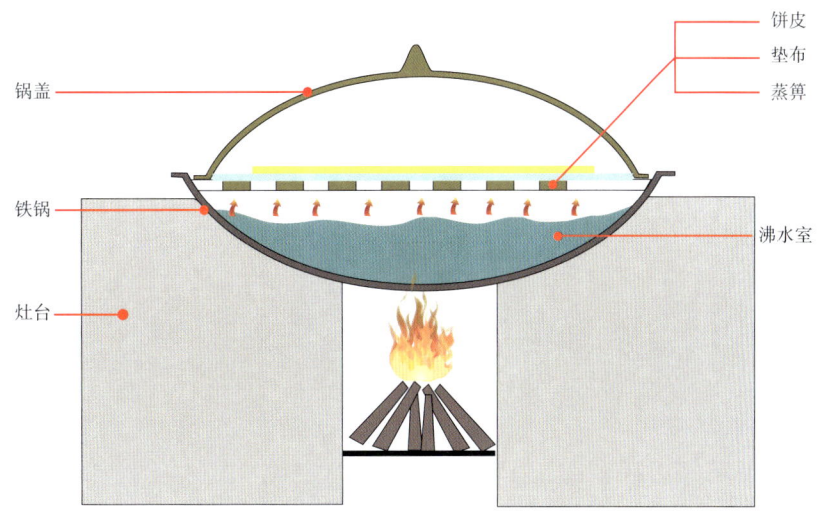

图五 京族风吹饼制作流程图3

图六 京族风吹饼制作流程图4

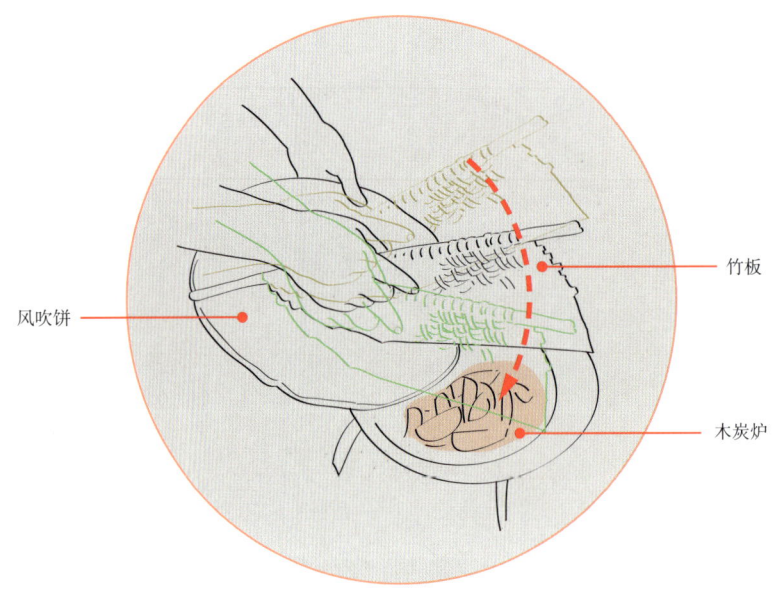

图七　京族风吹饼制作流程图5

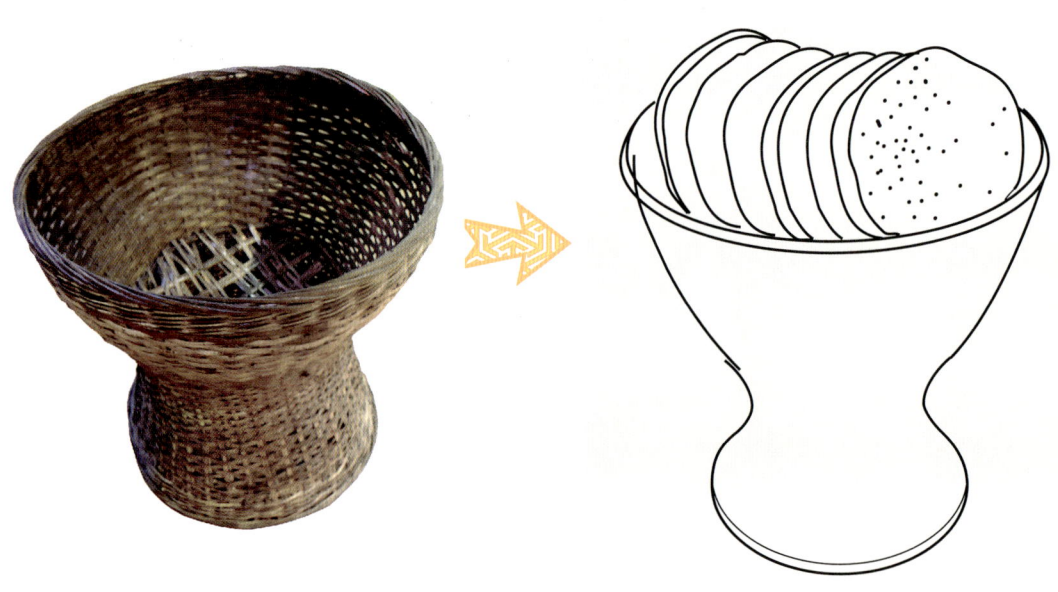

图八　京族风吹饼盛放容器

京族野艾乙

图一 京族野艾乙主图

野艾乙是一种京族传统美食，京族当地称为"米乙"。"米乙"是京族的形声喃字，左形右声，京族人发"乙"或"壹"，汉语无此字，无法直译，为了保持京族的发音，这里取"乙"。实际上，"米乙"与汉语中的米团、糍粑的意思十分接近。简单地说，京族野艾乙是用艾草汁与糯米粉混合加工而成的食品。为了探究这种食品，我们考察了江平红旗路唐国兴食品作坊。

该作坊女主人袁氏告诉我们，加工野艾乙的原料有内外之别，外部原料做皮，内部原料做馅。外皮是用艾蓉与糯米粉混合制成的，具体做法是：把采摘来的艾叶洗净，之后投入开水锅里煮几分钟，熟后尽快捞起（不宜长时间浸泡在热水中，那样会变黄，影响艾叶的色泽），放进事先准备好的冷水盆里清洗，捞出后挤干水分。接下来是将艾叶捣成蓉状，并将艾蓉与糯米粉混合均匀，为了减弱艾叶之烈味，艾蓉与糯米粉的混合物常加少量白糖。关于野艾乙的馅料，京族人爱吃绿豆粉做成的内馅，该种馅料的制作方法是：先将绿豆浸泡在清水中约6小时左右，接着放入锅里并添加适量水，烧至沸腾，冷却后的绿豆再浸泡十分钟，即可用手

第三章 京族传统餐饮

搓揉脱去绿豆皮，再碾压成粉。野艾乙的馅料可甜可咸。

完成以上原料加工后，下一步就是成形。野艾乙的成形法是：将搓好的又蓉糯米面分出比乒乓球略大的小粉团，然后轻揉粉团至圆球，继而捏成圆形的薄片，并用薄片包上事先做好的馅料，再一次揉成圆球状。京族"米乙"食品加工法有两种：一种是蒸，另一种是油炸。野艾乙一般都是放入蒸锅里蒸熟，蒸熟的野艾乙口感清甜爽滑而不腻。油炸的食品如京族的"煎堆"（似汉族的麻团），吃起来皮酥质软、味道香甜，"煎堆"与野艾乙各有千秋。

从中医学角度看，作为一种草本植物——野艾对防治腹部疼痛、赤痢白痢有一定功效，这也是京族人常吃野艾乙的原因之一。此外，京族人也用同样的方法将苎麻叶蓉与糯米面混合在一起，做出与野艾乙类似的食品，除色泽和口感外，这两种食品的加工及成形方式一模一样。苎麻性寒味甘，有清热利尿、解毒之功效，对于生活在炎热地区的人而言，食之利于身体健康。

总之，京族这类"米乙"食品除了有不同的馅料外，还通过掺入一些清香植物或利于降温去火的中草药来调和色泽与口感。与此同时，京族人也重视食品的外形，如油炸品，入锅之前要裹上白芝麻，令出锅后的食品橘黄中嵌满花白；蒸煮品出笼后，再裹上炒熟的糯米粉，让食品白如雪球，相互间既不粘连，又似老人满头白发，即人们俗称的"白头乙"。过去因经济条件所限，"米乙"只在逢年过节时才被端上餐桌，如今已成为京族寻常食品。

图片来源
图一　孙林　摄影
图二至图七　许边疆　制图

图二　京族野艾乙结构名称图

图三 京族野艾乙制作流程图1

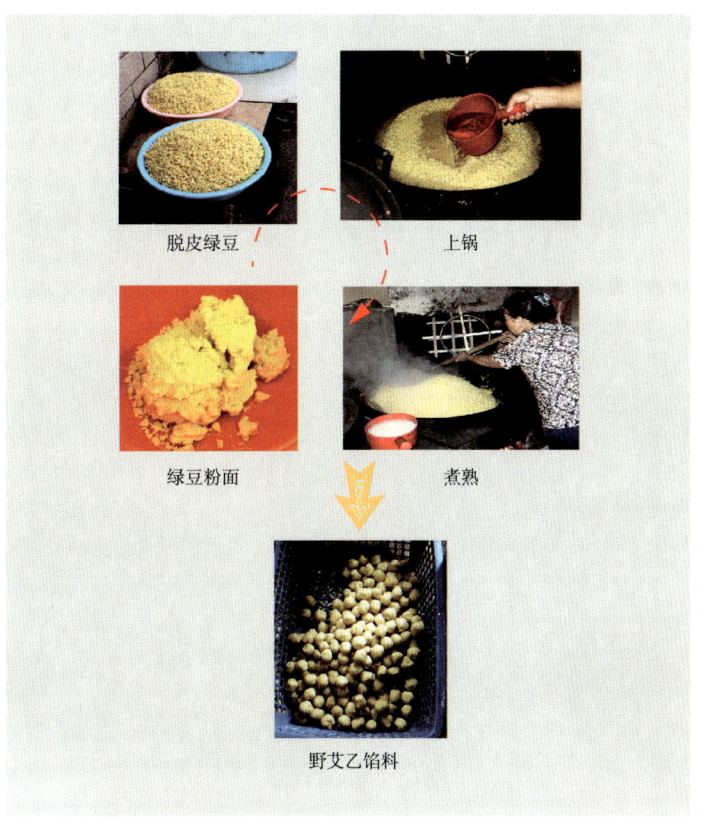

图四 京族野艾乙制作流程图2

图五　京族野艾乙制作流程图3

成形

蒸熟

成品包装

图六　京族野艾乙制作流程图4

晒干苎麻叶

蒸熟的苎麻乙

涂食用油

图七　京族野艾乙延展图

京族炒沙虫

图一 京族炒沙虫主图

炒沙虫是京族的一道传统菜。沙虫俗称"海肠",其形状很像一根小肠,体长约10~20厘米,浑身光裸无毛,体壁纵肌成束,与环肌交错排列,形成方块格子状花纹。沙虫虽没有鱼翅、海参名贵,但用它做成的菜吃起来却味道鲜美脆嫩,加之京族三岛盛产沙虫,因此,沙虫是京族人历来常吃的食物。

沙虫做法有很多,爆炒、煮汤、熬粥、椒盐、油炸均可,炒沙虫是其中之一。为了能直观地了解这种菜的加工方式,我们特意考察了沥尾酒家。据酒店师傅介绍,用沙虫做菜最令人头痛的便是去沙,因为沙虫是生活在沿海滩涂沙泥之中的,平时以沙粒为生,体内自然会留下大量的细小沙子,如果不除掉这些沙粒,势必会影响菜品的口感。去沙的具体办法是:①先用长长的细竹签,从沙虫的一端插入,接着用手快速地把沙虫身体翻转过来,找到虫子的内肠,然后去除掉;②用凉水清洗沙虫两遍,随后用温水(水温约50度左右)再淘洗一次,温水能使细沙粒更易脱落;③最后用清水漂洗两次。

京族炒沙虫所用的配料主要有小葱、生姜、大蒜,调料有盐、白糖、生抽等。首先

第三章 京族传统餐饮

是起油锅，当油温升至五成热时放入葱姜蒜爆香，随后放入洗净的沙虫，翻炒两下，再加入盐、少许白糖和生抽，猛火爆炒约2分钟即可。除了炒沙虫外，京族人也常将沙虫蒸着吃。蒸沙虫的配料多是京族米粉（当地人俗称"米乙丝"），京族米粉属于"米乙"食品，由米膜切丝，晾晒而得，是京族人最常吃的食品之一。蒸沙虫的具体做法是：①先将拌入蒜蓉的米粉丝放入盘中，接着以同样的配料和调料腌制沙虫，10分钟之后，再将腌制好的沙虫摆进菜盘里；②用蒸锅蒸煮，大火急蒸2分钟，蒸好后，打开锅撒入葱丝点缀即可。

过去，京族人并不太了解沙虫的营养价值，食用沙虫仅因为周边资源丰富。现在人们已经知道，沙虫不仅味道鲜美，而且还富含多种氨基酸及人体必需的微量元素——钙、磷、铁、锰、锌、镁等，经常食用沙虫，能有效提高人体的免疫力。如今，沙虫系列商品已远销海内外，成为当地民众的一项经济来源。

图片来源

图一、图五　孙林　摄影
图二至图四　许边疆　制图
图六、图七　孙林　制图

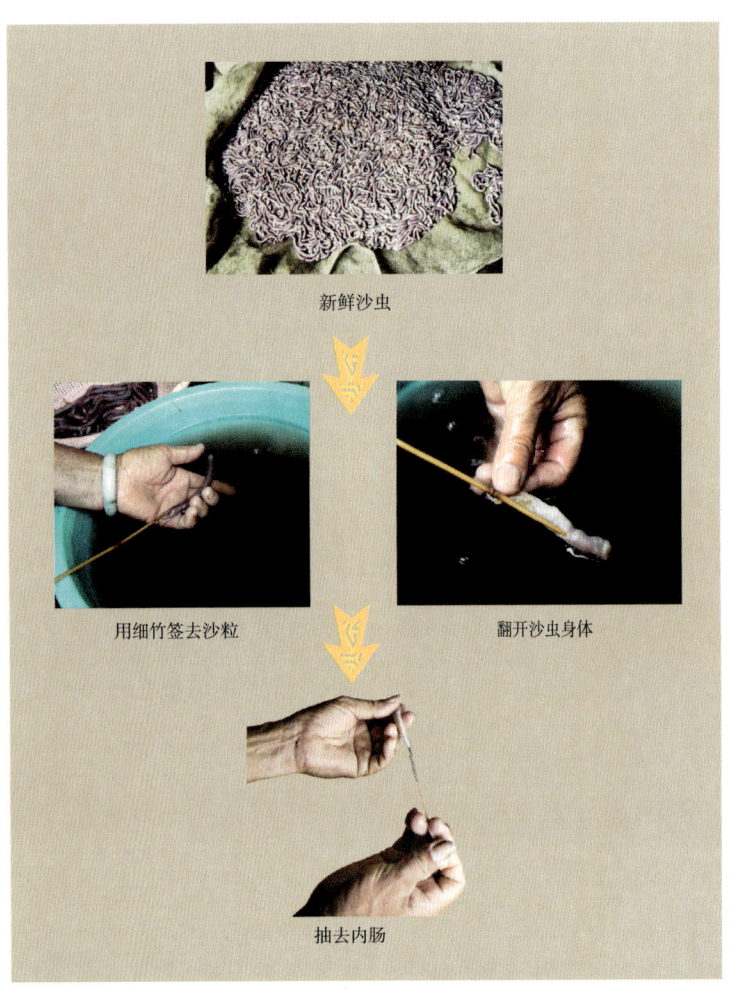

图二　京族炒沙虫制作流程图1

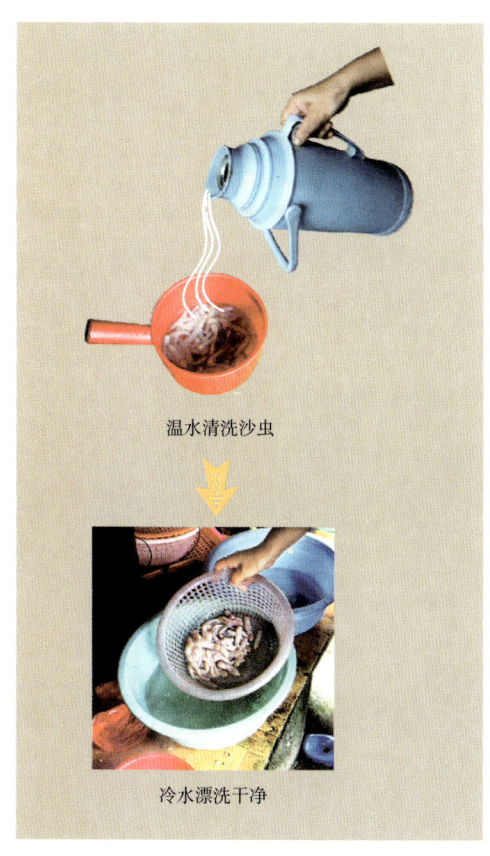

图三　京族炒沙虫制作流程图2

图四　京族炒沙虫制作流程图3

图五　京族蒸沙虫

图六　京族蒸沙虫制作流程图1

图七　京族蒸沙虫制作流程图2

京族卷心粉

图一　京族卷心粉主图

　　京族卷心粉属于"米乙"食品，是当地一种风味小吃。其成形方式是用米浆膜将馅料包裹卷成筒状，一般长约13厘米，截面直径3~4厘米。本案例采自江平镇小吃店。

　　据小吃店女主人刘氏介绍，卷心粉的加工方法类似风吹饼，但也有不同之处。比如，一开始都用米来磨制米浆，只不过卷心粉用的是粳米，风吹饼用的则是糯米；再比如，卷心粉用米膜来包馅料，而风吹饼则是将米膜晾晒之后，烘烤加工。卷心粉的具体做法是：①先向炊具中加水，炊具是圆筒形的金属蒸锅（过去用竹质蒸笼），蒸锅顶端用棉布覆盖并绷紧；②将蒸锅里的水烧开，待热气腾腾之后，用大金属勺舀一勺事先备好的米浆，将其均匀地平摊在蒸锅布上，不一会儿米浆就变成了米膜；③接着用一根竹条小心翼翼地挑起米膜至工作台面；④在米膜的一边撒上适量的馅料，然后用双手卷动，将馅料包裹在米膜内，使其成为一个圆筒形，在包的过程中，两端要封实。京族卷心粉口味不一，馅料有豆角、蘑菇加少许肉末，也有鱼肉鲜虾类的馅料，我们认为海鲜馅料更能代表这类京族小吃。

　　如今，京族人为了提高食品加工效率，往往也将米膜预先做成一个米膜卷（约15厘米宽），每加工一个卷心粉就直接用刀片划下一小片米膜，加工过程既方便又快捷。用米膜包好的卷心粉可以直接食用，不过，京族人也常常将做好的卷心粉用油煎或炸着吃，与汉族的春卷十分相似。

　　京族卷心粉是节庆之日必备食品，例如传统哈节中的"万人餐"，张张餐桌都有卷心粉，它是京族人款待亲朋好友的特色食品之一。

图片来源

图一　孙林　摄影

图二至图五　许边疆　制图

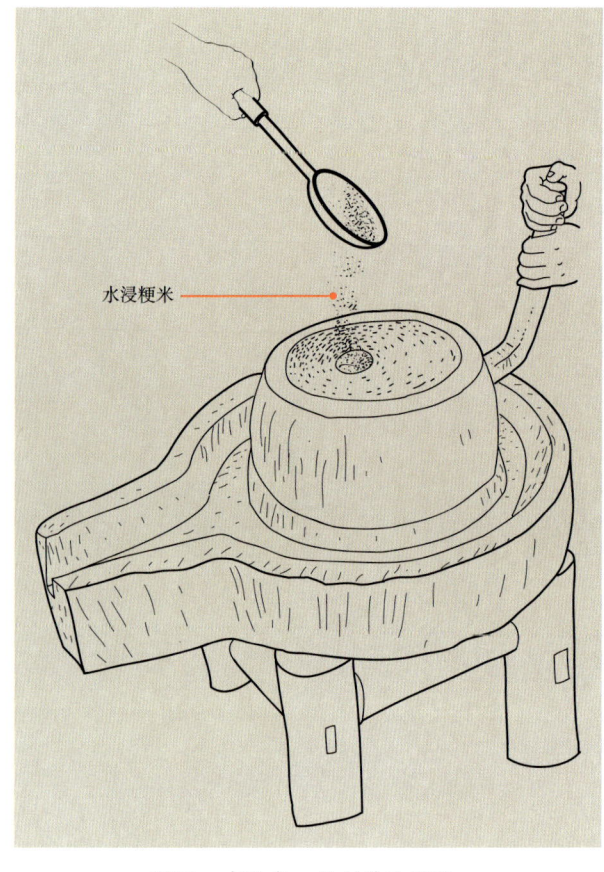

图二　京族卷心粉制作流程图1

图三　京族卷心粉制作流程图2

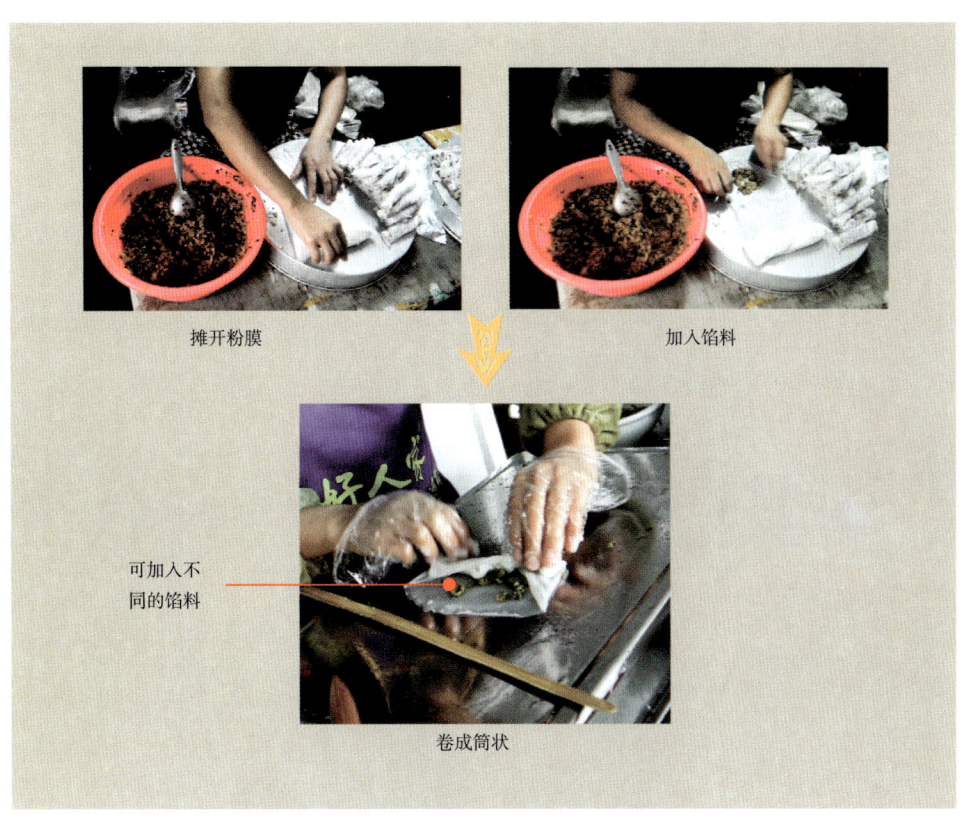

图四　京族卷心粉制作流程图3

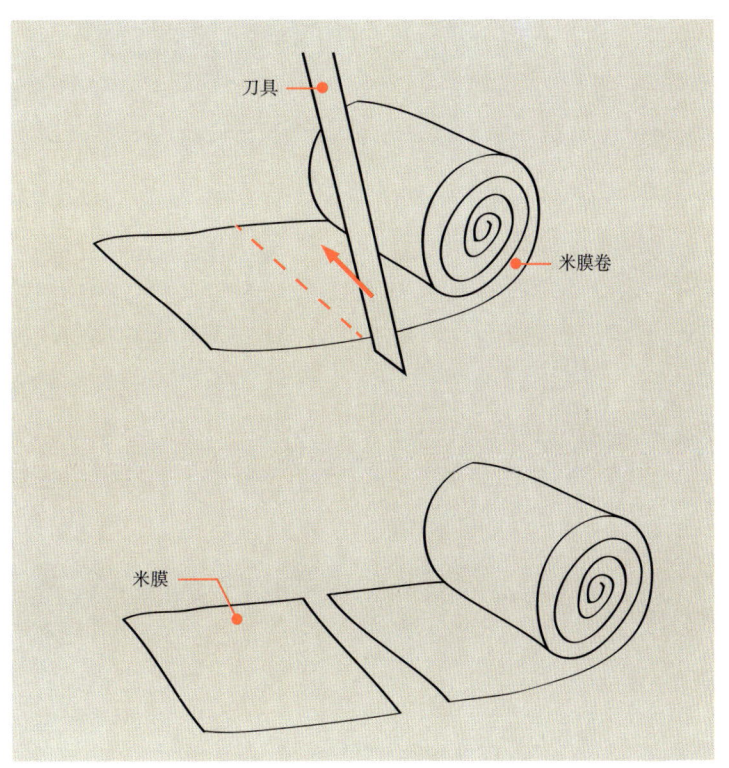

图五　京族卷心粉米膜用量示意图

京族竹筒饭盒

图一 京族竹筒饭盒主图

京族竹筒饭盒是用楠竹制作而成的一种器具，更多的时候用于近海捕鱼时的临时餐具。本案例即为典型的京族竹筒饭盒，现藏于京族博物馆。案例全长49厘米，截面最大直径12厘米，饭盒内腔直径10厘米，竹筒壁厚约1厘米。

从历史上看，京族人选择竹材制作餐具，主要有主客观两方面的原因。京族人历来多用竹材加工器具，如竹筏、渔笼、螺耙、虾捞、斗笠帽，甚至早期的竹编夹泥墙等等，显然，京族人对竹材十分熟悉，用竹子来制作餐具是顺理成章之事。京族人生活在海岛上（围海造地才连成一片），与外界交往不便，加之经济落后，故大部分生活用具或劳动工具往往自己制作。就竹子而言，它是京族三岛较丰富的天然资源，其再生能力强，一般3~5年即可成材，因而在一定程度上为京族人提供了造物条件。另外，竹子本身优点很多，比如它的结构致密但比重不大，可锯可刨，具有抗压、抗拉、耐磨等特性，尤其是它内空的天然形态，为制作容器提供了便利。

从设计学角度分析，本案例至少能盛装1公斤左右的水（依据案例尺度计算出），若转换成固体食物（如米饭、薯类），则足以容下供一人一餐所需的量。此外，需要提及的是竹筒饭盒的携带方式，京族人巧妙地将案例上下端钻上孔洞，然后在竹筒的上、中、下部系上绳索（麻绳、尼龙绳），这样既便于用手携带，同时也便于悬挂在竹筏上。

从本案例的设计分析不难看出，京族竹筒饭盒充分体现了中国传统民间器具的优越性价比，它们大都是以普通材料制作而成，在结构设计上则以最大限度地发挥其功能为出发点。

图片来源
图一　许边疆　摄影
图二至图五　许边疆　制图

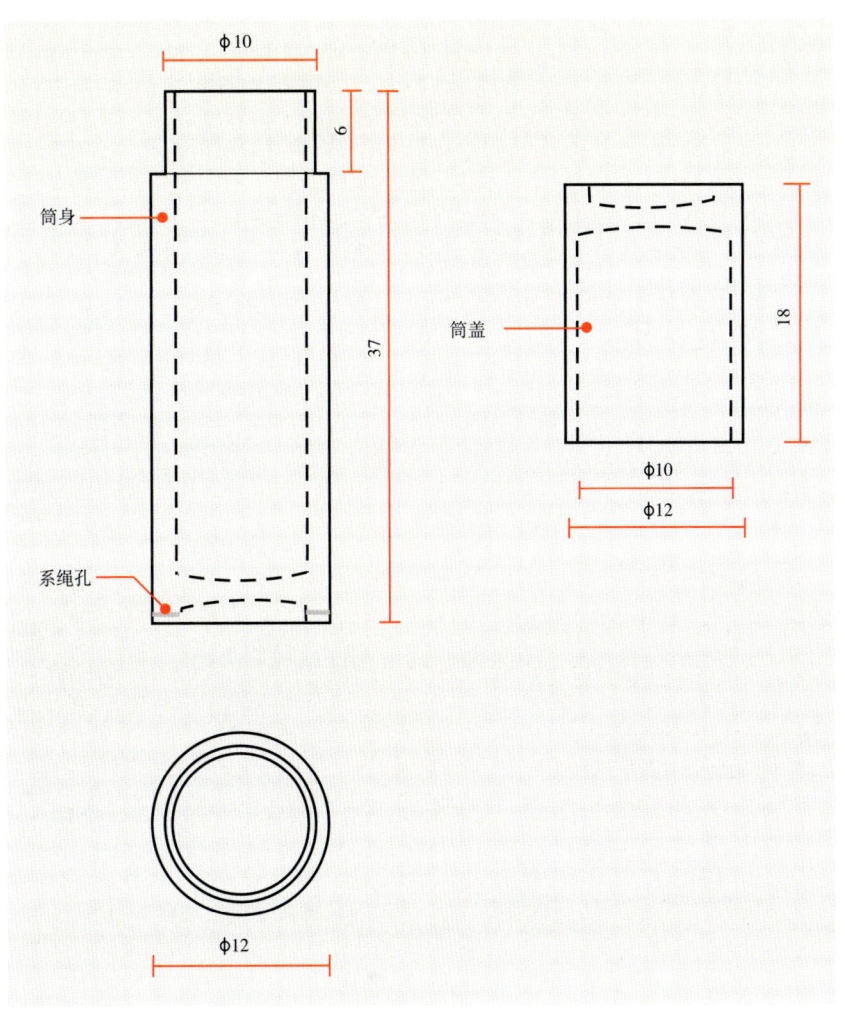

图二　京族竹筒饭盒尺寸图（单位：cm）

图三　京族竹筒饭盒结构示意图

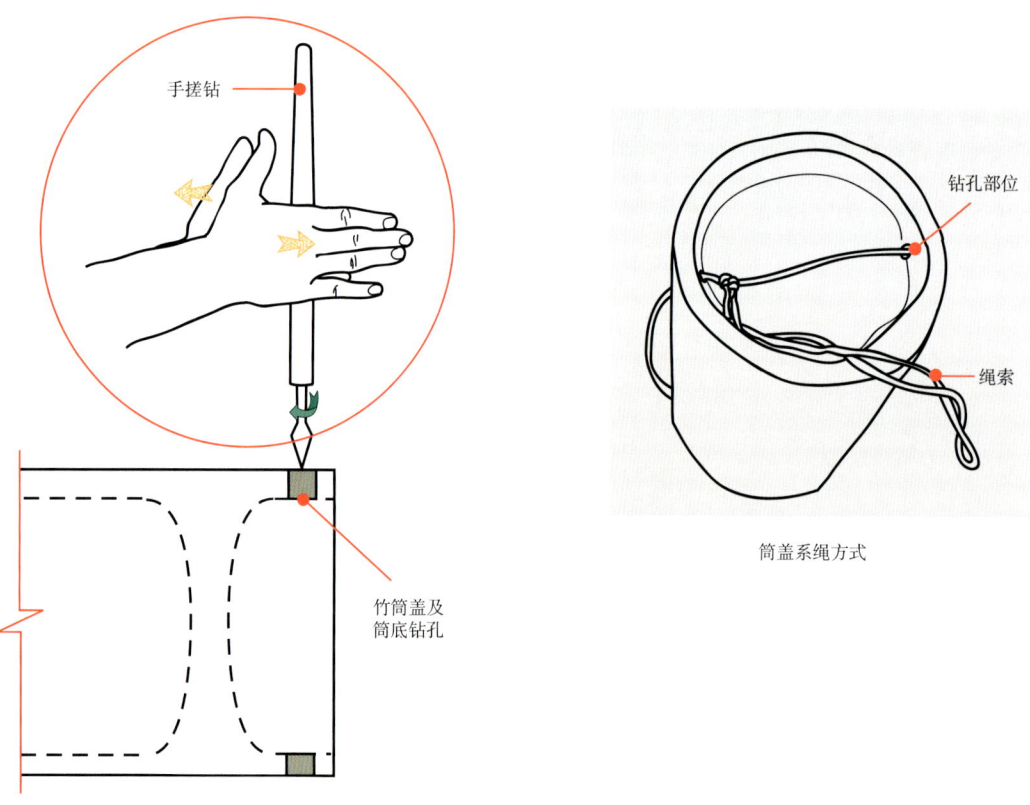

图四　京族竹筒饭盒设计分析图1

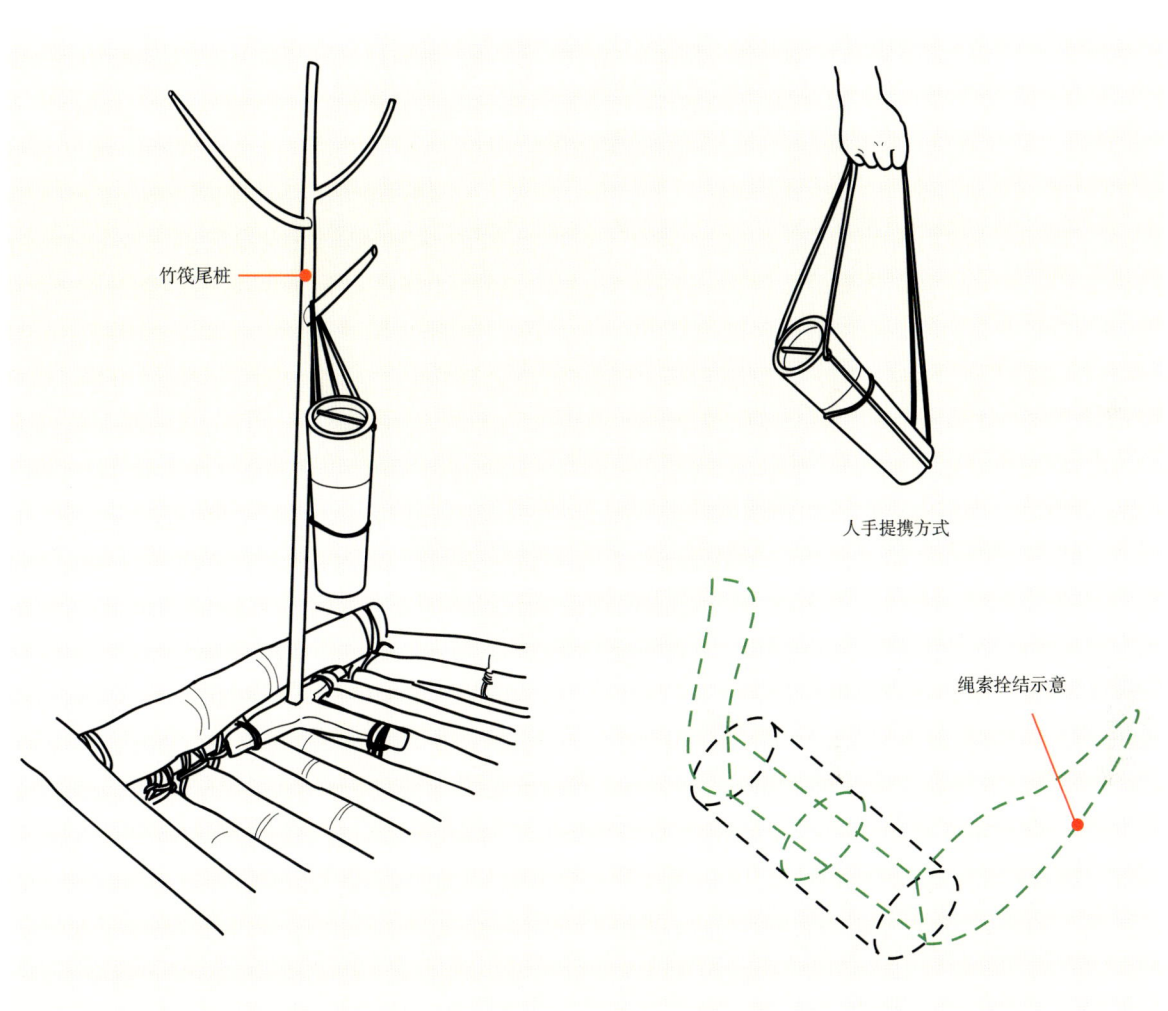

图五　京族竹筒饭盒设计分析图2

京族鲶汁酿造器具

图一　京族鲶汁酿造器具主图

　　鲶汁是京族的一种传统调味品，俗称"鱼露""鱼汁"。这里的"鲶"源于京族喃字"鱼"的发音，京族人说的"鲶汁"实际就是鱼汁（或鱼液）的意思。过去，京族人几乎家家户户自酿鲶汁。本案例采自京族博物馆，是京族人酿制鲶汁的主要器具——瓦缸。

　　事实上，这种瓦缸就是普通人家常用的陶质水缸，其口径是45厘米，缸底直径23厘米，高69厘米，缸体腹部最大直径57厘米。与水缸不同的是，本案例底部又开出一个贯通圆孔，可插入一个竹质导汁管。经测量，导管外端长12厘米，直径约2厘米，端口形态呈斜面状。据多方调研，酿制鲶汁的工艺流程如下：①清洗瓦缸和专用石块；②选择稻草茎秆，并依据缸底尺度把茎秆切成段，洗净、晾干；③剖洗海鱼并晾干，海鱼常选用黄蜡、石岩、乌子婆等。以上工作完成后，将稻草均匀地铺在瓦缸底部，以此来作为鲶汁的过滤层。稻草厚度要视瓦缸大小而定，一般来说，瓦缸容积越大，稻草层就越厚（本案例约20厘米即可），特别要注意稻草不可堵塞下部小竹管。过滤层铺好后，接着是投放鲶汁原料——鱼和盐。具体方法是一层鱼、一层盐交替铺放，鱼盐比例为3∶2，盐要均匀地撒在鱼层上，装满后覆以重石块，压平缸面，最后加盖密封。

经过3～10个月的腌制发酵（小缸时间短些，大缸时间长些），鲶汁的酿造工作就完成了。初次滤出的鲶汁，色泽金黄透明，味道鲜美醇香，是鲶汁的最佳品，被人们称之为"头漏汁"。一般情况下，大瓦缸里（如本案例）的头漏汁约需两个多月才能流完。当头漏汁接完后（出汁率约30%），再注入等量的冷却食盐水（水盐之比约10∶1）继续发酵一段时间（比头漏汁时间要长），此后滤出的鲶汁便是"二漏汁"。二漏汁虽在色、香、味方面不及头漏汁，但仍然是鲶汁中的佳品。同理，第三次滤取的鲶汁为"三漏汁"。三漏汁在很多方面不及一漏汁和二漏汁，仍可作为一般调味品。过去，京族人家常将三漏汁留作自家日常食用；二漏汁，除少部分留备逢年过节食用，主要用来销售；头漏汁是上品，倍加珍贵，热情好客的京族人只留作待客或送礼之用。

鲶汁的酿造季节主要是在每年的农历三月至六月间，这一时段是各类小鱼靠岸觅食的汛期，因此在京族渔民捕捞的海鲜中，小鱼所占分量较多。由于这些小鱼不适合当海鲜卖，弃之又可惜，故京族人用它们来酿制鲶汁。这里需提及的是，过去京族人在酿制鲶汁的过程中，还利用身边唾手可得的椰子壳、竹材，设计出了漏斗、提子等工具。这些看似简单的工具，却蕴藏着极富价值的设计思想——经济、环保、实用。

图片来源
图一　孙林　摄影
图二至图六　许边疆　制图

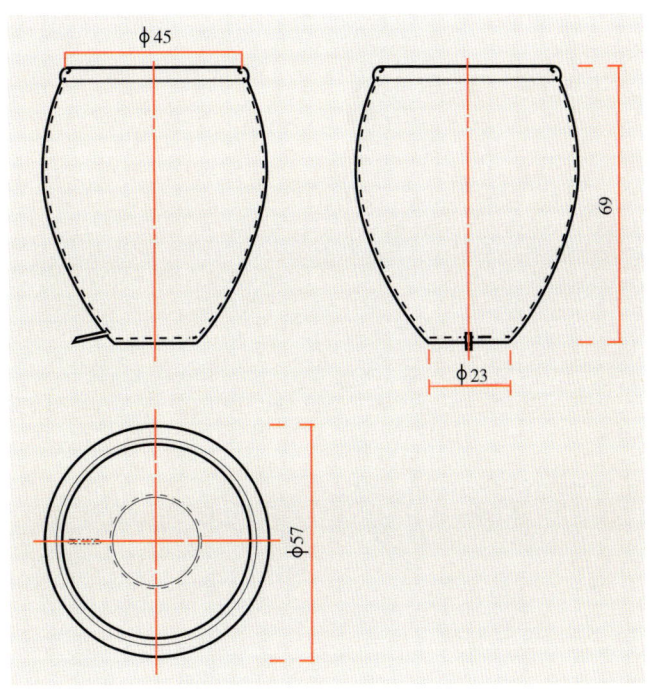

图二　京族鲶汁酿造器具尺寸图（单位：cm）

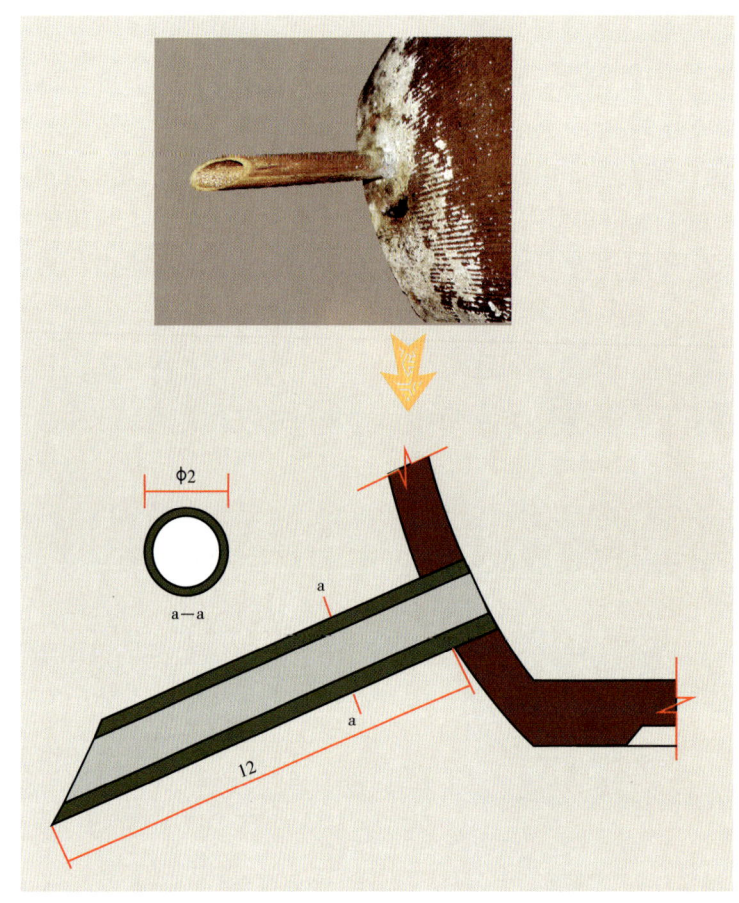

图三 京族鲶汁酿造器具局部分析图（单位：cm）

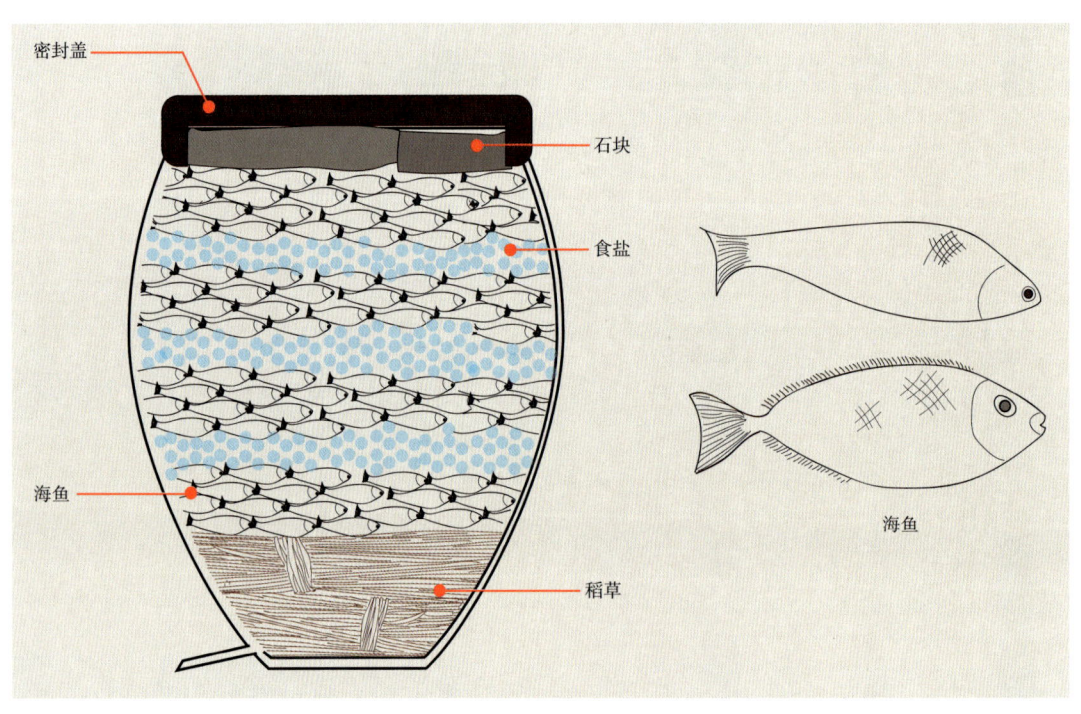

图四 京族鲶汁酿造工艺分析图

图五　京族鲶汁酿造器具延展图1

图六　京族鲶汁酿造器具延展图2

第四章 京族传统生活用具

京族独弦琴

图一 京族独弦琴主图

独弦琴又称"匏琴"或"独弦匏琴",是一种弹拨乐器,为京族所独有,因琴体之上仅有一根琴弦,故名之。通常,独弦琴琴体有竹质与木质两类,本案例为木质独弦琴,现藏于广西东兴京族博物馆(当代独弦琴演奏家苏海珍捐赠)。案例形制近于长方体箱状,内部中空,琴体为棕榈木制作,外表呈棕红色,主要结构有琴身、琴面、弦轴、摇杆、葫芦匏、琴弦、拾音器等,其整体长106厘米,琴首宽12厘米、高11厘米;琴尾宽8厘米、高7厘米。

本案例在设计上有以下特点:①琴体是由木板拼合而成,且框板、面板、底板厚薄不一。例如,框板是琴体的骨架,故板材要厚(约1.5厘米);相反,面板的厚度同发音有关,在满足一定压力的前提下,其厚度应尽可能薄(约0.3厘米)。②面板被设计成拱形,这种设计既可提高对琴弦的承压力,同时也有利于共鸣,改善音质,并在视觉上让琴的形体更加饱满。③摇杆材料为牛角,牛角要比木、竹的传振性能好。④案例琴首设有外露式金属齿轮调弦校子,同传统木质弦轴相比,这种机关的设计既能有效地调节琴弦的张力大小,同时也能避免因松弦而导致跑音现象的出现。⑤案例的琴弦为扬琴钢丝弦,其一端与调弦校子内轴相连,而另一端则穿进葫芦匏系于摇杆之下,当演奏者用"拨片"拨动拉紧的琴弦时,琴弦就会发出声响,并在葫芦匏的作用下使声音放大。⑥琴体内部拾音器的使用。由于古老的独弦琴没有拾音器，因此音量不大，现代独弦琴则加了拾音器，使演奏过程的音效由过去传统的原声共鸣转变成电声共鸣，这显然有助于独弦琴艺术表现力的提高。

从大量京族独弦琴的形制看，除个别特殊场合使用大型独弦琴外，绝大多数独弦琴长度都在1米左右，材料也仅限于竹或木，因为这种设计便于演奏者携带。从表演方式看，演奏者既可将独弦琴放在腿上演奏，也可以将琴体放在一种支架上，用站立的方式演奏。虽然独弦琴仅有一根琴弦，但却能同时弹奏出两个不同音高的音，形成两个声部，这显然也是独弦琴风采所在。

回顾历史，独弦琴在公元8世纪的唐代就已存在，如《新唐书》中曾记载："独弦匏琴，以斑竹为之，不加饰，刻木为虺首，张弦无轸，以弦系顶。"（欧阳修、宋祁：《新唐书》，中华书局，1975）这说明独弦琴是中国乐器，而越南、日本等国的独弦琴则由中国传入，后随着部分京人在明代从越南迁入中国大陆，独弦琴又随之回流。从形制演变看，竹质圆管独弦琴应该是早期独弦琴本源形制的延续，当然也包括竹质半圆独弦琴的形制。随着社会的发展，如今独弦琴形制已出现许多新的式样，如长条形、龙头异形等。基本可归为两大类：一是，以电声为主的发展之路，这类独弦琴都会加拾音器，通过当代电声技术来优化其音响，扩大其音量；二是，不加拾音器，这类独弦琴主要是在制作材料及工艺上下功夫，如选用名贵木材作琴体，在保持本源形制的前提下精雕细刻，使琴体富有观赏性。

令人欣慰的是，独弦琴这一古老的传统乐器正焕发出新的活力，如2012年中央电视台春节晚会就有独弦琴的演奏，而且这一年独弦琴也被列入了国家级非物质文化遗产名录。目前，越来越多的改良者、演奏家及作曲家在为独弦琴的传承与发展而努力工作着，因此，我们相信独弦琴一定会在中国大地上生生不息，繁荣发展。

图片来源
图一　许边疆　摄影
图二至图八　许边疆　制图

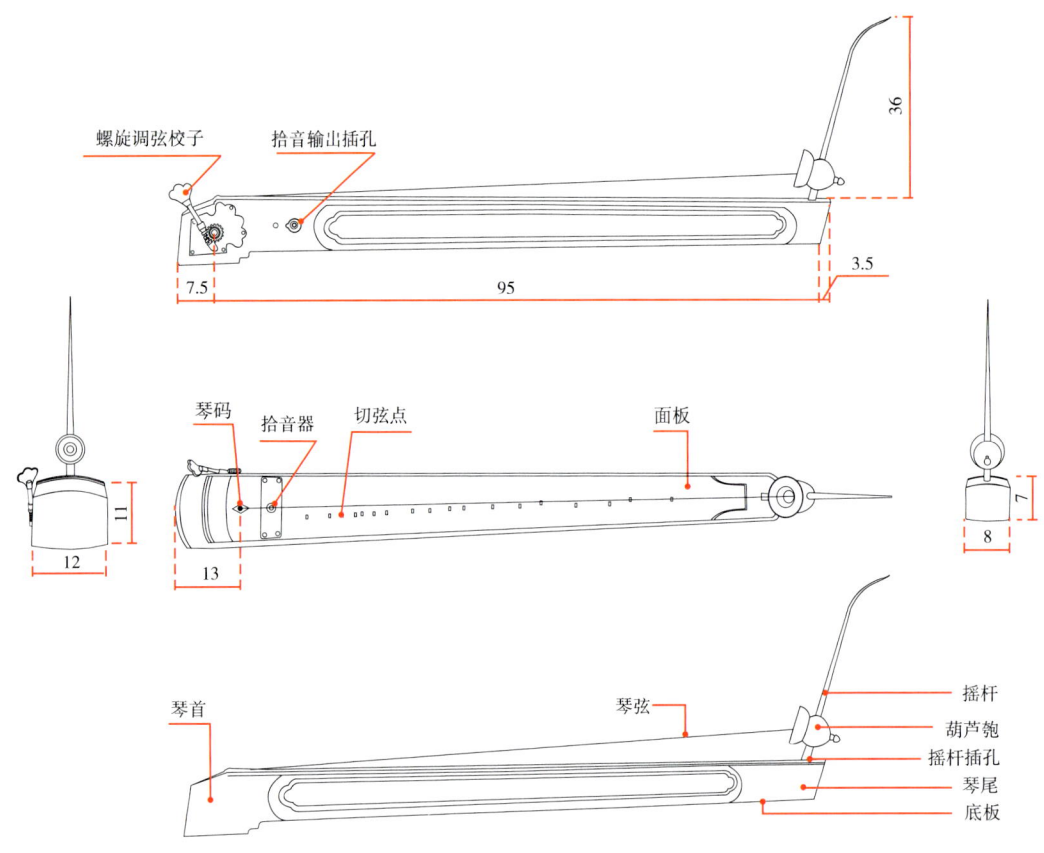

图二 京族独弦琴尺寸、结构名称图（单位：cm）

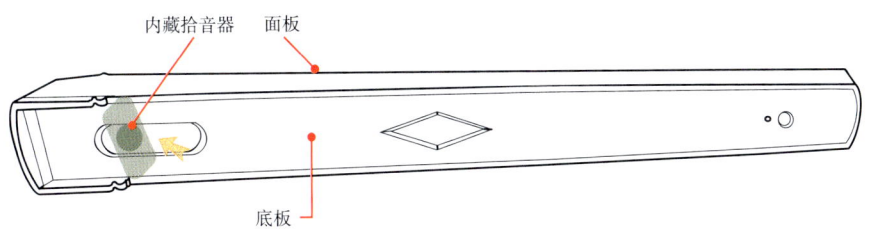

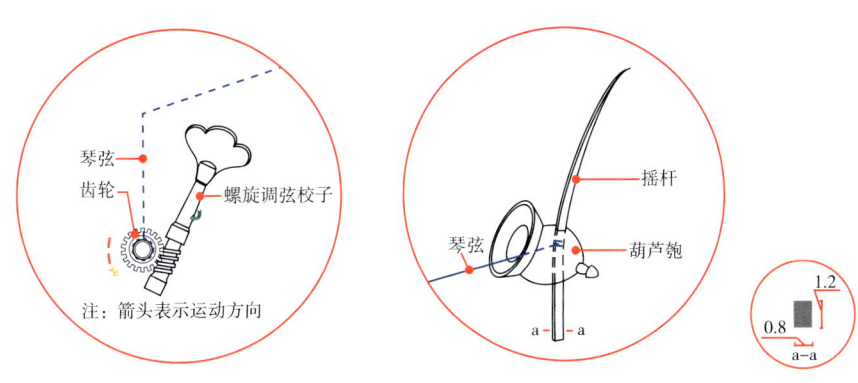

图三　京族独弦琴局部分析图（单位：cm）

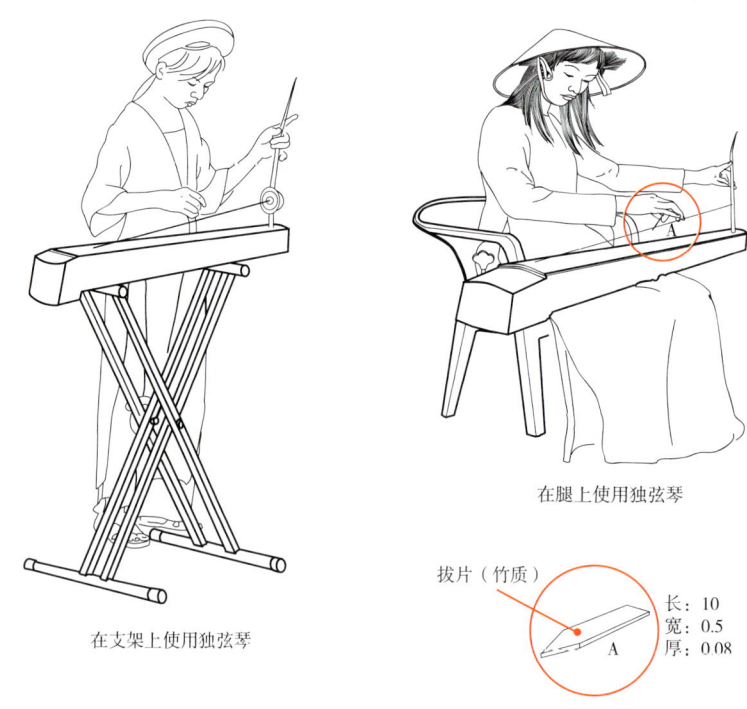

图四 京族独弦琴使用情境图（单位：cm）

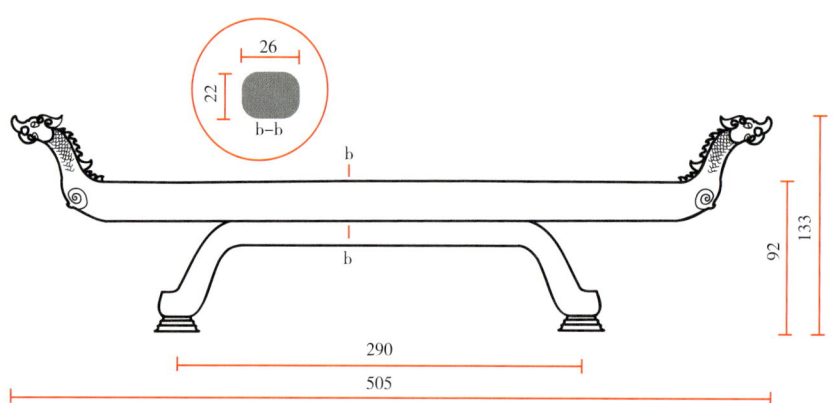

图五 京族大型木质独弦琴尺寸图（单位：cm）

图六 京族大型木质独弦琴使用场景图

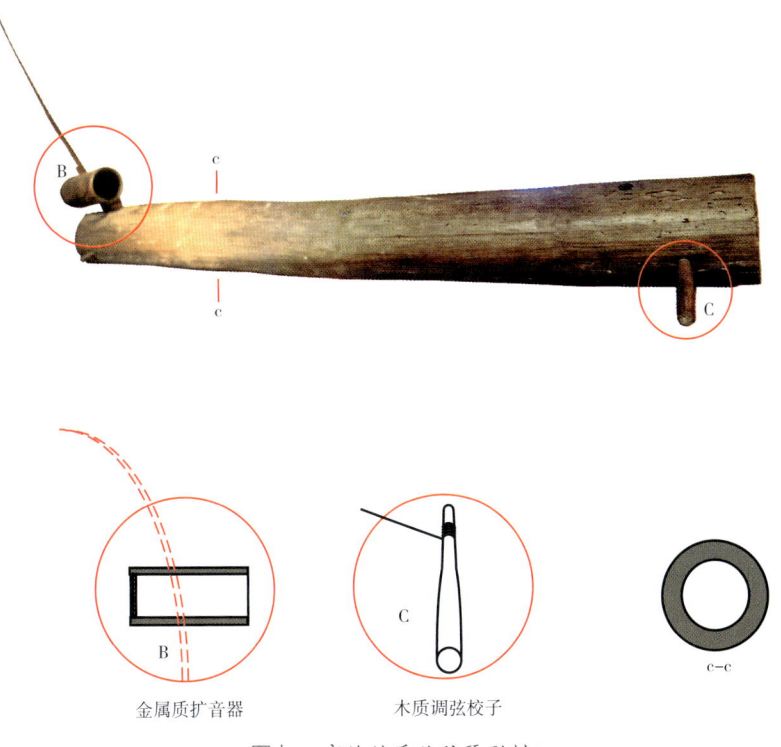

图七 京族竹质独弦琴形制1

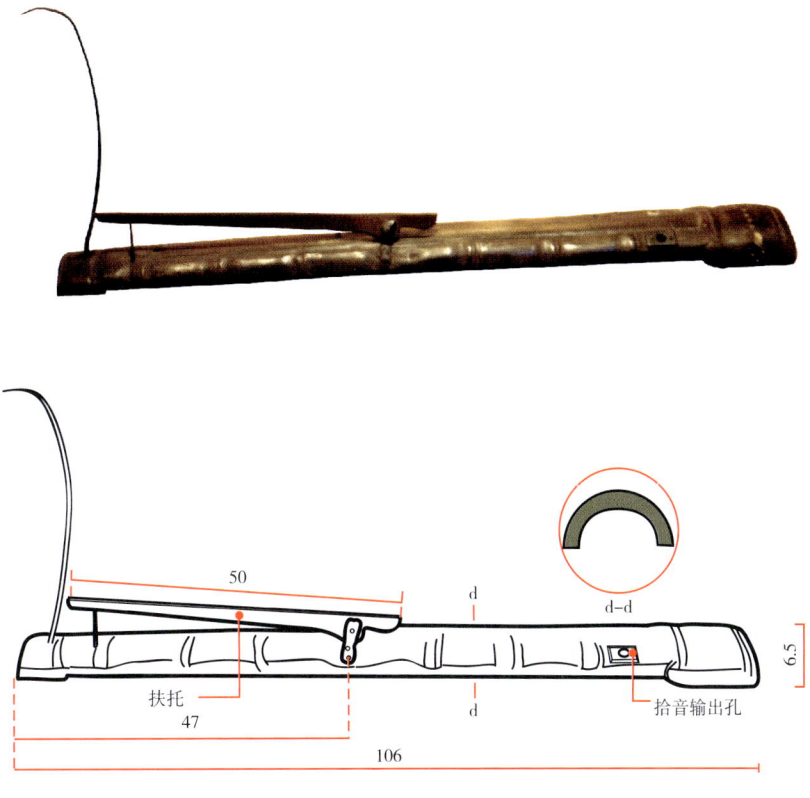

图八 京族竹质独弦琴形制2（单位：cm）

京族风筝

图一　京族风筝主图

风筝，《辞海》是这样解释的："玩具，用细绳扎成骨架，再糊上薄绵纸，系以长线，玩时利用风力上升至空中，式样有禽、鸟、鱼、虫等。"关于风筝，古代文献《韩非子·外储说左》曾记载："墨子为木鸢，三年而成，一日而败。"这里的"木鸢"即为风筝，表明中国风筝历史十分悠久。本案例为竹质风筝，现藏于东兴京族博物馆，其横向长150厘米，纵向长64厘米，其中风筝两翼纵向长53厘米，主体由竹条、麻线、牛皮纸、竹筒等材料构成。

据博物馆工作人员介绍，作为临海而居的民族，放风筝是京族人喜爱的娱乐项目之一。京族风筝与其他民族风筝有很大不同，主要体现在式样与功能上。从京族造物特点看，他们是偏爱竹子的民族，用竹篾扎风筝是十分自然的事，竹材的优势在于其具有较好的弹性与强度。

本案例不仅需要用麻绳来捆扎节点，更要借助绳索来对风筝骨架进行拉伸，即通过由外向内的拉力，迫使风筝两翼翘起，从而让两翼形成与水平面存在夹角的弧形。从空气动力学角度分析，将风筝两翼设计成弧形是风筝迎风飞升的重要条件之一。风的流动基本是与地面平行的，当风筝两翼弧面与风的流动方向形成一定角度时，就会产生与地面呈角度的浮力，这个浮力可分解出两个方向的分力：一个是与风筝重力相反的上升力F_1，另一个则是与地面平行的推力F_2。当F_1大于风筝自重G与风筝线纵向拉力之和时，风筝将处于上升状态。此外，本案例设计最突出的地方是其顶部中轴部位设有竹哨构件。竹哨是由两排不同粗细的竹筒构成，其中在竹筒中部设有缺口，正好是竹哨与风筝主体的连接处。竹哨向外的端头有一个吹口，而向内的端头则被密封。从发声原理来分析，当气流通过吹口时，将在吹口边缘处被一分为二：一部分气流会散到吹口外；另一部分气流则进入管内，从而发出声音。通常，竹筒越粗，音调越低，反之则越高；竹筒越长，吹出的音调越低，反之则越高。本案例设有上下两排竹筒，据京族博物馆管理员苏维芳讲，这样的竹哨少则一排，多则有三排，甚至还有更多的。

总之，本案例形制与结构设计既体现出了空气动力之原理，同时也表明京族人对鸟类扑翼与飞行的细致观察，因为案例形制明显体现出了仿生的设计原理。

图片来源

图一　许边疆　摄影
图二至图六　许边疆　制图

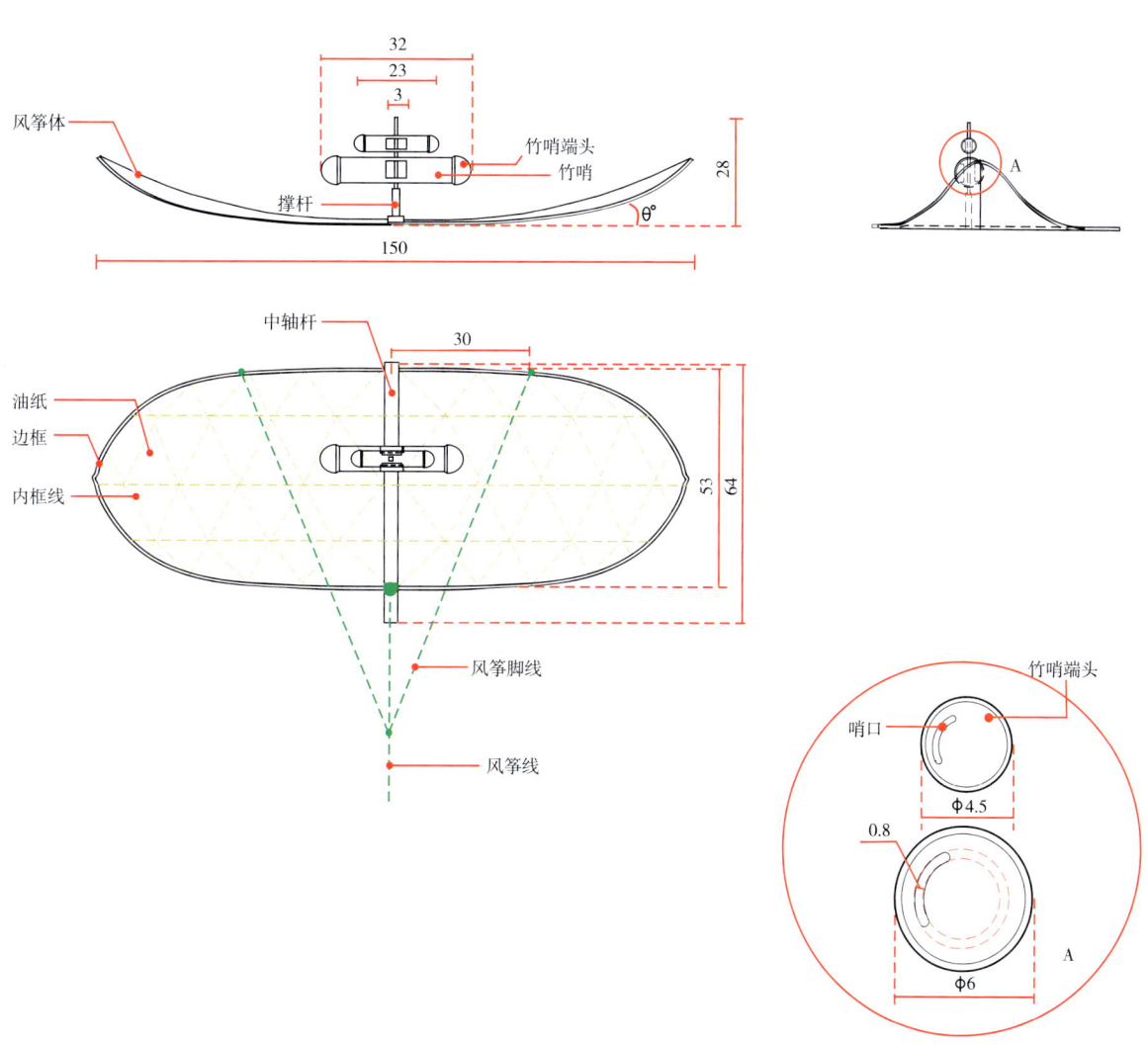

图二　京族风筝尺寸、结构名称图（单位：cm）

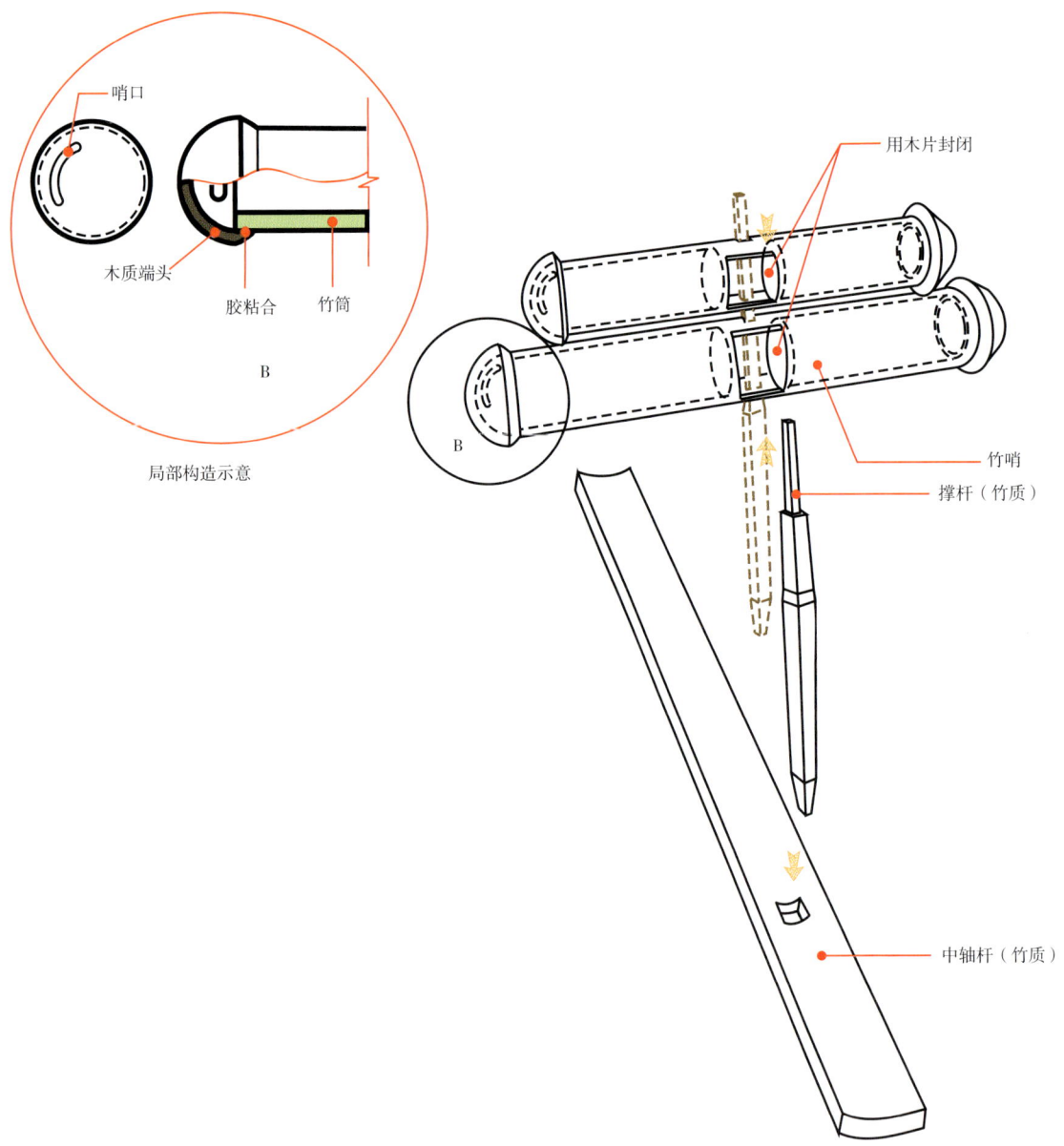

图三　京族风筝局部分析图1

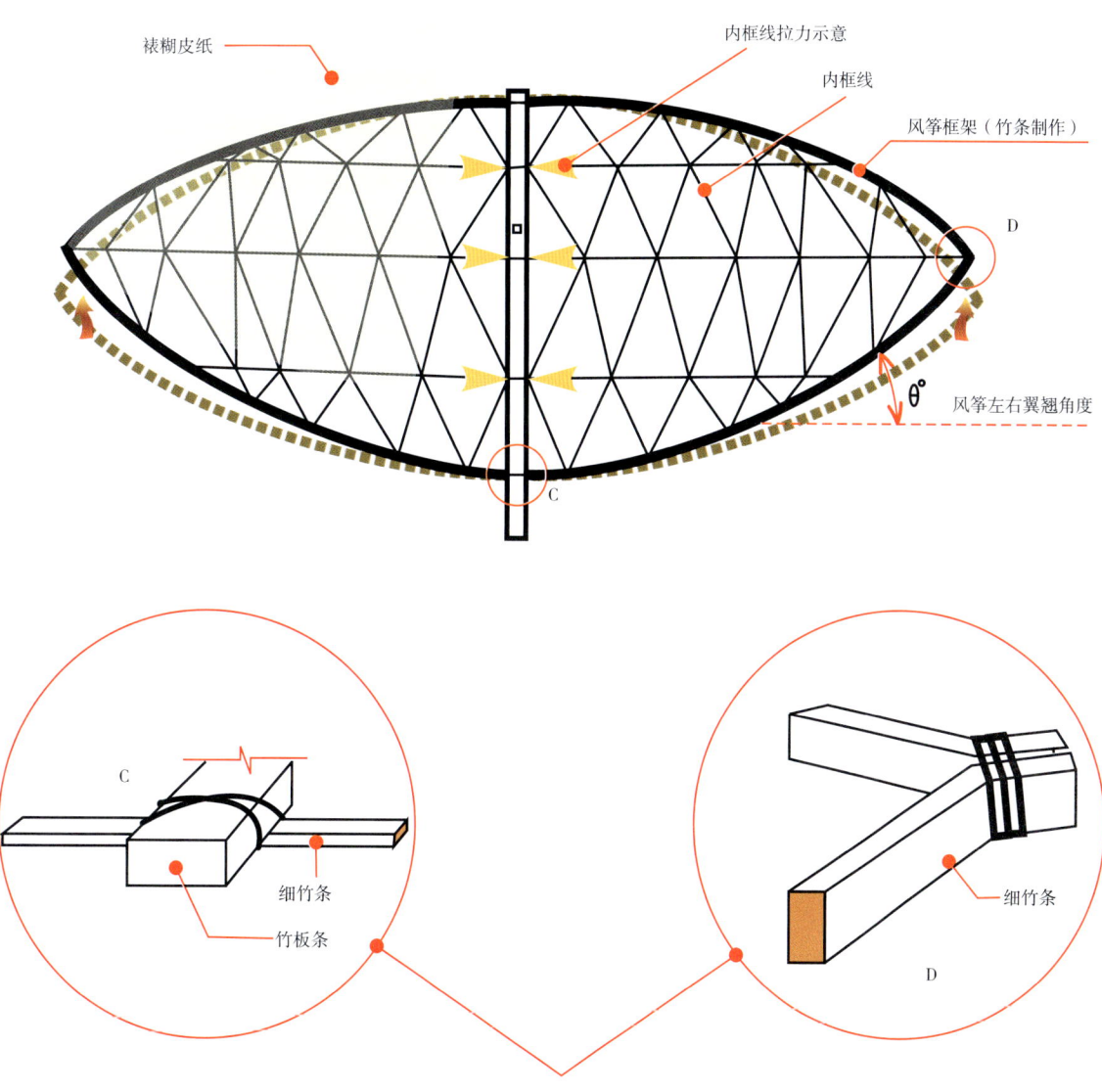

图四　京族风筝局部分析图2

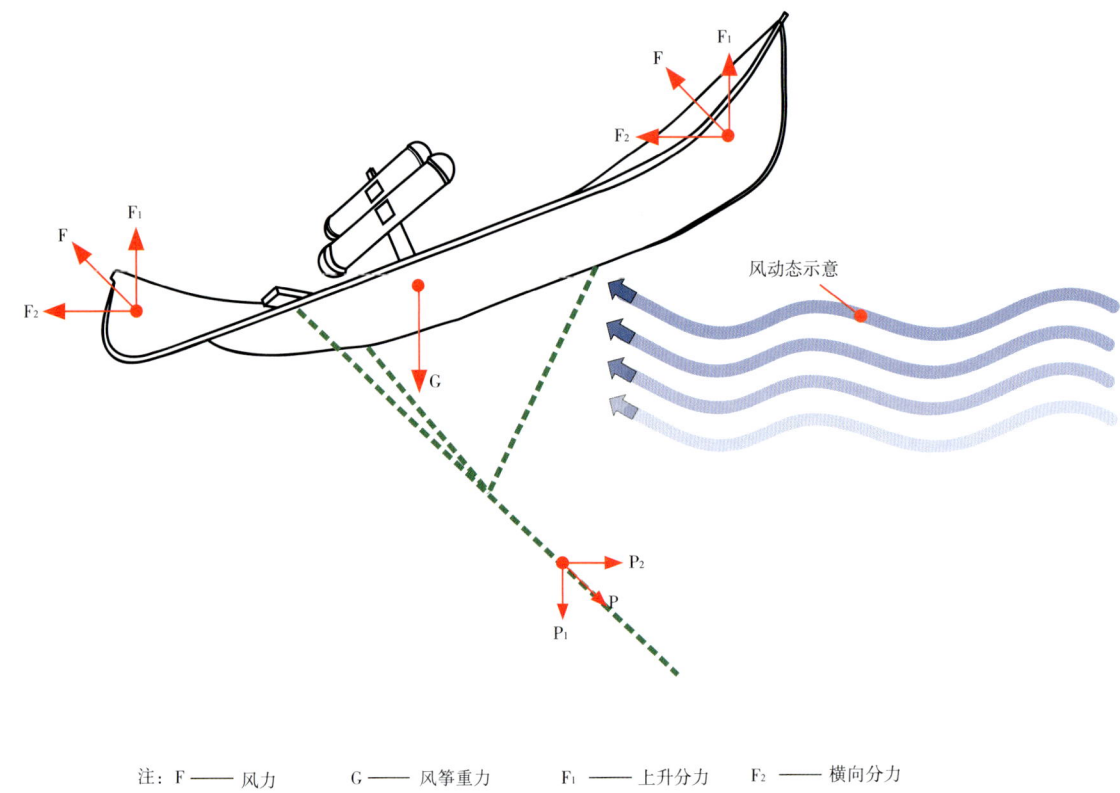

注：F —— 风力　　G —— 风筝重力　　F_1 —— 上升分力　　F_2 —— 横向分力
　　P —— 风筝线拉力　P_1 —— 纵向分力　　P_2 —— 横向分力

图五　京族风筝工作原理图

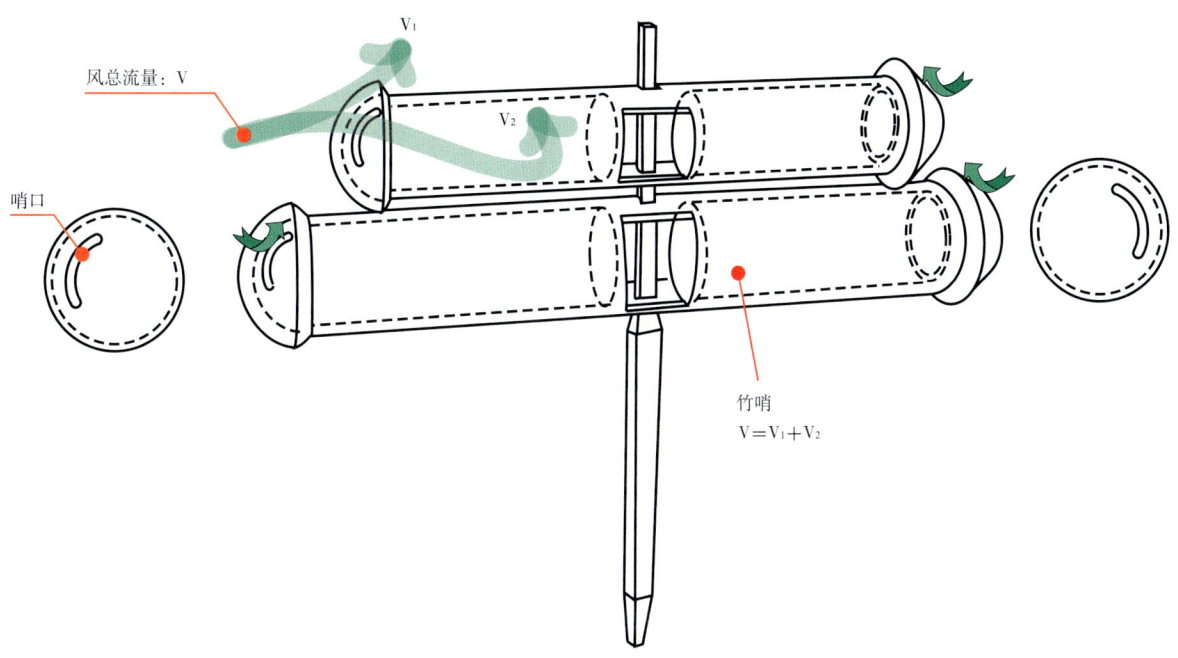

图六　京族风筝竹哨发声原理图

京族木梆

图一　京族木梆主图

　　木梆，又称"鱼梆"，是一种外形似鱼，中腹掏空，敲击可发声的用具。旧时，京族木梆呈鱼形，甚至还有鱼鳃、鱼眼和尾巴，后来人们更注重它的实用性，外形反而被简化了，仅保留鱼的大致形状。从功能上看，木梆主要用作召集村民的传声工具，但也兼作他用，比如用于捕鱼。本案例采自京族博物馆，属于20世纪中期遗物，经测量，案例长45厘米、宽15厘米、高11厘米，通体用一块整木雕琢而成。

　　过去因缺乏传声器，给散居在岛上的京族人带来某些不便。比如要召集村民开会、举办祭祀活动，特别是涉及群体出海捕鱼事务，都需要某种传声器来通知大家，于是京族人便采用敲击木梆的办法。据京族博物馆工作人员讲述，过去天还没亮时，"网头"就会提着木梆挨家挨户地敲击，催促"网丁"们起床，告知他们要去海边打鱼了。京族有句俗语，叫作"鱼梆一敲，网带上腰"，即指此意。

　　除了召集人员的功能外，在捕鱼过程中，木梆也能充当捕鱼的辅助工具。具体地说，"网丁"们在布撒完渔网之后，便将木梆放在竹筏上，再用木棒连续地敲打木梆，使木梆发出的震动传递到竹筏上，继而又传到海水里，将鱼群尽可能地往渔网里赶，以此来提高捕鱼量。从发声原理看，当用木棒敲击木梆的表面时，其表面产生振动继而带动案例内部空气的振动，发出声响。其制作方法是：选择合适的木材，将其内部掏空，并赋予它一定的形状。事实上，将案例外部设计成类似于鱼的形状，既是一种文化的体现，也是发声的需要，因为案例中部不仅需要掏空，而且还要让受打击部位尽可能地厚薄均匀，这样有利于物体的振动发音。

　　用挖空的木头做梆子，中国古来有之，但不同场合所使用的器物形制有别、功能多样。以京族为例，京族木梆既有劳动场面使用的，也有用于祭祀或歌舞演唱的，它们形制、大小皆不相同。例如，每年哈节上使用的木梆，形如月牙、体积小巧，可一手持之，另一手有节奏地用木槌敲击，为表演者伴音。由此可见，本案例尽管是一种用木头制成的简单器具，但在功能上却有多方面的拓展，这或许能给现代设计师有益的启示。

图片来源
图一　孙林　摄影
图二至图七　许边疆　制图

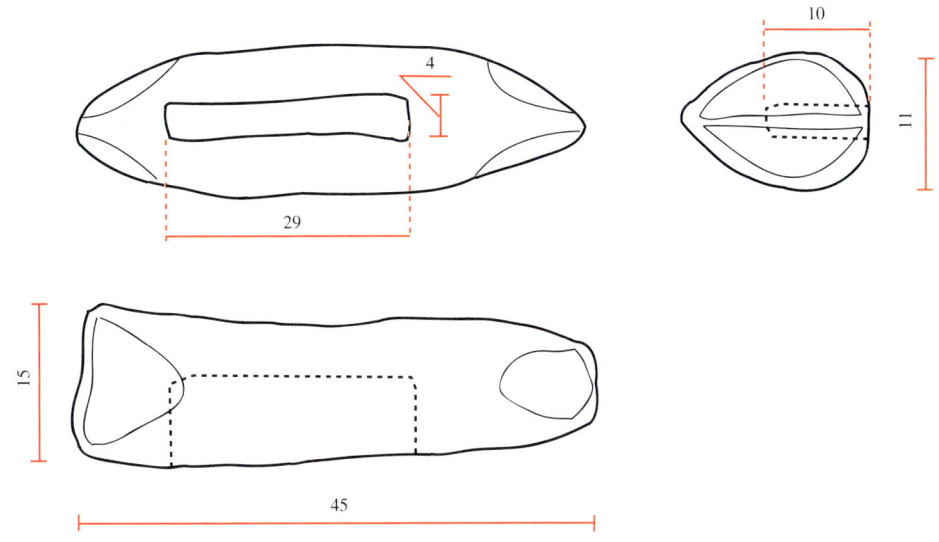

图二　京族木梆尺寸图（单位：cm）

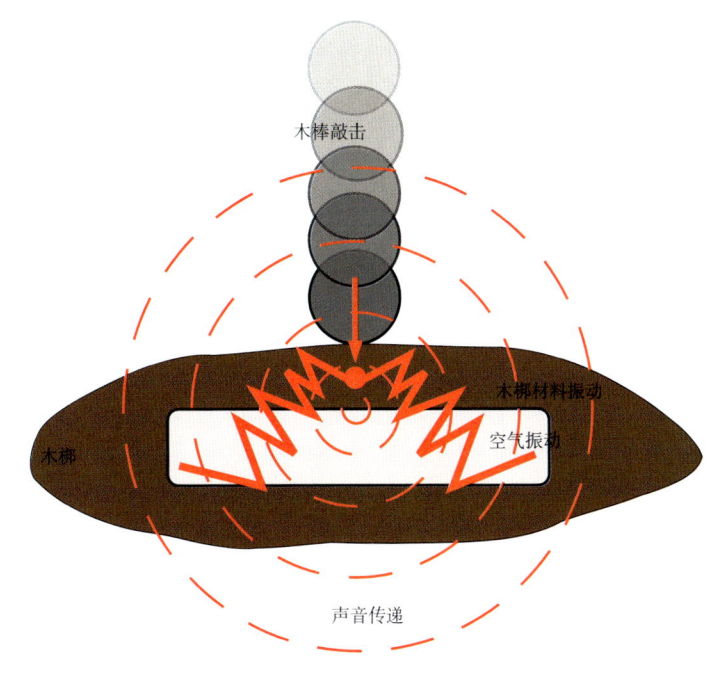

图三　京族木梆设计分析图

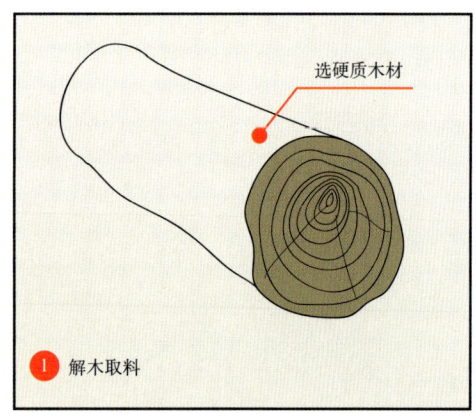
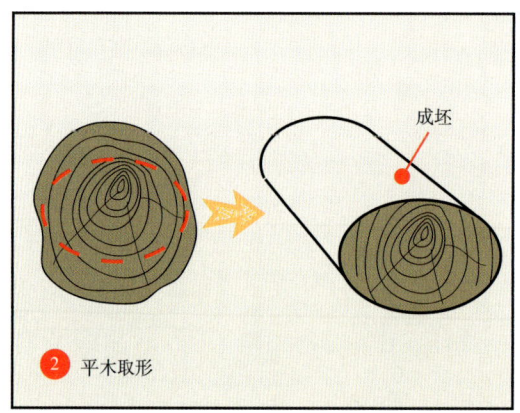
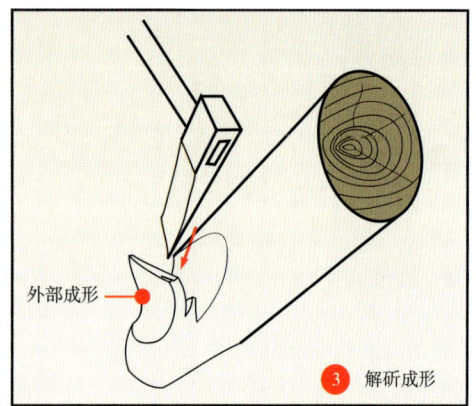
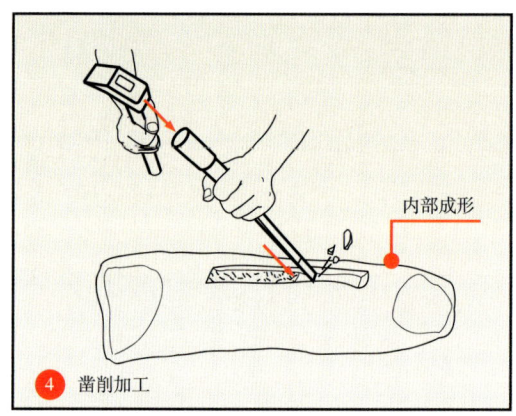

图四 京族木梆制作流程图

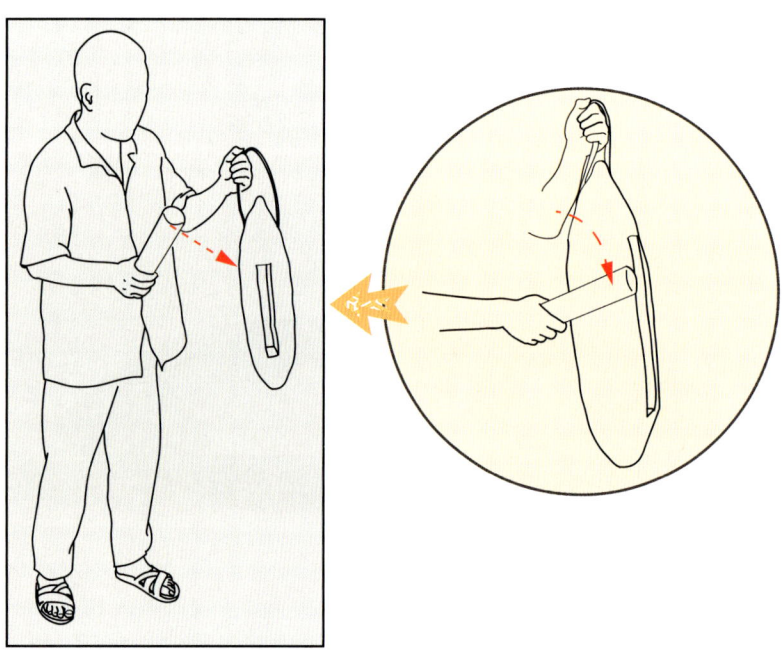

图五 京族木梆使用示意图1

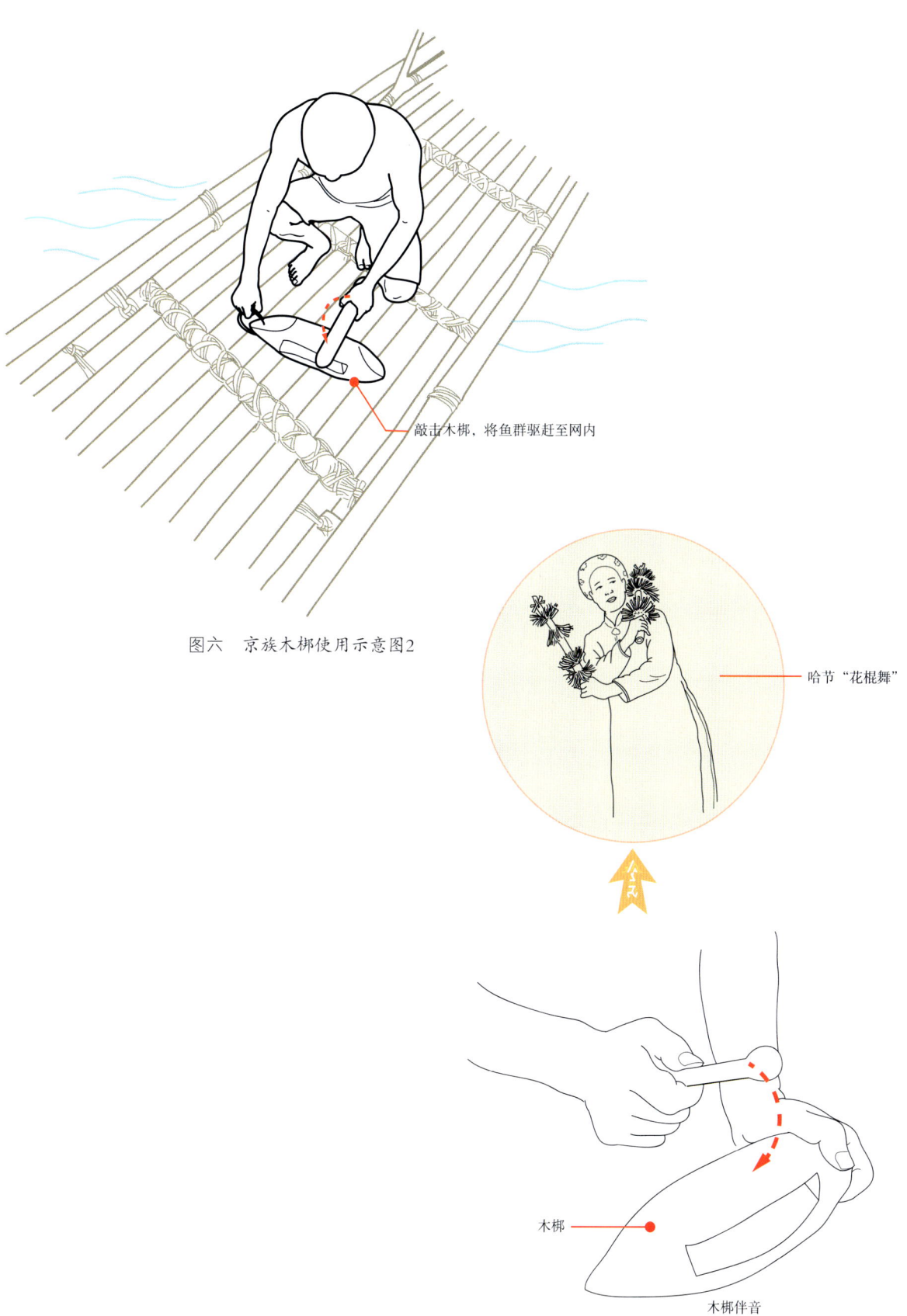

图六　京族木梛使用示意图2

哈节"花棍舞"

木梛

木梛伴音

图七　京族木梛使用示意图3

第四章　京族传统生活用具

097

京族牛皮桶鼓

图一　京族牛皮桶鼓主图

牛皮桶鼓是一种打击乐器，因鼓面采用牛皮绷制，且鼓身似木质水桶，故名之。本案例采自广西东兴京族博物馆，为20世纪之物，其整体形制呈中间大，两头略小的圆桶形。鼓面直径60厘米，鼓足直径53厘米，鼓身最大直径68厘米，鼓身高60厘米。京族牛皮桶鼓主要用于节日的庆祝活动，尤其是本民族自己的传统节日——哈节。

据京族博物馆工作人员苏明光介绍，京族每年的农历六月初九（氵万尾、巫头两岛）、八月初十（山心岛）、正月十五（红坎村）都要举办哈节。丰富多彩的哈节仪式大抵分为迎神、祭神、乡饮和送神四大部分，其中迎神时间一般是在下午。活动一开始，司鼓便击打出发的鼓声，迎神的队伍举旗擎伞，在乡亲父老们的陪伴下抬着神座。敲锣打鼓，一路向海边走去，把神迎进哈亭。当迎神的队伍回到哈亭后，要先停下来，由本村德高望重之人或"翁村"击鼓三通，让在场村民应和三次之后，方可进入哈停。此外，"唱哈"期间京族人也频繁地使用桶鼓。由此可见，本案例是京族人精神生活不可缺少的器物。

本案例桶身是用硬杂木制成，材料要选

择既有刚性又有韧性的木料，为防止日后鼓桶被虫蛀，木料要事先用药水浸泡。从制作工艺流程看，备好的木料要依照鼓的大小事先制成多块有一定弧度的木板，然后再将木板侧面刷上胶水，拼接成桶形，并在外箍的作用下定形。定形后的鼓桶，要用刨刀刨平外表，同时用橄铲铲平内部，使鼓桶内外表面平整。为了增加鼓桶的强度，鼓桶内外还需用竹圈加固。以上工作完成后，下一步便是绷鼓面，本案例鼓面用牛皮制成。牛皮在使用前要先晾晒干，然后再按照比鼓面稍大一点的尺度下料，并事先对该牛皮进行修整，即所谓的削牛皮。其具体做法是，牛皮四周要削的比中间略少一点，因为这样可防止下一步"提音"时拉破牛皮。事实上，绷牛皮要借助竹钉，即先用竹钉将牛皮固定在鼓桶上，这个过程也是将牛皮定形的过程，待牛皮定形后，即可取下牛皮，并在牛皮四周每隔3～4厘米打一个眼，为下一步制鼓奠定基础，这也是为什么案例鼓面四周留有孔的原因。最后的制鼓工序是用细绳索穿入定形后的牛皮鼓面四周之孔中，并分别连接若干较短的木棒，再将该鼓面放在鼓桶上。由于事先就在桶下安放有木板架，故可用较粗绳索绕过木板架再与上部若干短木棒相连。当然，此时鼓面还需放置重物，以防牛皮鼓面错位。做完以上工作后，将所有粗细绳索拉到位，并在每股粗绳中插入较长的木棒，然后像绞麻花一样地旋转该木棒，直到绳索绷紧为止。通常，牛皮绷得越紧，击鼓音效就越好。最后，再用金属泡钉将牛皮固定在桶鼓上，完成最初制鼓程序。

以上是裸鼓的工艺程序，若要最终完成本案例的制作，还需装饰和安装附件。其步骤是，先在裸鼓的表面进行"披麻筑灰"，再髹漆装饰。实际上，"披麻筑灰"这道工序不仅能起到保护桶鼓外表的作用，而且还影响到后面髹漆装饰之效果，是十分重要的一环。最后，便是髹漆彩绘与安装金属环。金属环既是装饰件，也是方便人们搬运桶鼓的附件。

事实上，自古以来许多民族都将鼓视为神力的象征，形成了许多观念与习俗，对此京族人也不例外。

图片来源
图一　许边疆　摄影
图二至图七　许边疆　制图

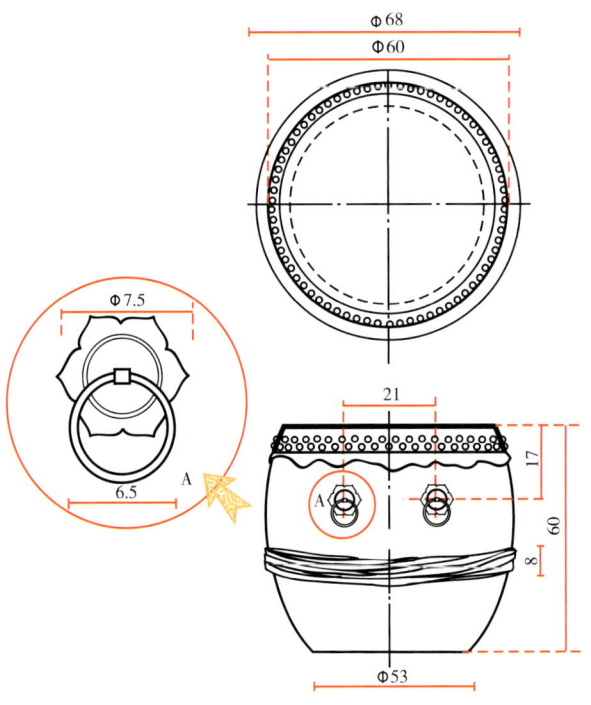

图二 京族牛皮桶鼓尺寸图（单位：cm）

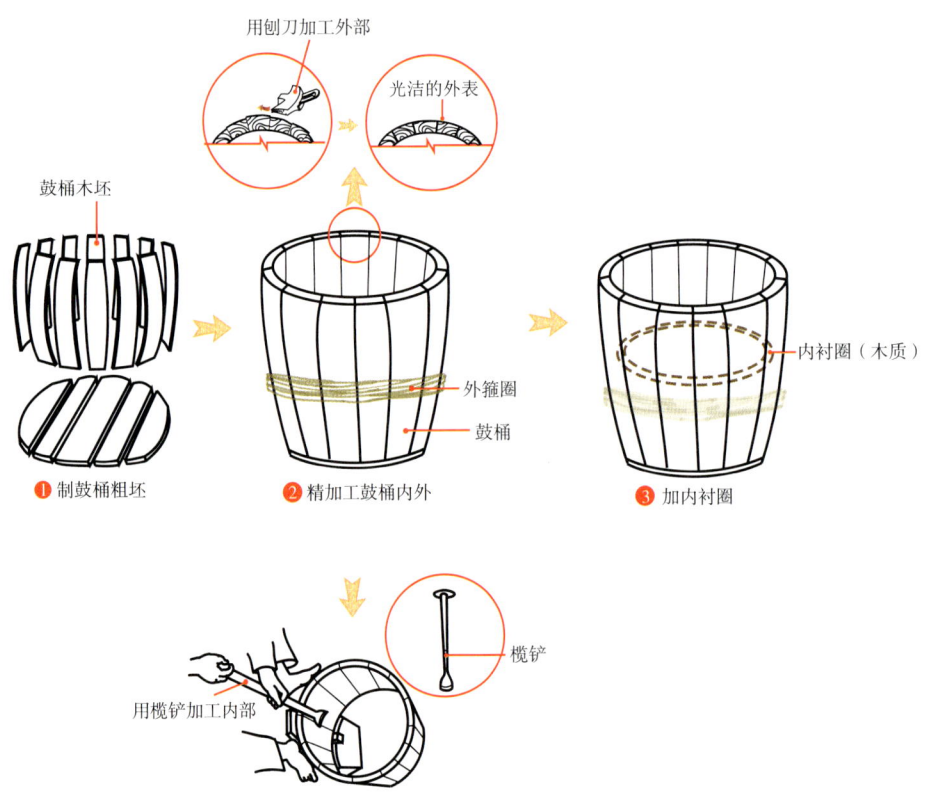

图三 京族牛皮桶鼓制作流程图1

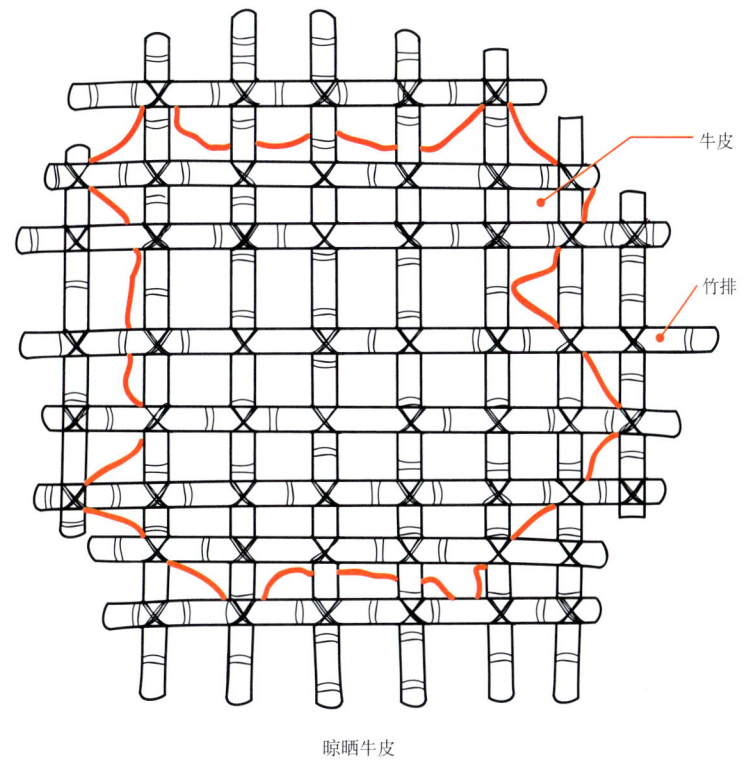

晾晒牛皮

图四 京族牛皮桶鼓制作流程图2

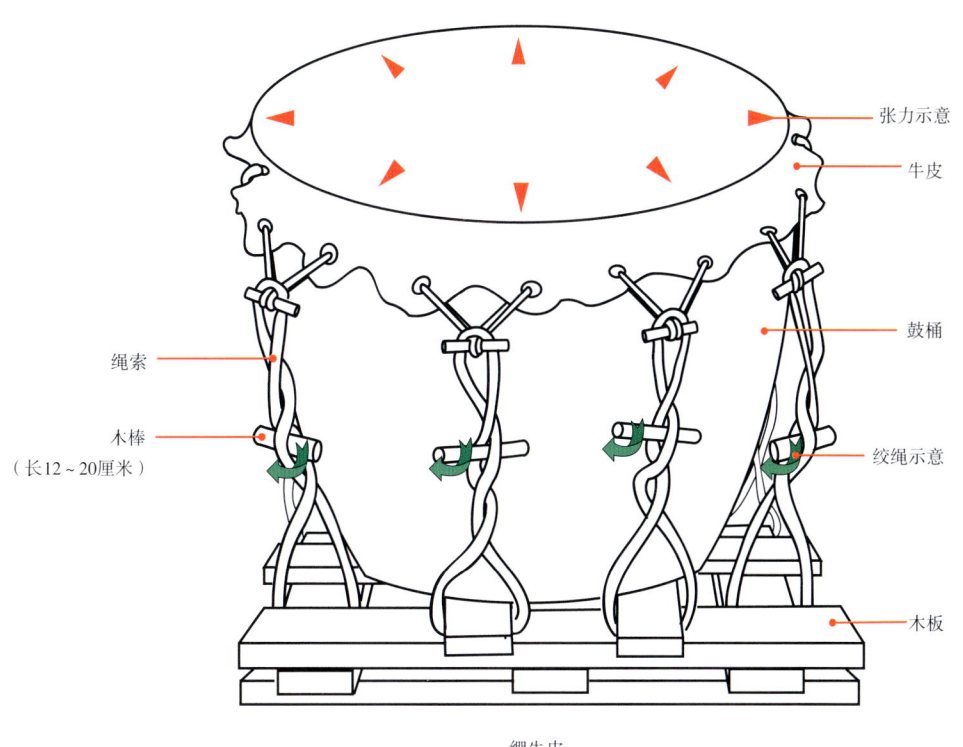

绷牛皮

图五 京族牛皮桶鼓制作流程图3

第四章 京族传统生活用具

101

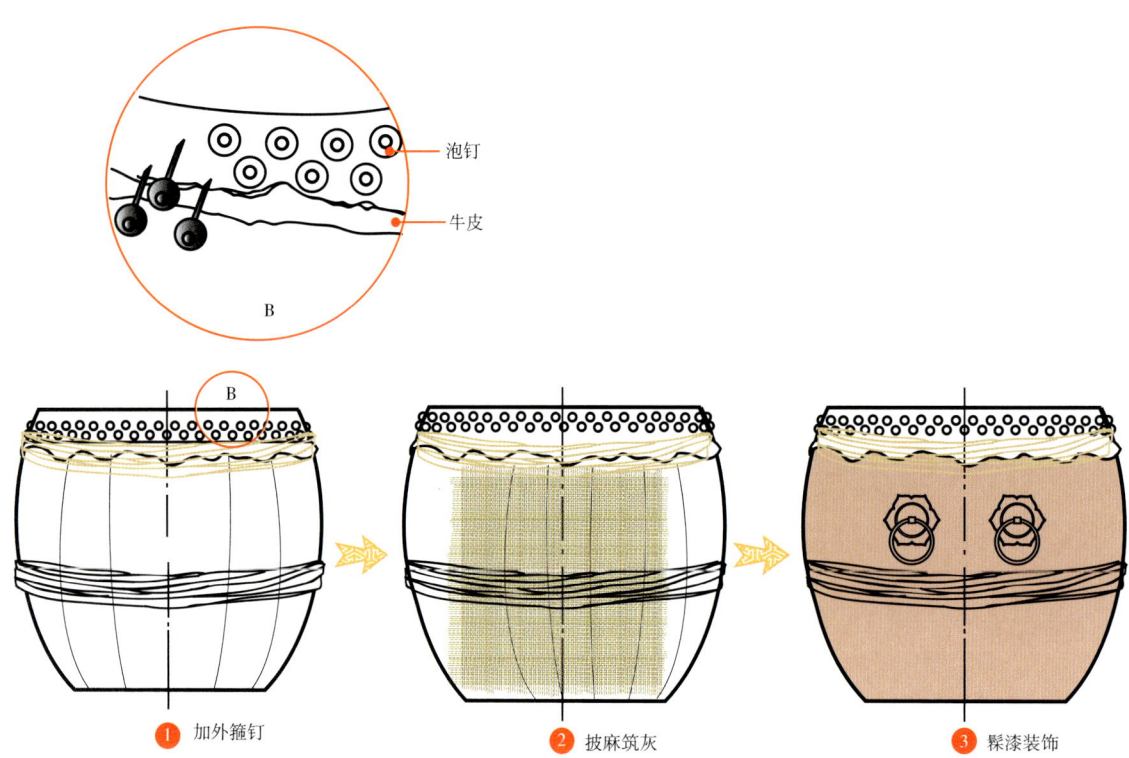

图六　京族牛皮桶鼓制作流程图4

图七　京族牛皮桶鼓使用情境图

京族水烟筒

图一　京族水烟筒主图

水烟筒是一种吸烟用具。20世纪中期之前，几乎每户京族人家都有一支竹筒制成的水烟筒。本案例采自京族博物馆，筒身高62厘米、直径7.2厘米，烟嘴长4.5厘米、口径1.7厘米。筒身用多年生的母竹制作而成，烟嘴则为铜管材料。

从工艺上分析，制作竹筒的材料要选择那些年代很久的老竹，老竹坚韧，不易开裂，故经久耐用。此外，选择的竹筒要粗细适当，太粗显得臃肿，太细则影响使用。从设计学角度看，竹质水烟筒是巧用了竹子的内部空间实现其功能的，具体做法是：将天然竹筒内部多层竹节打通，然后在竹筒的中下部再打一个孔洞，呈30°角插进一根小铜管（早期用竹管），密封好，这个铜管即为烟嘴。在京族博物馆考察时，我们见到该馆陈列的男式服饰的裤腰之上佩戴一个小布袋，据博物馆工作人员苏明光介绍，这个布袋是与案例配用的烟丝袋（也装其他小物品）。这种烟具的使用方式是：①先将清水灌入烟筒里，水位要恰到好处；②往烟嘴里塞烟丝，烟丝一般多为红烟，俗称"生切"，也有吸黄烟的；③点烟丝；④烟丝燃着后（往往是边燃边吸），吸烟者用嘴从水烟筒的上端猛吸（也不可过于用力），此时会发出"咕咚咕咚"的响声，香烟也同时进入了人的口腔里。从案例结构上分析，竹筒显然是集储水和烟道于一体，当人用力从烟筒上端猛吸气时，烟筒内外就会形成压力差，竹筒里的水在向上翻滚的同时，也对升腾的香烟起到过滤作用。此外，水烟筒也是京族人相互交往的重要媒介。

京族人何时开始使用水烟筒现已无法考证。从地理位置看，东兴位于广西南部边陲，其西北边是壮族及其他少数民族居住区，东北边则是桂东和粤西，以上地区都曾流行过水烟筒，因此京族人使用水烟筒的习俗并非是孤立的。不过，其他地区水烟筒多倾向于木质，形制与制作工艺也很考究，有些甚至如工艺品一般，而京族水烟筒则更加质朴。

随着纸卷烟的普及，京族水烟筒如今已完全退出历史舞台。

图片来源

图一　孙林　摄影
图二至图五　许边疆　制图

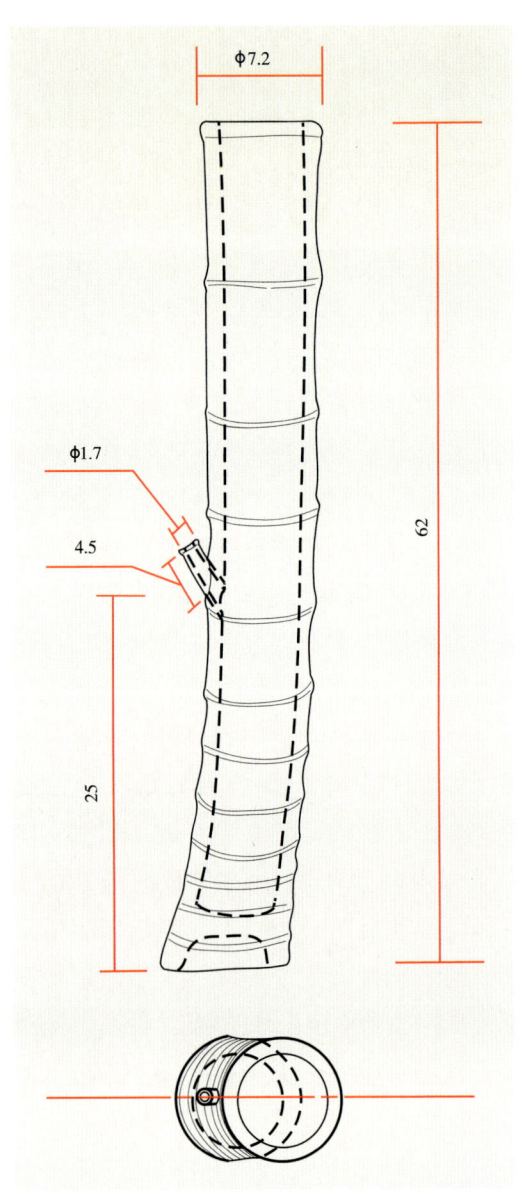

图二　京族水烟筒尺寸图（单位：cm）

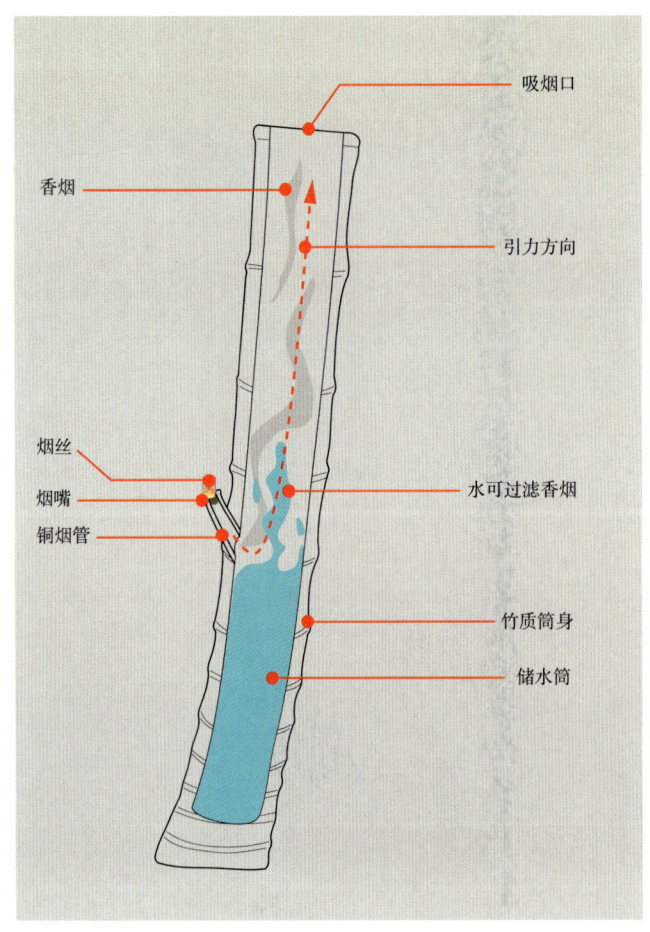

图三　京族水烟筒结构名称图

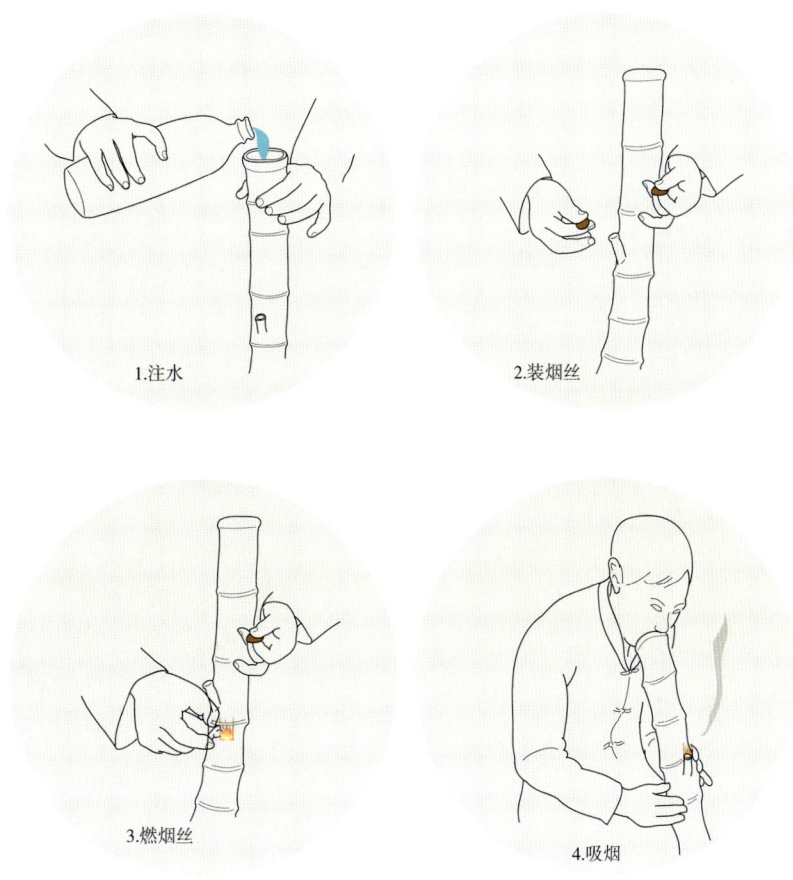

图四　京族水烟筒用法示意图

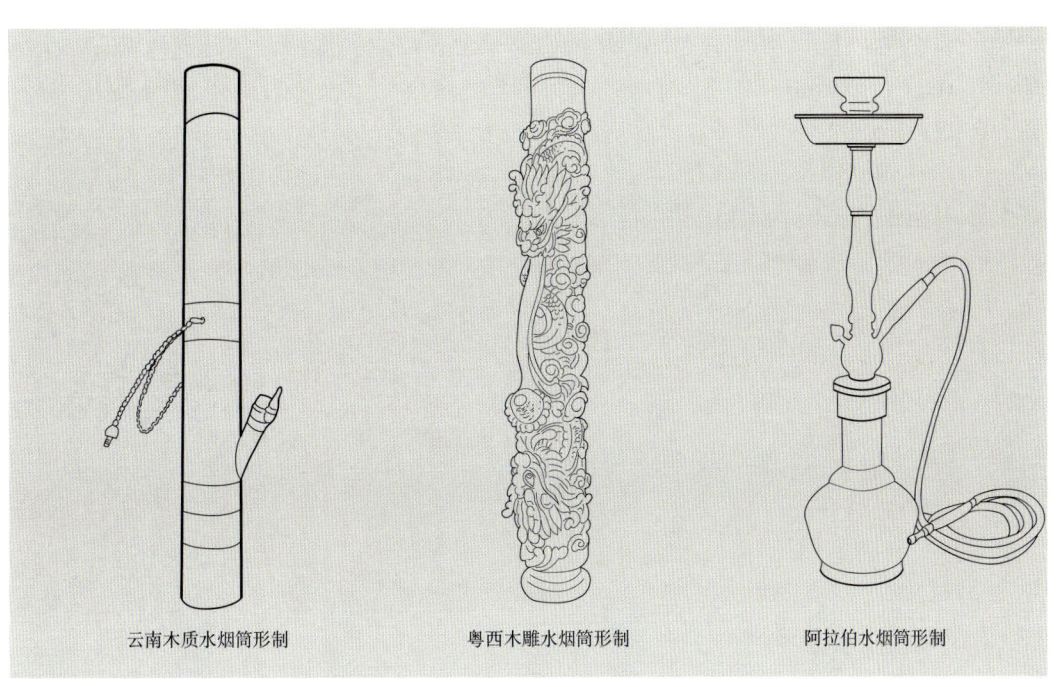

云南木质水烟筒形制　　粤西木雕水烟筒形制　　阿拉伯水烟筒形制

图五　京族水烟筒对比图

第五章 京族传统生产工具

京族拉网

图一 京族拉网主图

在京族众多的渔具之中,有一种特别大的渔网,即拉网。所谓拉网是指在浅海区将渔网撒成一个半月形大包围圈,然后由众人合力持网向岸边拉起的一种捕鱼方式。据当地渔民介绍:拉网通常高3~4米,网长可达千米,甚至有2000~3000米长的拉网,即便是小网也有100多米长。本案例采自沥尾,其网绳虽为合成纤维,但结构与形制仍属于京族传统拉网,网高3米,长约400米,网眼小而密,整体形制呈中间高于两边的桃叶形。

过去,京族的拉网是用天然纤维编织而成,常用材料为黄麻、剑麻、棉纤维等,即用麻、棉纺出纱线,再用纺绳车将纱线编成各种细绳,用于织网。由于京族的网具种类多样、用途不同,故选用的麻绳粗细不一,常见直径范围在0.5~20毫米之间(粗绳做网纲)。麻纱从0.8支纱到6支纱,麻线直径在1~5毫米,可做单股、二股、三股、四股及更多股纱线。本案例属于近海捕捞小鱼的工具,故网孔小而密。传统网具多为麻类(黄麻/剑麻)纤维编织而成,麻虽有一定的耐磨性,但天然纤维普遍强度差,易霉、蛀,尤其是潮湿易腐烂,故麻绳渔网是"三天打鱼两天晒网",以此来延长网的寿命。现在渔民多选择人工合成纤维,常见的有尼龙、丙纶、乙纶、维纶、涤纶、氯纶等。从材料性能看,合成纤维纺出的网绳具有良好的机械、物理和化学性能,特别是在海水中不易霉烂,不受细菌腐蚀,因而也无须进行防腐处理及定期暴晒,大大减轻了渔民的劳动强度。此外,合成纤维织出的绳子,其强度要高于天然纤维1~3倍,而且合成纤维吸水性差,其自重就比天然麻更轻了。

用拉网捕鱼需多人协同才能完成,一般大网需要30~40人操作,小网也得20人左右才能完成。具体操作程序是:首先是观测鱼情,选择合适地形。撒网捕鱼时,先由多人用肩扛的方式将渔网送至海边,通常要赶在涨潮之后、退潮之前,借助竹筏将大网徐徐地放入海中,形成一个弧形的大包围圈,网头、网尾留在海滩上。经过一段时间的忙碌,大网被布控稳妥后,"网丁"们便分成两组,网头一组,网尾一组,各组成员皆执网纲,合力向岸边拉收,竹筏上的人则不停地调整网的走势。一般情况下,从拉网到收网，整个劳作过程至少需数小时完成。京族拉网捕鱼是男女都可参与的一项群体性劳动，因是近海作业，不受季节限制，故可随时下网捕捞，也正是由于浅海作业，这种捕捞方式相对落后，产量一般不高，一次能捕到几十公斤乃至上百公斤就已很不错了。

从设计学角度看，京族的拉网是利用网坠的下沉及浮子的上升，使网直立于水下。由于浅水处的鱼虾多生活在海底，再加上人为驱赶，3米高的网身基本能将入网之鱼围住。京族人在网纲上系着若干较大而又显眼的浮标，以便控制网的走势。从捕捞方式看，渔网越长，围海面积就越大，捕获的鱼量也会相应提高。过去，由于这种大网投入太高，一家一户难以承担，因此京族渔民便想出一种大家分别织网，然后再合为一体的办法。

时过境迁，如今的京族渔民可直接购买机织的半成品。所谓半成品，是指用机械方式生产的化纤网衣或绳索，当它们被买回之后，仍需要再加工才能制成自己所需的网具。我们在江平镇就见到一些这样的加工作坊，他们仅做些诸如安装网绳、浮子、网坠等零碎的事情，显然，现代化的生产方式让网具的生产成本和周期大大降低。

图片来源
图一　许边疆　摄影
图二至图六　许边疆　制图

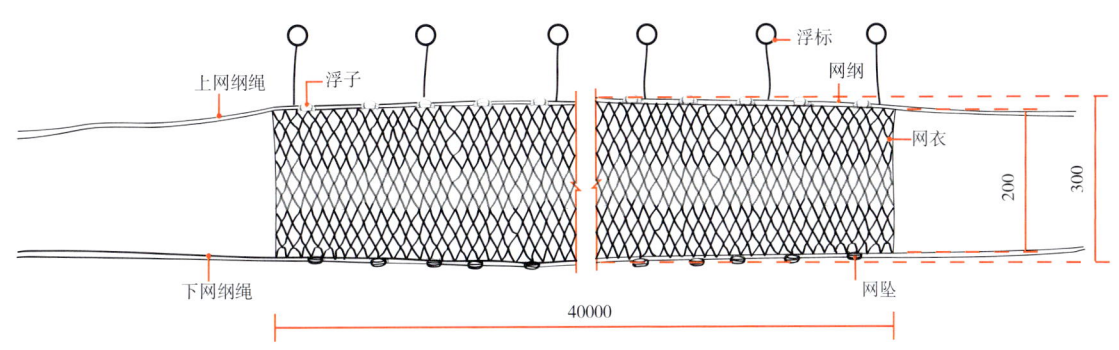

图二　京族拉网尺寸、结构名称图（单位：cm）

第五章　京族传统生产工具

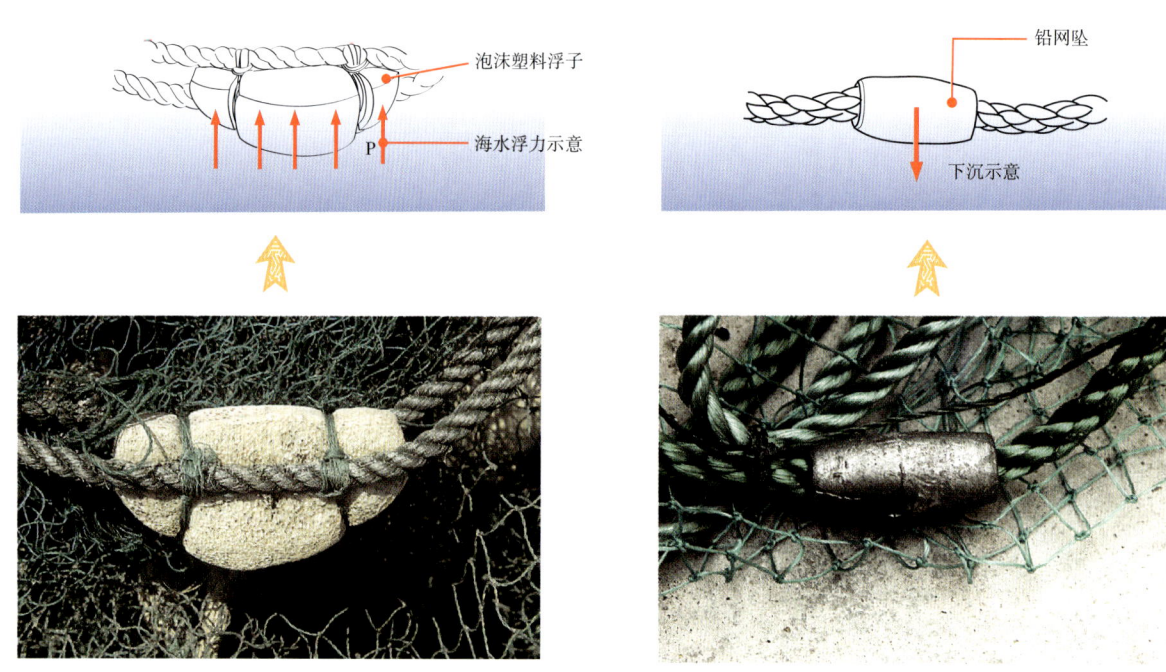

图三　京族拉网局部分析图

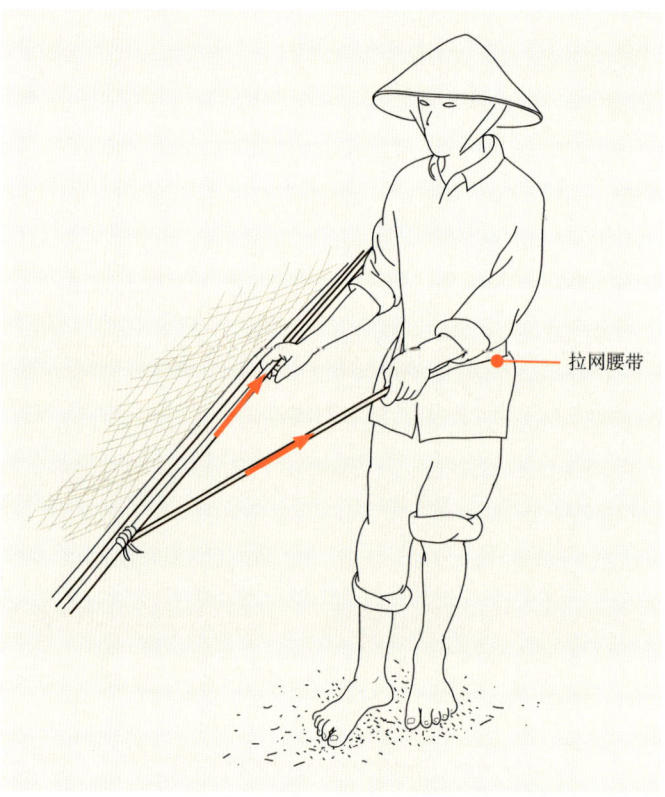

图四　京族拉网设计分析图

拉网一端劳作示意

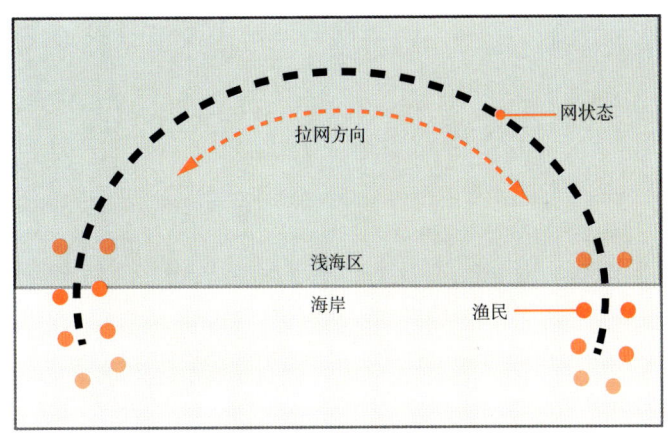

图五 京族拉网操作示意图

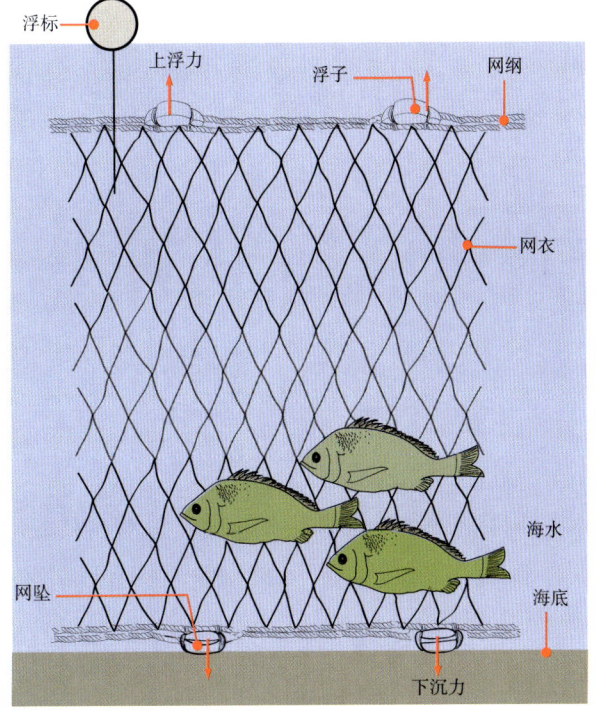

图六 京族拉网功能分析图

第五章 京族传统生产工具

111

京族高脚筝

高脚筝又称"高跷",是一种京族特有的捕鱼(虾)辅助工具,其形制与使用方式都类似于其他地区的高跷。本案例采自广西东兴江平镇沥尾村,属20世纪末产物,现藏于京族博物馆。其结构由三部分组成,即上部撑竿、下部撑竿及脚踏。除脚踏为木质外,其余皆为竹质。本案例上部撑竿长42厘米,下部撑竿长38厘米,中部脚踏厚4厘米,其中撑竿最大直径为4厘米,整体呈现上细下粗的形制特征。

京族人之所以选择高脚筝来做捕鱼的辅助工具,至少有两个原因:其一,京族人世代临海而居,自然要以海洋渔业为主要生计,除远海航行捕捞外,在浅海区捕鱼捉虾也是十分重要的食物来源。其二,高跷的使用方法易于掌握,而且踩高跷捕鱼可借助水的浮力,既省力效率又高。当然,在海风海浪较大的情况下,既要稳定脚跟,又要操纵好渔网,也确实需要一些技巧。

从设计学角度分析,中国成年男性从脚底到膝关节的平均长度为47.1厘米(赖维铁:人机工程学,华中工学院出版社,1985年第二版,第44页)。本案例上部撑竿长度为42厘米,显然这种尺度的设计既能满足将撑竿绑于腿部的需要,同时又不影响渔民膝关节的弯曲。尤其是脚踏的设计,面积大小、形状都与人的脚形匹配,再加上外部绳索所形成的足套,能有效地防止滑落。此外,由于脚踏是承载人体重量的部位,在人踩上时,脚踏就会随着人体重量的下压而移动,当移动到一定程度时,撑竿上细下粗的

图一 京族高脚筝主图

形制自然锁住脚踏，实现力学上的平衡。高脚凳还能帮助渔民在浅海作业区原地休息，在浅海区用渔具捕捉鱼虾是一件耗费体能的事，当渔民感到劳累时，可依托渔具长杆与高脚凳构成的三个支点。

京族人使用的捕鱼高脚凳有两种材料类别，一种为竹材，另一种为木材，皆是来源方便的材料。就形制与结构而言，京族高脚凳大同小异，更多的是体现在撑竿下部长短不一，这说明京族人对高脚凳结构与功能间的关系有着丰富的实践经验。几百年来，作为京族人的生计方式之一，高跷捕鱼在京族人心目中占据着重要的位置，因为在近海捕鱼的确为京族人的生活提供了一个稳定的食物来源。随着现代社会生产力的发展，这种生产方式尽管渐已退出，但其原始的独特的捕鱼方式仍能唤起当代人对历史的种种记忆。

图片来源
图一　孙林　摄影
图二至图七　许边疆　制图

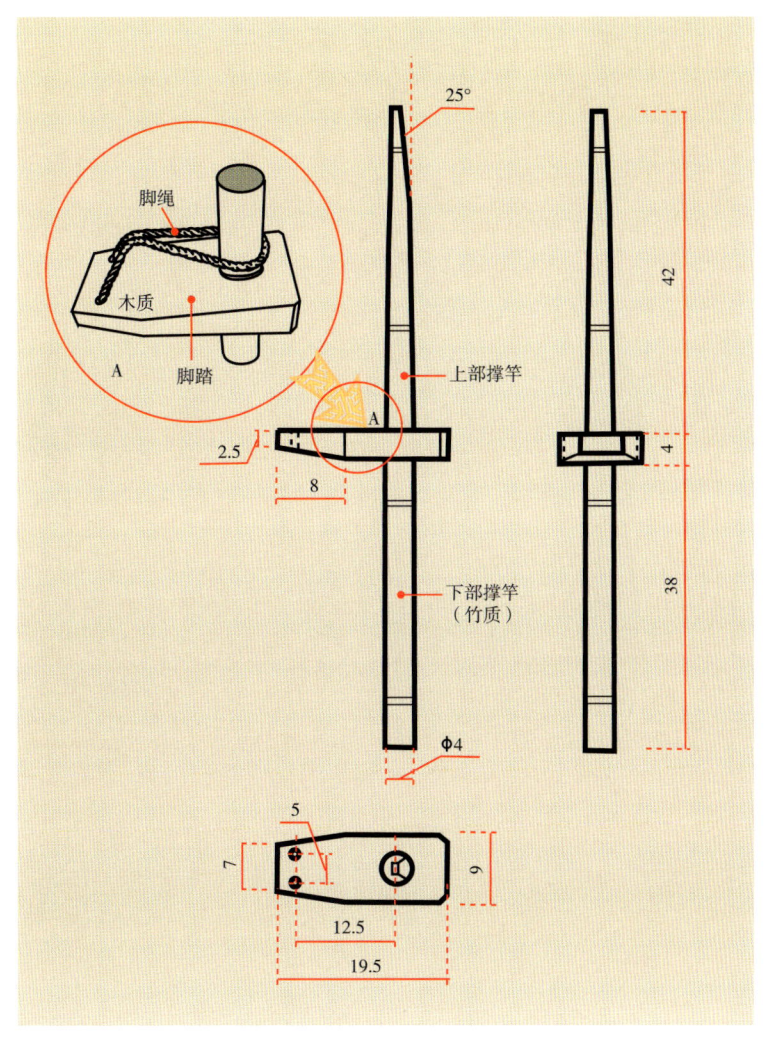

图二　京族高脚凳尺寸、结构名称图（单位：cm）

第五章　京族传统生产工具

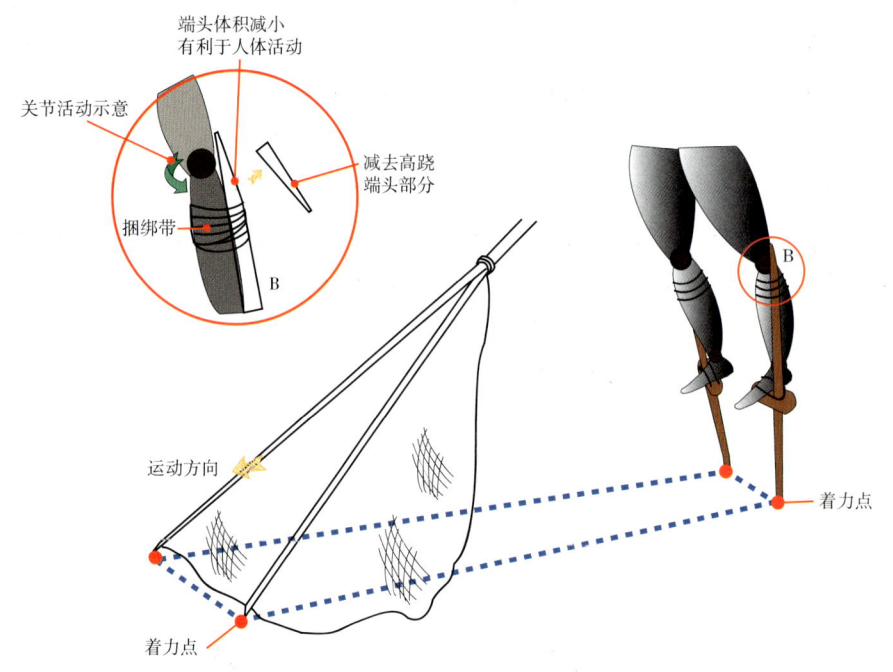

图三　京族高脚筝设计分析图1

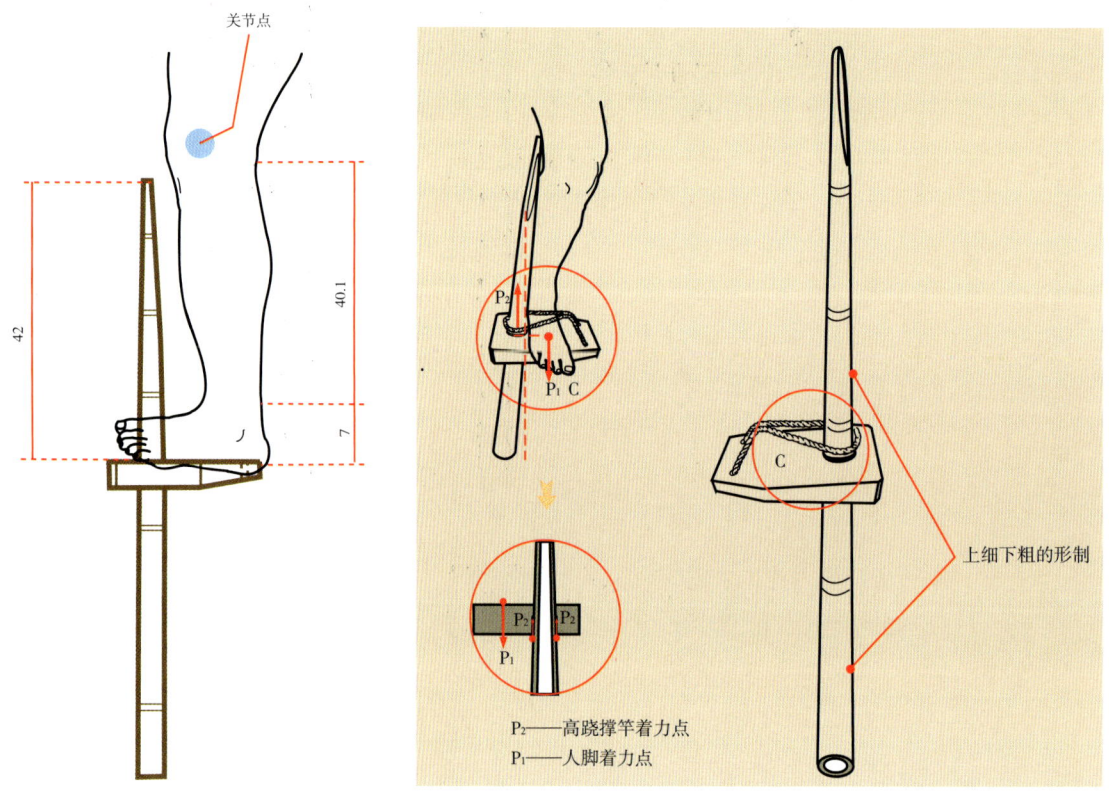

图四　京族高脚筝设计分析图2（单位：cm）　　　图五　京族高脚筝设计分析图3

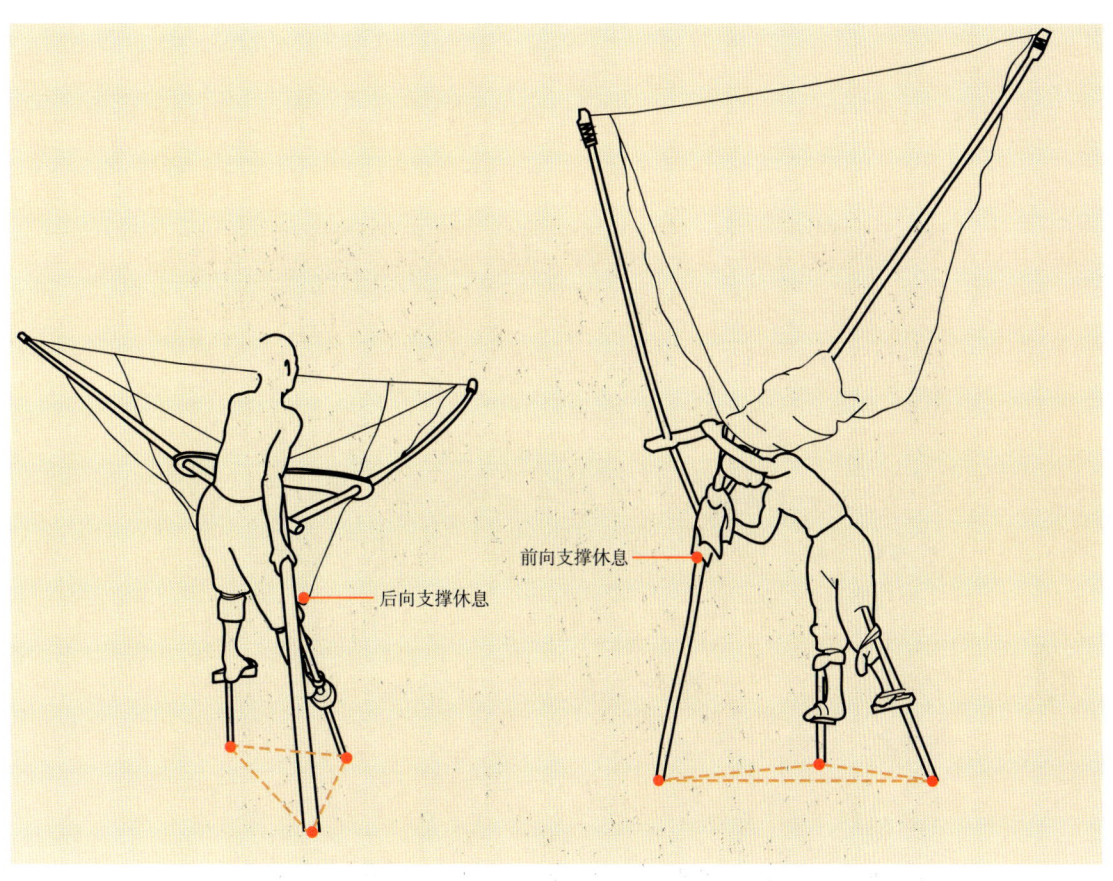

图六　京族高脚筝功能分析图

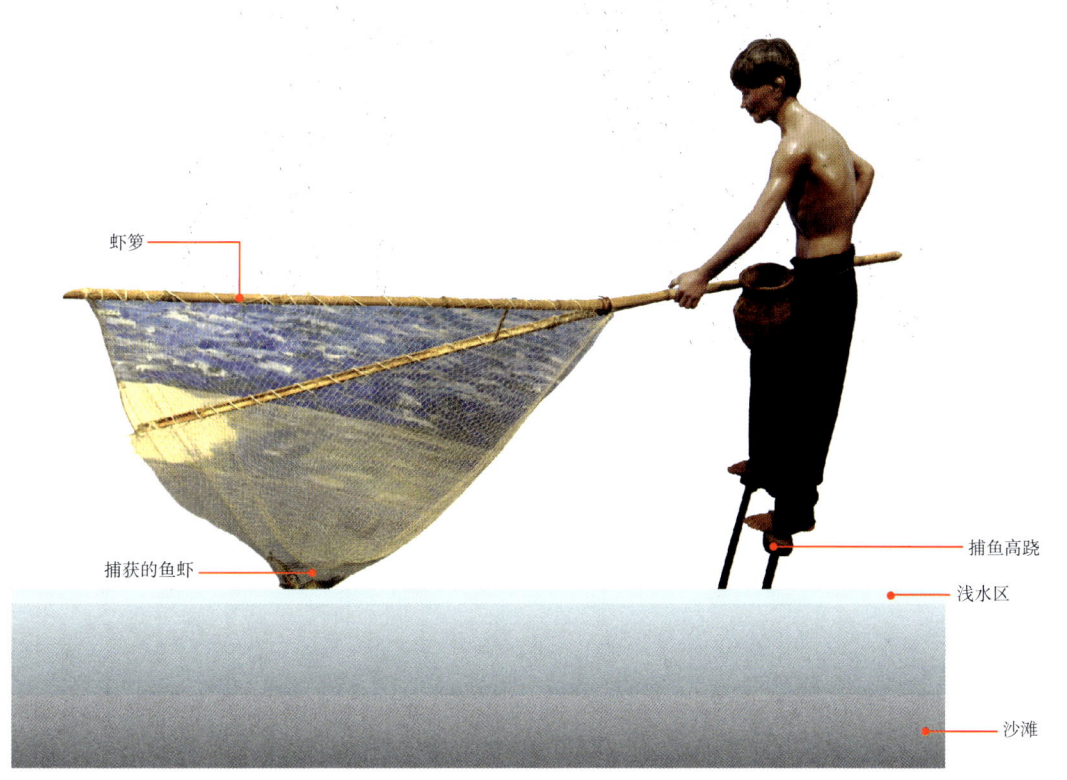

图七　京族高脚筝使用情境图

115

京族渔箔

图一　京族渔箔主图

京族人用以海洋捕捞的渔具种类较多，渔箔是一种极富京族特色的大型渔具。据江平镇山心村村民介绍，至少在两百多年前，他们的祖辈就已使用这种捕鱼工具了。渔箔是一种定置式渔具，从结构形式看，它是用许多木柱、竹竿、竹篾（渔网）、藤条在海滩上搭建而成的，从海面远眺，其形如"V"字形。本案例采自广西东兴京族博物馆，案例为模型展示。

渔箔一般搭建在入海口海水湍急的海滩上，或是海水易急涨急落，地势倾斜的裂沟滩地，京族人将这些适宜驻扎渔箔的地点称为"箔地"，而在箔地上搭建一个渔箔则需投入大量资金。过去，有钱人家占据箔地后，便投入资金搭建渔箔，然后再将建好的渔箔出租给其他渔民使用，自己则成为箔主，坐收渔利。通常，渔箔租期有短有长，短则二年，长则达十年之久。渔箔捕鱼量的差异与渔箔自身结构设计无关，而与渔箔的位置及海水流向相关。不同地段（或位置）的渔箔有很大差别，京族人将渔箔分为一等箔、二等箔、三等箔、四等箔，不同等级的渔箔在租金上自然也体现出差异。据京族渔民说，搭建渔箔的关键是经验，渔箔一定要选择在好的位置上，否则捕鱼不多，还会亏本。为了稳妥起见，京族人搭渔箔之前都要试漂，具体做法是选择退潮时间，将一漂浮物投放到实验的海面上，任其漂流，然后观察它的漂流方向、线路及流速，以此来断定地形的优劣，只有试漂结果令人满意，京族人才开始着手搭建渔箔。

渔箔的设计原理是利用海水的涨潮，将随波逐浪的鱼虾带入箔地里，当海水退潮时，进入箔漏的鱼虾便被栅栏阻挡。关于京族渔箔的结构设计，由以下部分组成：篱沟与栅栏、一漏（又称"一港"）、二漏、三漏、笼须。其中篱沟栅栏长约300~500米，而一漏、二漏、三漏的面积则逐步缩小。当然，漏室的数量可增多，过去就有五漏室渔箔，现在多为三漏室。如果从高空鸟瞰，渔箔整体形制就像俯卧在浅海里的巨大漏斗，开张之口面向海岸，漏斗后部则向大海延伸、收敛。显而易见，箔漏因位置相对篱沟栅栏处于较深海水中，因此，构筑箔漏的木柱要比支撑篱沟栅栏的木柱长且粗。

本案例最具特色的结构设计当属笼须。从功能上看，笼须设计原理相似于京族鱼篓中的倒销结构，它分别位于三个箔漏的入口处。当鱼虾随潮水涌入渔箔中时，箔漏开口是顺畅的，相反，当鱼虾欲从原入口退回时，其背面却呈现出交叉不一的竹条——即笼须，结果鱼虾回路被笼须阻断。事实上，京族人之所以要在渔箔中设计出三个贯通的箔漏，目的就是设置三道阻挡鱼虾洄游的闸门，尤其是对钻入第三个箔漏中的鱼虾而言，若想连续钻出这些闸门几乎没有可能，所以，京族渔箔可谓是层层设卡的"囚室"。

用渔箔捕鱼的最佳季节是农历二月至七月间。据渔民们说，位置好的渔箔一天可捕获鱼虾1000~2000公斤，但是，到了八月以后的淡季，产量明显减少，有时一天只能捕到几十公斤，显然这种守株待兔式的浅海捕捞方式受到海洋鱼类生活习性的制约。然而，为了增加捕鱼量，京族渔民也想出一些别的办法，例如在晚上即将退潮的时候，他们会乘坐竹划来到箔地，在箔漏的上方挂起油灯，利用趋光效应使更多的鱼自投罗网。

用渔箔捕鱼是一种较原始的捕捞方式。其不足之处是近海捕捞，鱼类资源自然会受到一定限制，再加上它是固定式的渔具，只能在特定场合待鱼入网，故捕鱼过程显得被动。然而，它也有自身的设计优势，即一个搭好的渔箔可常年处于捕捞状态，并且劳作者不必承担远海捕捞的风险。因此，时至今日京族人仍在使用这种古老的渔具捕鱼生产。

图片来源
图一　孙林　摄影
图二至图六　许边疆　制图

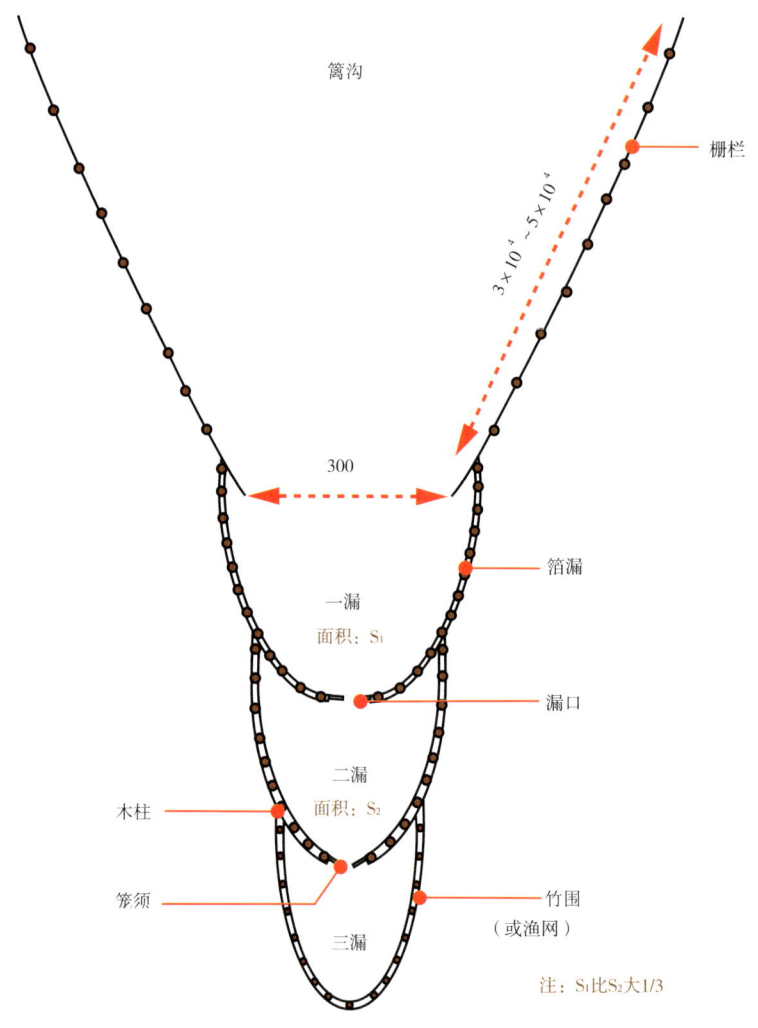

图二　京族渔箔尺寸、结构名称图（单位：cm）

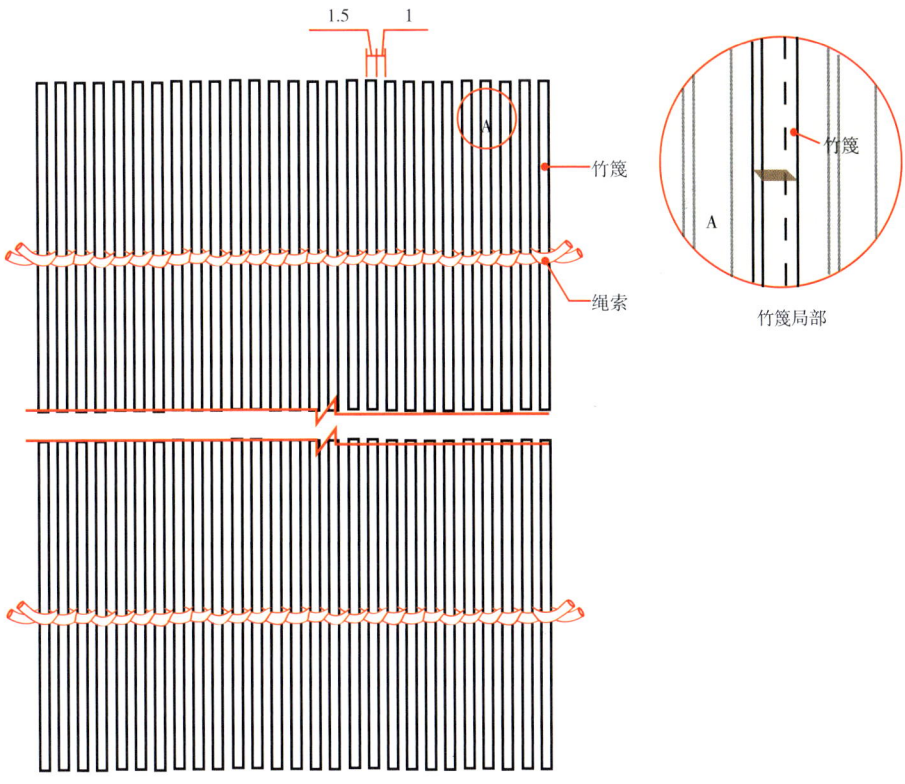

图三 京族渔箔局部分析图（单位：cm）

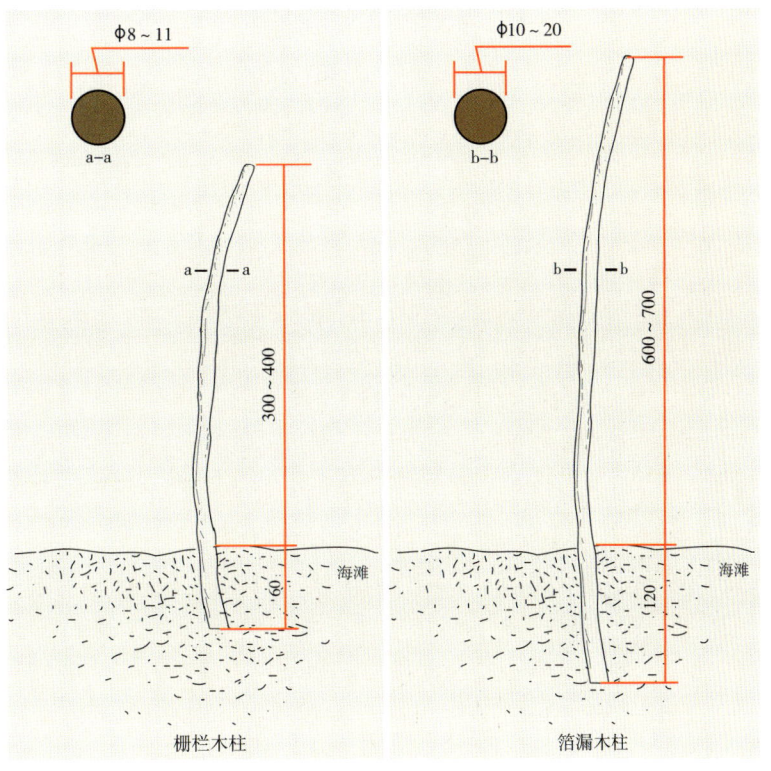

图四 京族渔箔设计分析图（单位：cm）

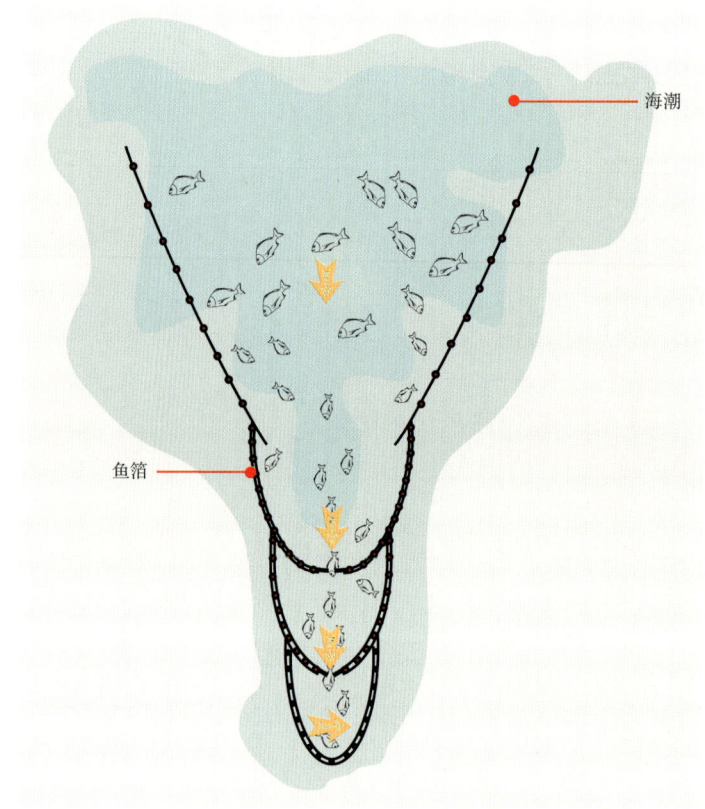

图五　京族渔箔工作原理图

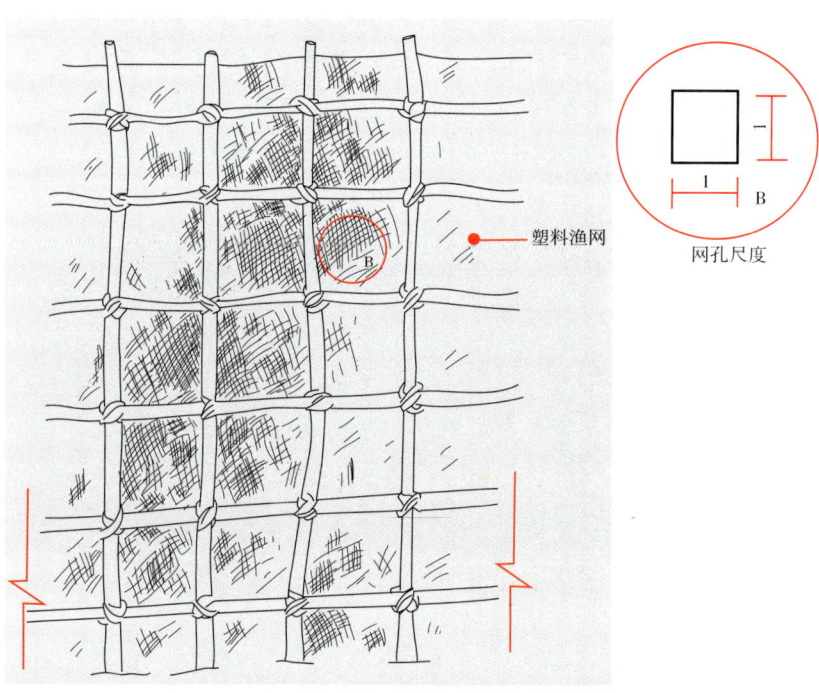

图六　京族渔箔延展图（单位：cm）

京族虾灯

虾灯，又称"虾笼"，是京族人夜间使用的一种捕虾器具，主要应用于浅水域或入海口。夜晚，这种捕捞器的网内悬挂着的油灯亮起，远望之，犹如一个个悬挂的"灯笼"浮在水面之上，星星点点，据说这是虾灯叫法的由来。此外，这种称谓尚存在另一层含义，即这种工具的原理是利用光照来诱捕海虾的，为了与虾笼（篓）区别开来，京族人便形象地称之为虾灯。本案例为江平镇巫头村村民曾用物，现被京族博物馆收藏。

从正面看，案例形制呈长筒状。经测量，其外部长94厘米、宽62厘米、高158厘米，由竹片、丝网、木块等组成。归纳地看，京族人将虾灯设计成这种形态，由两个因素决定：一是，劳作者生理条件及虾灯的功能，例如158厘米的高度显然能与南方男性平均165厘米的身高相匹配，因为当人伸展双臂时其长度与身高大致相当，所以158厘米的高度能方便京族渔民双手搬挪它；二是，虾灯工作地点通常在入海口的浅滩处，水位较浅，作业时虾笼上部需露出水面一部分以方便悬挂油灯，若以40厘米的悬挂高度估算，案例高度158厘米应该是一个合理的尺度选择，它能满足诸多需求。

关于虾灯的结构，这里需关注的是"心"形结构设计，京族人巧妙地用竹条弯成了对称式的"心"形结构，并将这种"心"形用于虾灯上、中、下部位，从而构成一种独特的网笼。京族渔民之所以要选择这种结构，不是为了追求形制上的美观，而是单纯出于功能上的考虑。具体地说，通过

图一　京族虾灯主图

弯曲的"心"形在其中部留下网口,这个网口开合度是依靠中部插入的小木块的宽度来控制的。如果木块宽度过大,开张的网口就容易导致入笼的虾子逃脱,反之,见光而来的虾子难以入笼,小木块显然是一个十分重要的构件。事实上,虾灯的捕虾原理同墨鱼笼十分相似,它们都是容易进去,出来难。假如要比较两者间的差异,墨鱼笼是利用硬质倒销来阻止墨鱼的逃脱,而虾灯则是利用柔软的丝网所形成的豁口(网边朝笼里卷)来防止虾子漏网。

长期的捕鱼实践,使京族人积累了丰富的造物经验。他们在设计渔具时(或其他器具),首先关注身边易得的材料,并遵循着实用的原则,制做出的工具看似简陋,结构却十分合理。

图片来源

图一　孙林　摄影
图二至图七　许边疆　制图

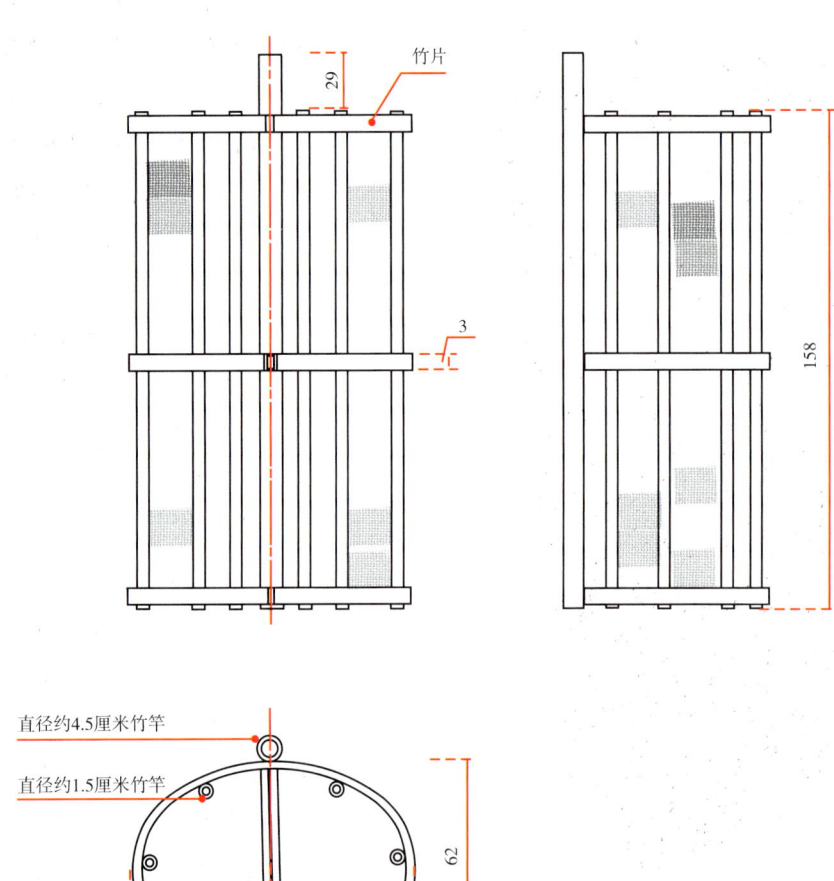

图二　京族虾灯尺寸图(单位:cm)

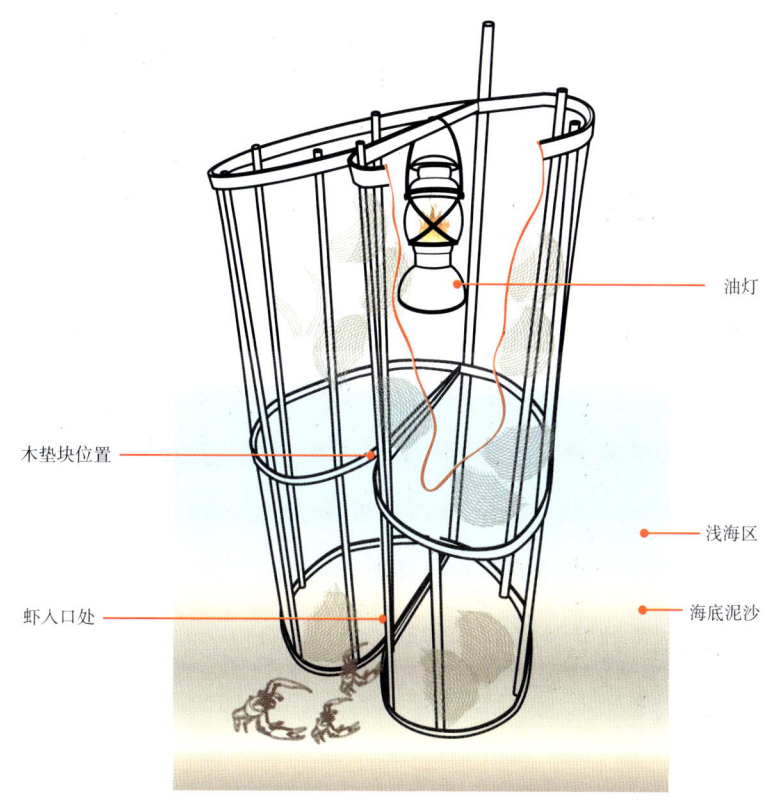

图三 京族虾灯结构名称图

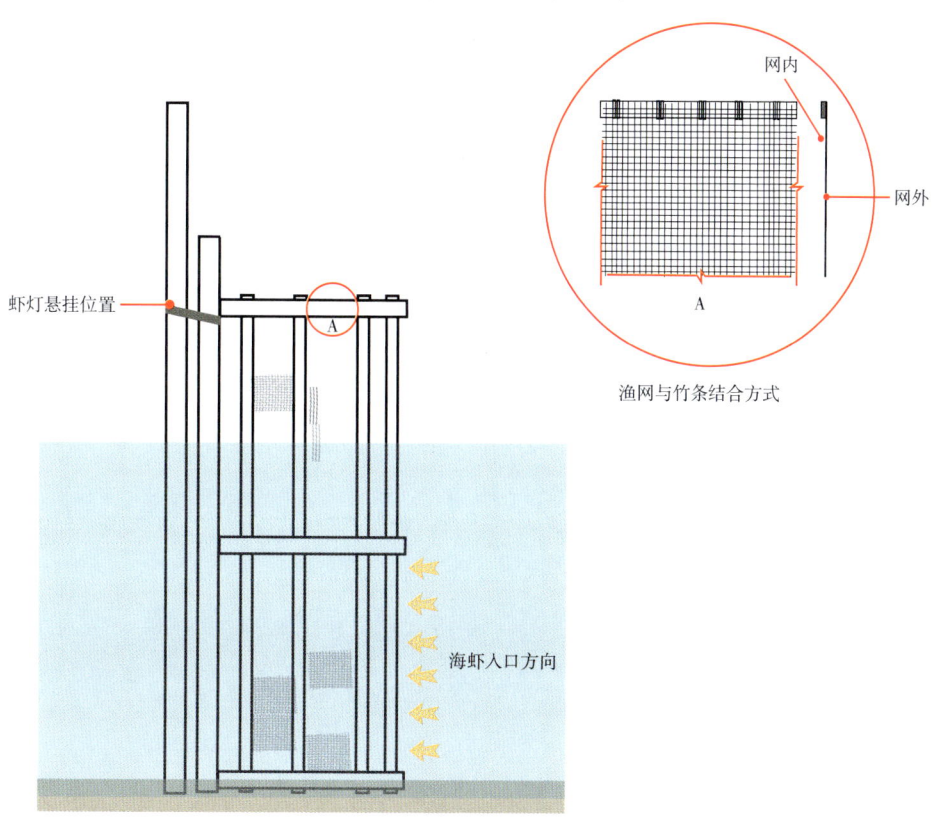

图四 京族虾灯设计分析图1

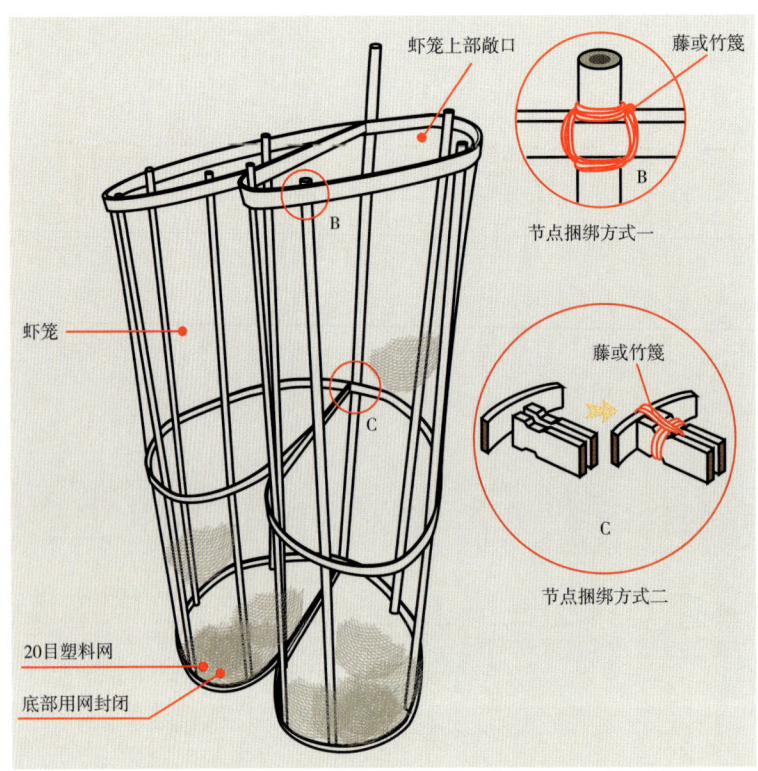

图五 京族虾灯设计分析图2

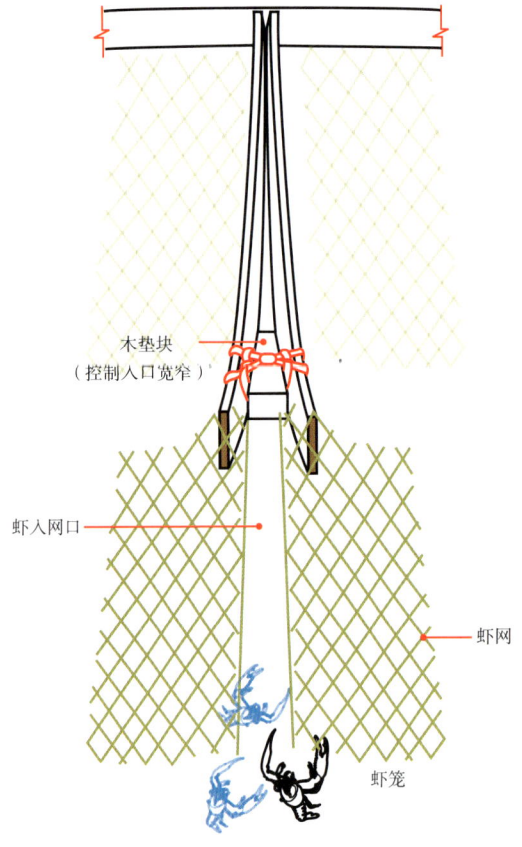

图六 京族虾灯局部分析图

1.虾灯使用前状态

2.从架上卸下虾灯

3.准备油灯

4.将油灯挂上

5.夜晚中的虾灯

图七　京族虾灯使用情境图

京族螺箔

图一　京族螺箔主图

　　螺箔是养殖贝类的一种工具，主要在海边的滩涂地上使用。从生活环境看，京族人居住区有数万亩的滩涂，显然，它们为养殖贝类提供了良好的自然条件。本案例采自巫头村，巫头村周边浅海滩涂面积十分广阔，是京族人重点养螺区之一。

　　从案例结构看，京族螺箔的组成并不复杂，主要由长长的网具、绳索及许多木桩（或竹子）构成。据现场测量，网具立起来有90厘米高，固定网具的木桩高度约为150厘米，网具顶端每个拴结点彼此相距大约180厘米，网身内外沙地之上各插木桩一排，木桩与网身间用绳索相连。由于京族螺箔工作原理是围养，所以螺箔实际是一种固定在滩涂上的围网，其围出的范围（或面积）可大可小，围出的形状也随地势而定。

然而，无论螺箔围出的面积有多大，营造方式基本一致，仅网衣长短不同而已。其具体营造方式是：先在沙地上画线定网位，然后顺着这条线将网具延长、展开，并将网具放在线的一边待用；沿着画好的线，用锹挖出深约15厘米的坑，之后将网身的下端埋于坑里；埋网时，一边将网身摊平在地上，一边将网的下端压实，螺箔网网眼一般为1.5厘米见方；在网身两边沙地上以等间距的方式插木桩，木桩下端要削尖，以便深插沙地里；最后用绳索将螺网与木桩相连，由于每组的绳索拉力反向，故螺网可站立不倒。

　　巫头一带天然贝类很多，当海水涨潮时，各种海贝便随之进入螺箔。通常，养螺人是以两个月或一个季度为间隔挖一次螺，大的收上来，小的留下继续让它们生长。现在，有些专业养殖户也主动向螺箔内投放螺苗，以此来提高产量。

事实上，京族人用螺箔捕捉或养殖螺贝是20世纪末才发展起来的一种海水养殖业。随着社会经济的发展，京族人开始为市场前景更好的贝类寻找新的养殖方法，例如把天然蚝苗夹在直径3～3.5厘米的聚乙烯绳的拧缝中，每隔10厘米左右夹1壳，垂挂于浮筏之上，然后将蚝苗沉于海水里养殖，这种方式不仅产量高，而且人的劳动强度也会明显降低。总之，螺箔是一种投资不多，易于操作的水产养殖法，它能让广阔的浅水海滩得到充分利用。

图片来源

图一　孙林　摄影

图二、图三、图五、图六　许边疆　制图

图四　孙林　摄影、制图

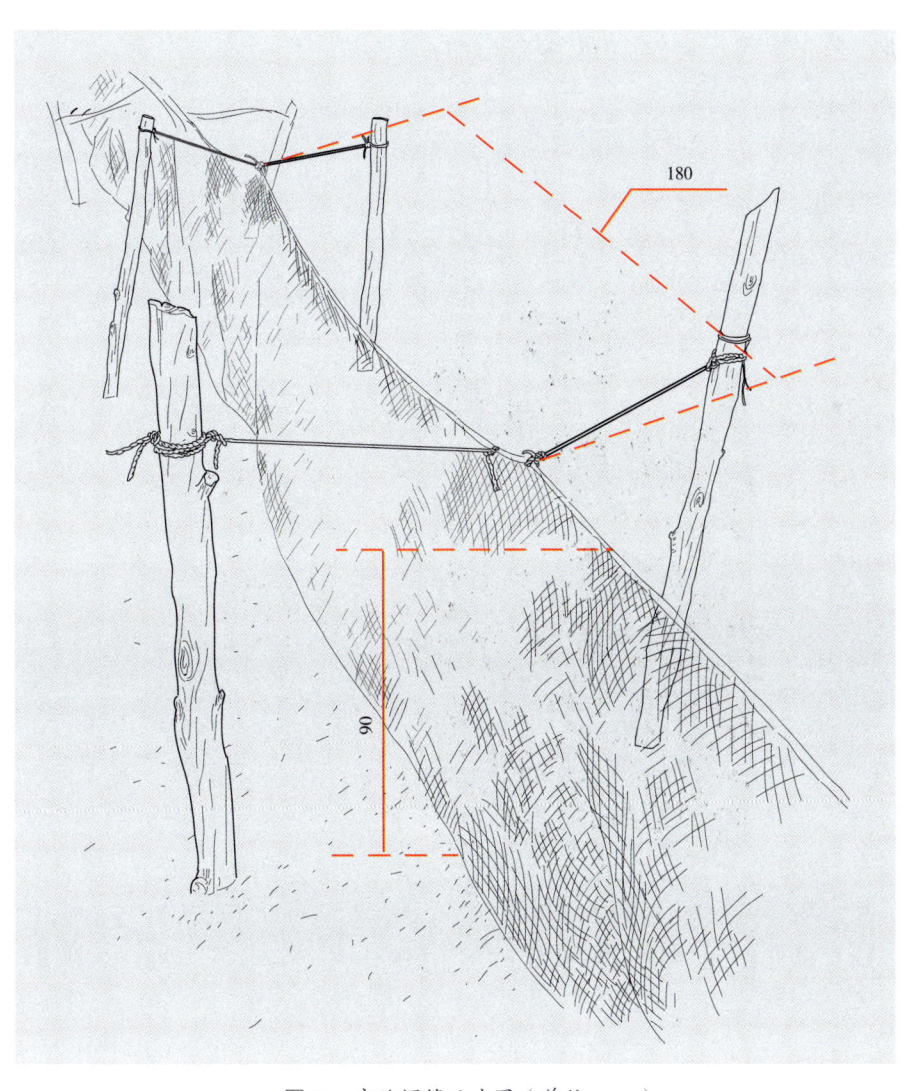

图二　京族螺箔尺寸图（单位：cm）

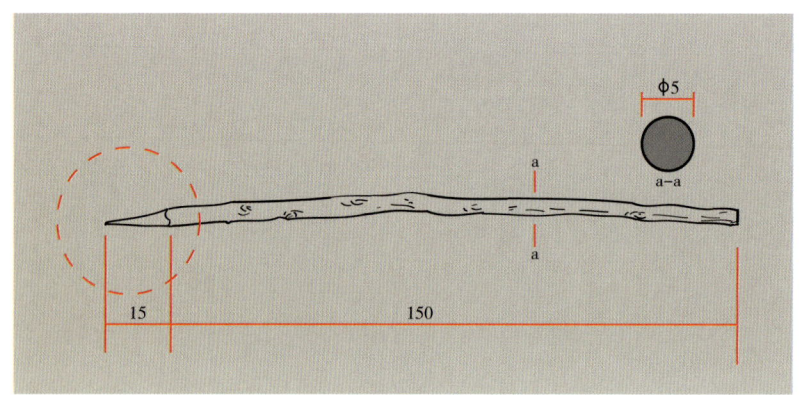

图三 京族螺箔网柱尺寸图（单位：cm）

图四 京族螺箔安装示意图1（单位：cm）

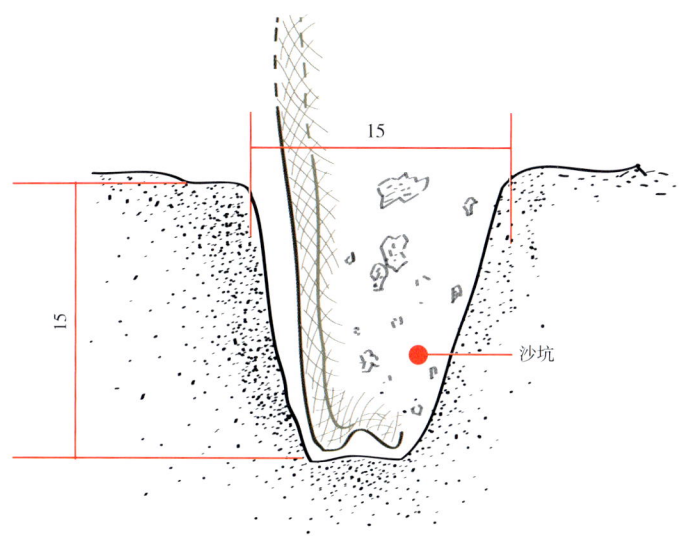

图五　京族螺箔安装示意图2（单位：cm）

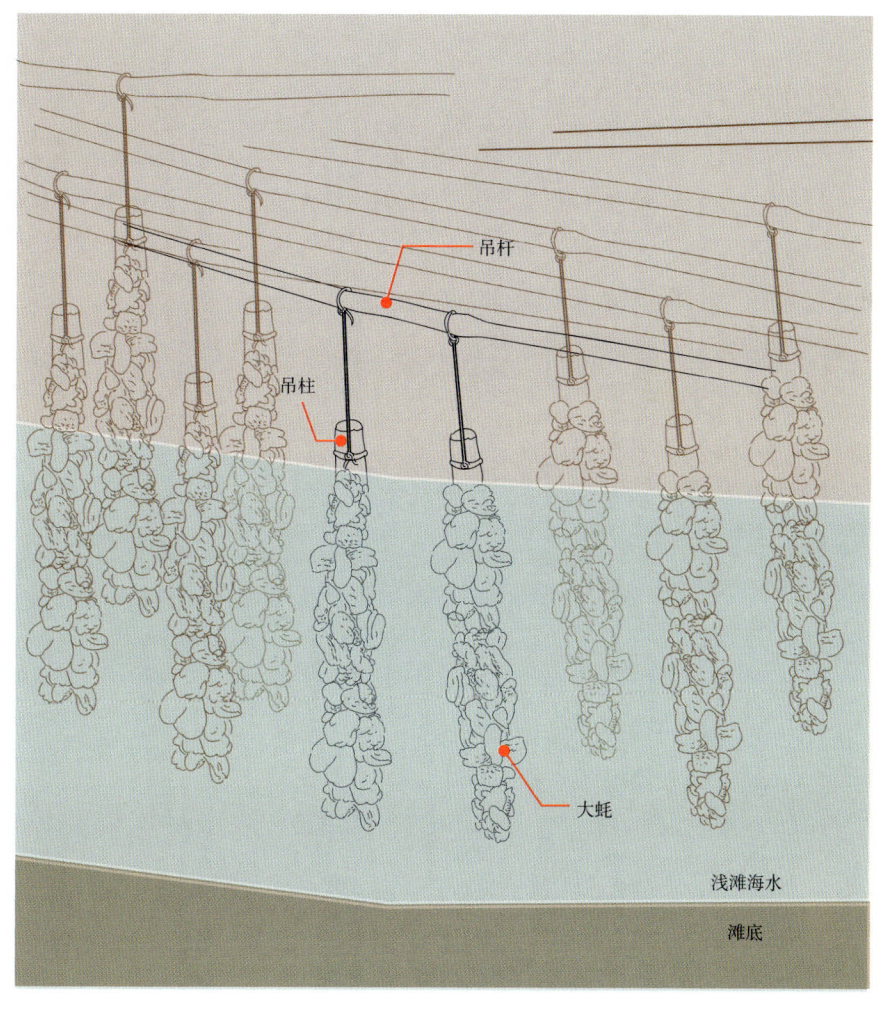

图六　京族养蚝示意图

京族螺耙

螺耙是京族妇女用来耙文蛤、海蚌之类的一种专业工具。本案例采自京族博物馆，由耙齿、耙臂、耙杆等结构组成。经测量，耙齿长39厘米，最大宽度16厘米，螺耙总长155厘米。

除耙杆为木质外，耙齿与耙臂皆用铁打造而成。从传统农具类型看，耙子是碎土、平整土地的工具，耙齿或为铁质、木质、竹质，形态多为钉齿状，但本案例耙齿却是用0.2厘米厚的铁片弯曲而成，形态呈框形，前端有一定倾斜度。之所以会选择这种形状，是因为该工具不仅要像耙子那样翻开泥土，而且还要具有类似削皮刀的功能。在京族三岛调研得知，螺耙自重一般都不会超过5公斤，这主要是考虑到螺耙的使用者为女性。更特别的是，京族妇女会在耙杆上附加一条网袋（打开即为袋子），将网袋两端合在一起分别系于耙杆中下部，然后再将合围的网袋套在自己腰部，当弯腰用手臂操作螺耙时，腰部借助网袋为劳作过程提供力量支持，这样既能提高工效又节省了人力。

耙螺工作常常在海水退潮后进行，天没亮时，京族妇女就匆匆赶往海边，许多贝类因没有退回大海而遗留在海滩上，她们只需用工具将滩涂沙泥"刮"开，就能将隐藏在沙土里的贝类翻出。据说，有经验的人凭借手感就能感知沙土里是否有海贝，她们一般要从凌晨5点劳作到上午10点多，每次赶海都会有收获。收工后，围在腰部的网袋又会派上新的用途，她们将海贝一部分装进网袋里，其余则放进携带的竹篓里，然后用耙杆

图一　京族螺耙主图

充当扁担,快速挑到村口,那里早有商贩在等待收购。技术好的人一次能收获25公斤左右的海贝,少的也有十多公斤,耙螺是当地女性一项稳定的经济来源。

图片来源

图一　许边疆　摄影
图二至图七　许边疆　制图

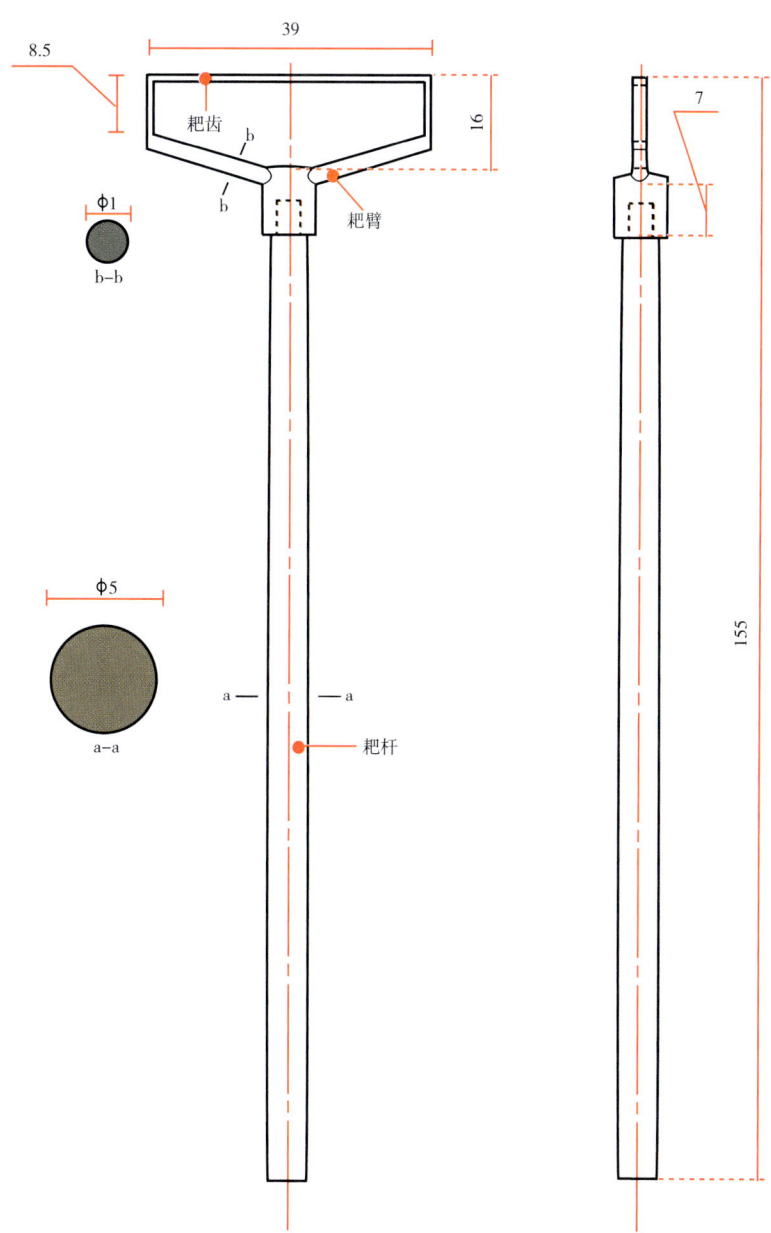

图二　京族螺耙尺寸图(单位:cm)

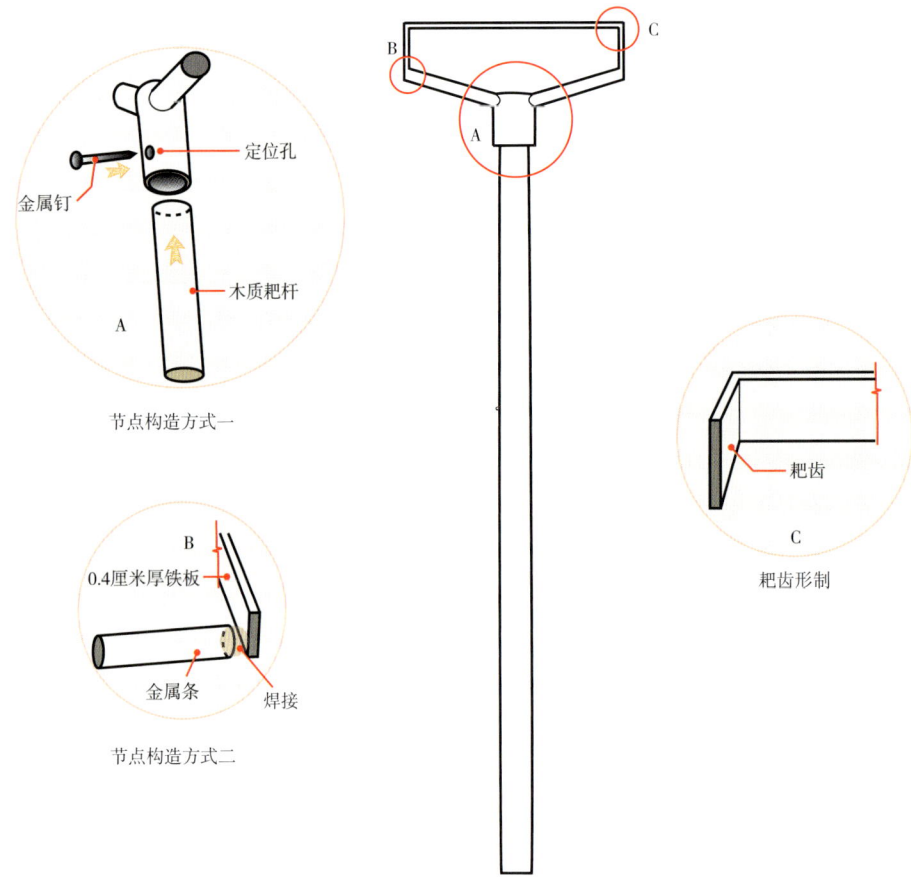

图三 京族螺耙结构分解图

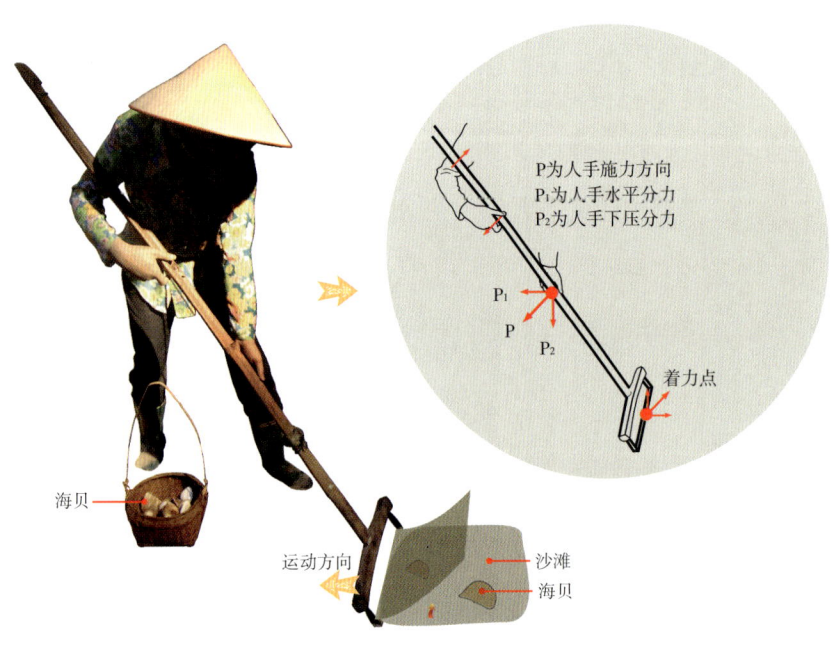

图四 京族螺耙设计分析图1

图五　京族螺耙设计分析图2

图六　京族螺耙使用方法图

第五章　京族传统生产工具

133

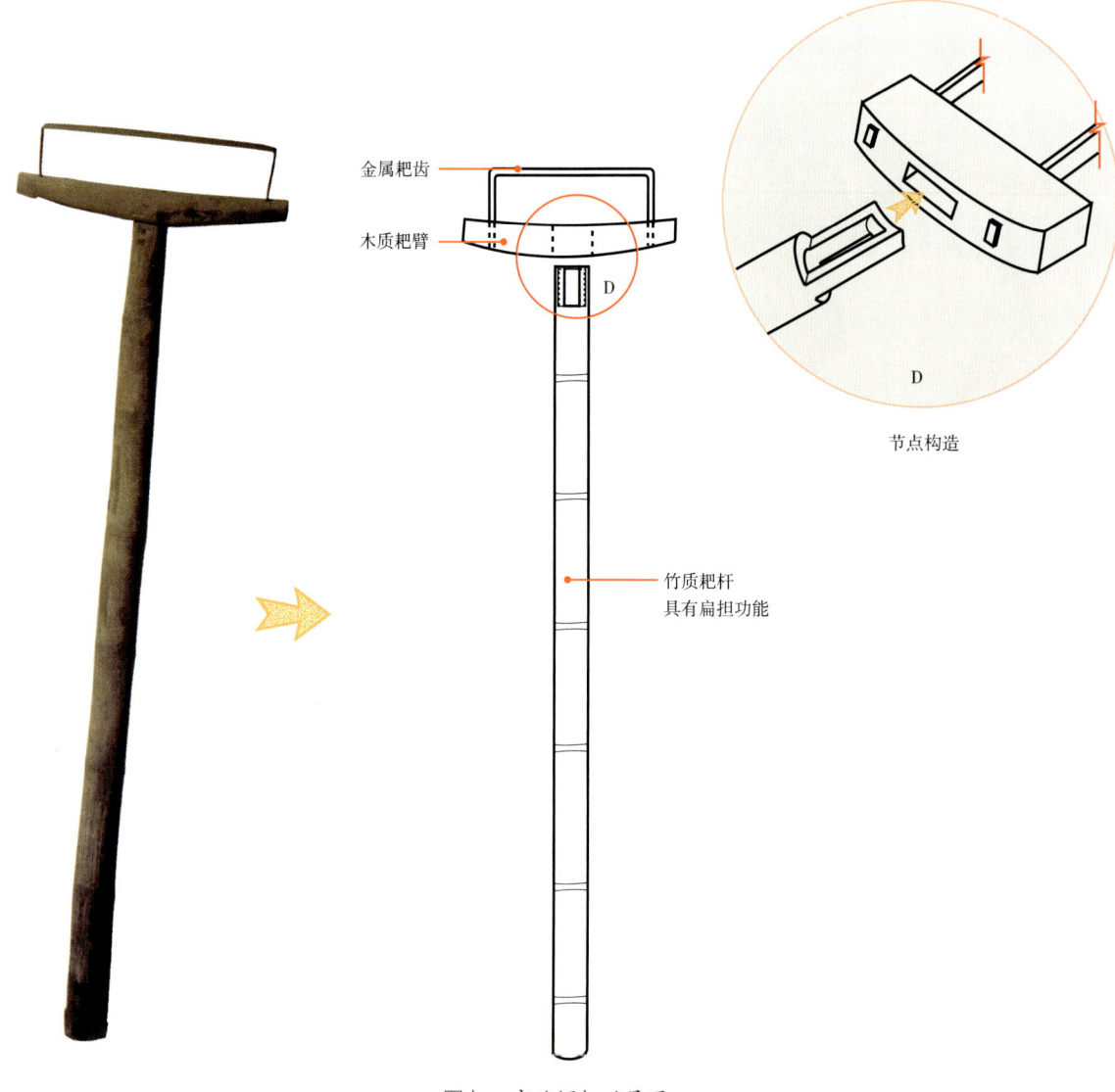

图七 京族螺耙延展图

京族墨鱼笼

图一 京族墨鱼笼主图

墨鱼又称"墨斗鱼""乌贼",是一种海洋软体动物。在长期的渔猎劳作中,京族人对墨鱼的习性已了然于胸,便设计出了针对墨鱼的捕捉工具——墨鱼笼。本案例采自东兴氿尾村,现藏于京族博物馆。

从尺度上看,案例全长106厘米、最大宽度72厘米、厚30厘米,其中诱捕墨鱼的入口直径为30厘米、内径为23厘米。通体用竹篾编织而成,整体形制为规则的几何形,一端呈尖状,另一端为凸起的两个半圆,半圆之间设有诱捕墨鱼的入口。据当地渔民介绍,用墨鱼笼捕墨鱼要乘竹筏去周边离岛较远的海域,具体方法是:每年开春之时也是墨鱼产卵季节,京族渔民将墨鱼笼投放到海中,那些待产的墨鱼会误以为鱼笼是其产卵之地,故不加分辨地鱼贯而入,尤其是雌性墨鱼进入鱼笼后,会有多只墨鱼相继跟进,一个墨鱼笼常能捕到十多只墨鱼。本案例是用绳索系住笼子的尖端,再让其下沉海底(可在笼内放重物)。通常,鱼笼要在前一天的下午投放,沉海后,渔民只需回家等待,第二天清晨即可去收笼取鱼。为了能捕捉更多墨鱼,一次沉海的墨鱼笼常有若干个,这些墨鱼笼下海后,其尖端所系之绳的另一端需同浮标相连，而浮标上会插一杆小红旗，它随波晃动，有利鱼笼的回收。实际上，墨鱼笼捕鱼的原理与竹编鱼篓十分相似，它们都是借助倒销结构来捕获对象的。具体地说，在鱼笼的一端设置一个圆形入口，在圆形入口处即设置倒销。这里需进一步说明的是，尽管墨鱼笼也设置倒销结构，但与鱼篓倒销设计略显不同：墨鱼笼的倒销结构是设置在入口处，而鱼篓却在入口内部；墨鱼笼的倒销数量明显少于鱼篓。

竹篾是编结鱼笼的理想之材，一则竹材易得易加工，造笼成本低；二则用竹材编结的鱼笼浸泡在海水中不易腐烂；三是竹篾本身富有弹性，渔民可借助这种弹性，用手直接拉开竹篾将墨鱼从笼中取出，既方便快捷，同时又不会破坏鱼笼结构。此外，本案例的编织密度也遵循着墨鱼的生理特征。经测量，案例的竹篾空隙长和宽各为5厘米左右，形状近于方形，这种密度不仅能确保捕获的墨鱼不会逃脱，也利于海水从笼中穿流，减少提笼时海水所产生的阻力。

图片来源

图一　许边疆　摄影

图二至图六　许边疆　制图

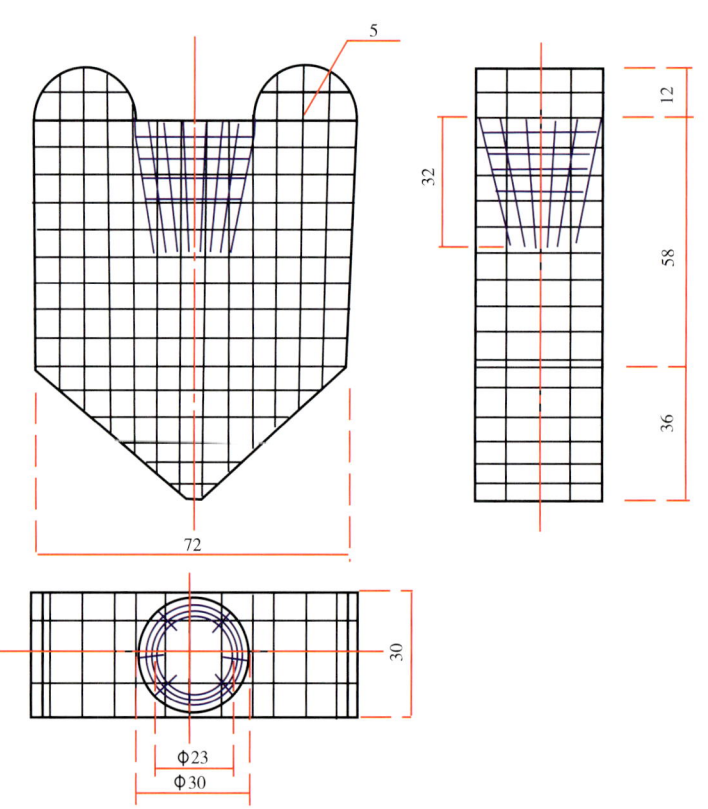

图二　京族墨鱼笼尺寸图（单位：cm）

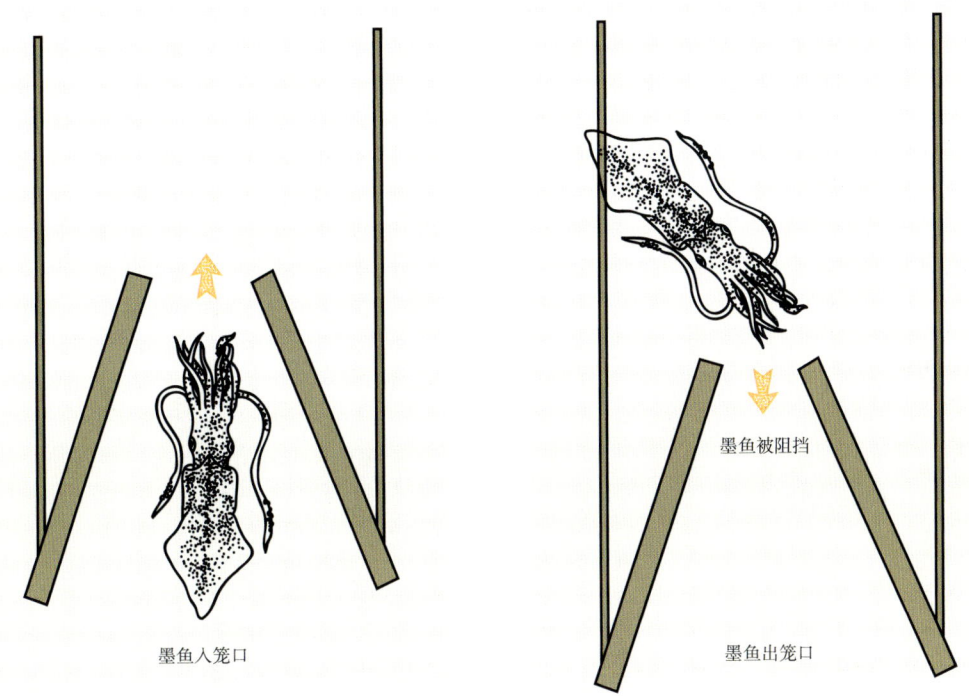

图三　京族墨鱼笼设计分析图1

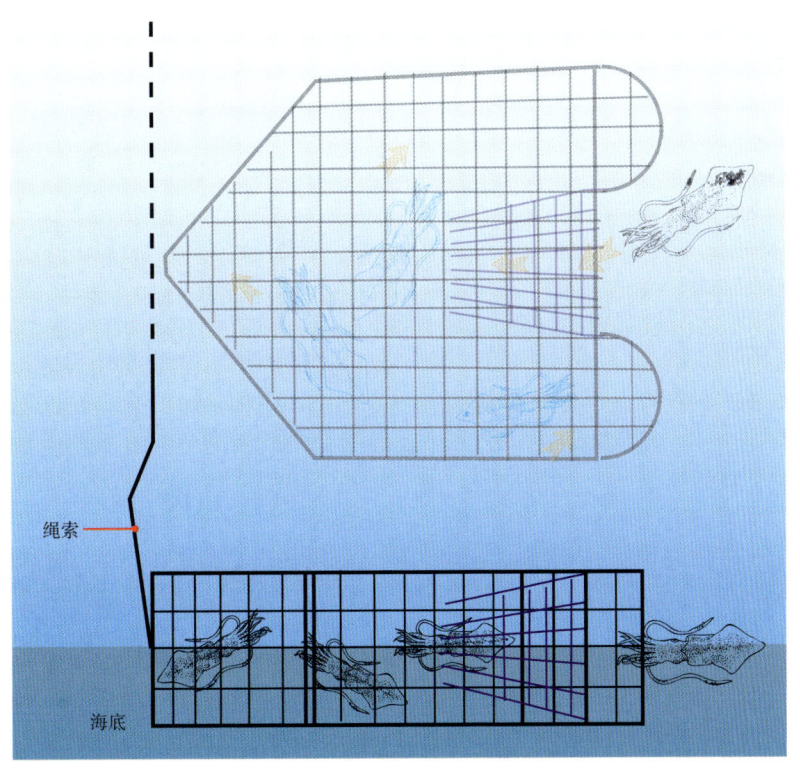

图四　京族墨鱼笼设计分析图2

第五章　京族传统生产工具

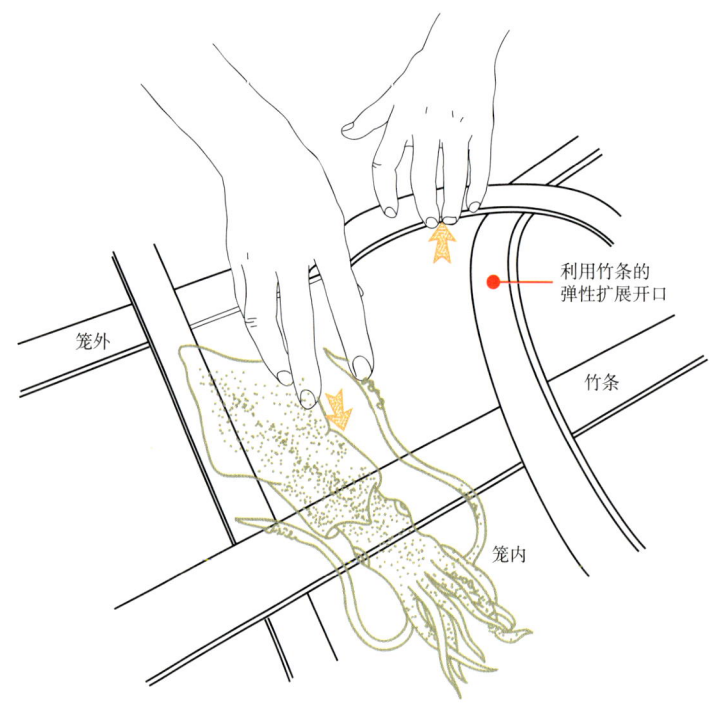

图五 京族墨鱼笼设计分析图3

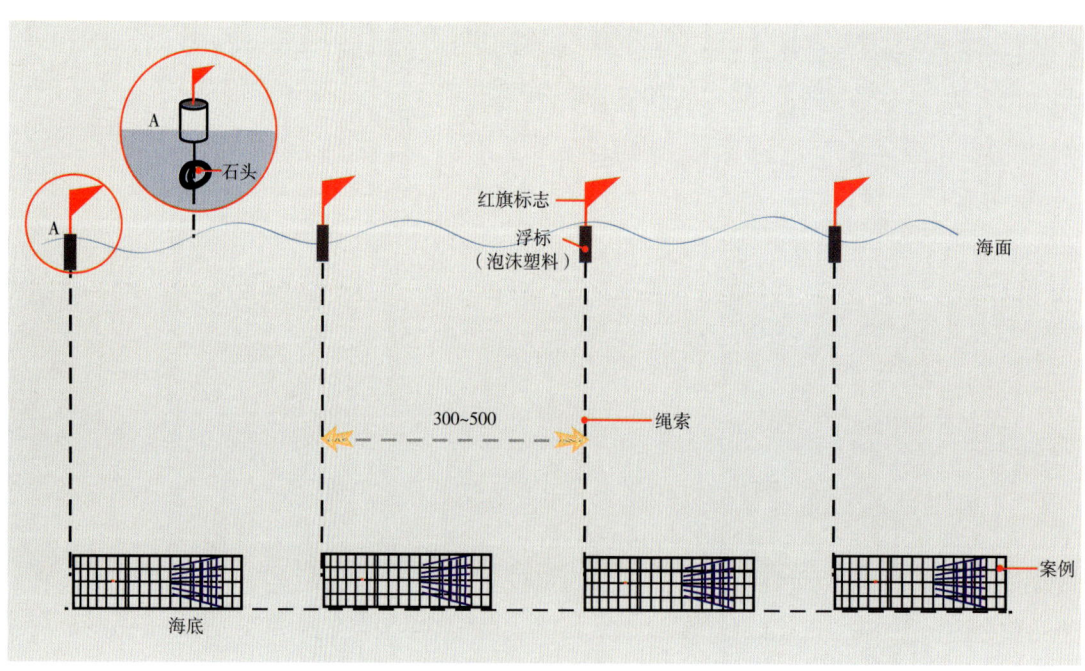

图六 京族墨鱼笼使用场景图（单位：cm）

京族章鱼煲

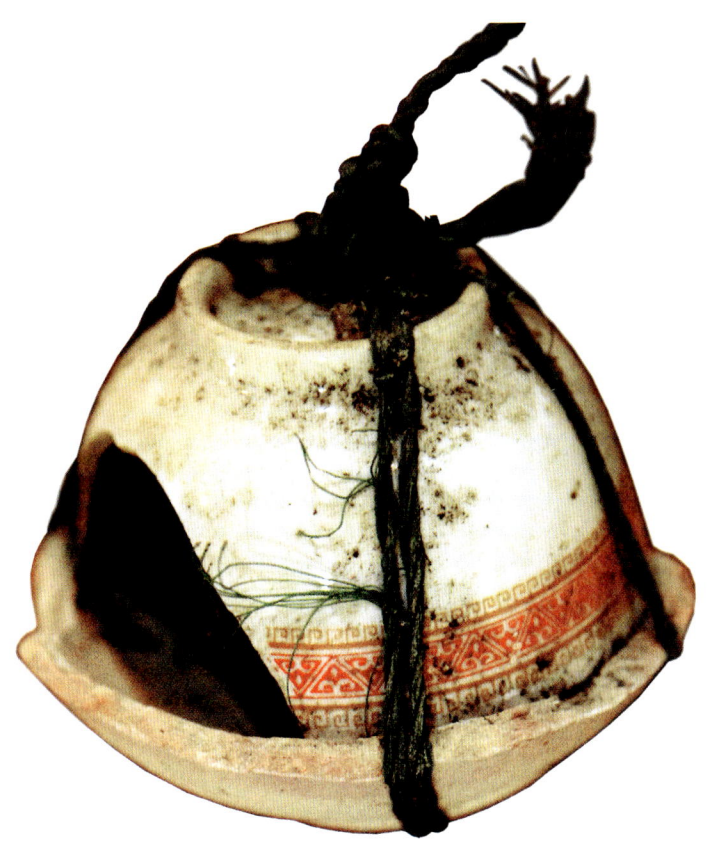

图一 京族章鱼煲主图

章鱼煲是京族人专门用来捕捞章鱼的一种渔具。本案例采自东兴京族博物馆，它是京族最为常见的传统章鱼煲。

从构造方式看，由两只旧瓷碗上下组合而成。上瓷碗碗沿有一个形如三角的缺口，经测量，该缺口长约7厘米、宽约4厘米、边缘呈不规则形状；下瓷碗则是一个保留了完整碗底和部分碗身的残碗。仅凭这类残碗，京族人用绳索将它们以口对口的形式捆绑成一体，就能得到捕鱼工具——章鱼煲。这类渔具结构看似简单，但却很有实效。据京族博物馆工作人员苏明光介绍，章鱼有钻器皿的习性，尤其是到了气温较低的季节，章鱼煲正是迎合这种生活习性而设计的。其使用方法是：渔民傍晚乘着竹筏抵达渔场，选定作业位置后，顺流投放渔具。一般情况下，每隔2.5米投一个煲，多的数量可过千，少的则过百，每个煲都连接在同一根绳索之上，此绳索即为干线。为了能让沉入海底的章鱼煲被固定，干线每隔60米就要拴一块火砖，而干线的两端则分别连接一块重约5公斤的卡腰形石块，以阻止干线的漂移。由于章鱼煲是沉于海底的，故需要系上若干浮子，有了浮子既方便自己识别章鱼煲的位置，也能暗示他人，这里已投放了章鱼煲。

完成以上工作之后，次日清晨便可起煲，依次将煲仔起到船上，取出章鱼即可。不过，作业时的动作要缓慢、协调，不可产生太大震动，避免章鱼因惊吓而外逃。总的看，京族人用的章鱼煲一般体积都小，属于近海作业，其作业水深5~12米，每年的投放期从10月开始，一直到翌年的4月。

从设计学角度看，京族章鱼煲是一种密切结合捕捞对象习性的渔具，它结构简单，成本低廉，产出与投入比值较高，是一种较好的兼业渔具。过去，由于残碗、瓦罐数量有限，京族人也用一些大的海螺壳做煲仔，同样能捕捉到章鱼。如今，随着社会的发展，一些陶瓷厂也生产一些能供人们制作章鱼煲的瓷杯，这种瓷杯形制与常见的筒形茶杯基本一致，高度约10厘米，口径近6厘米，其结构特别之处是它的杯身底部有两个贯通孔。用它做煲仔时只需将打折的绳索穿过孔洞，再将另一端绳头从双股绳之间穿过，即可在干线之上挂住此杯，从而构成了一个煲仔器具。这样，不仅使章鱼煲在数量上形成规模，而且克服了原始做法容易散架的缺点。

概括地看，章鱼煲的设计原理是源于章鱼渴望藏身空心器皿的嗜好。此外，本案例更为重要的设计思想是，京族人从生活中的废旧之物，发掘出了新的使用价值，对于现代人而言不无启迪。

图片来源
图一　孙林　摄影
图二至图五　许边疆　制图

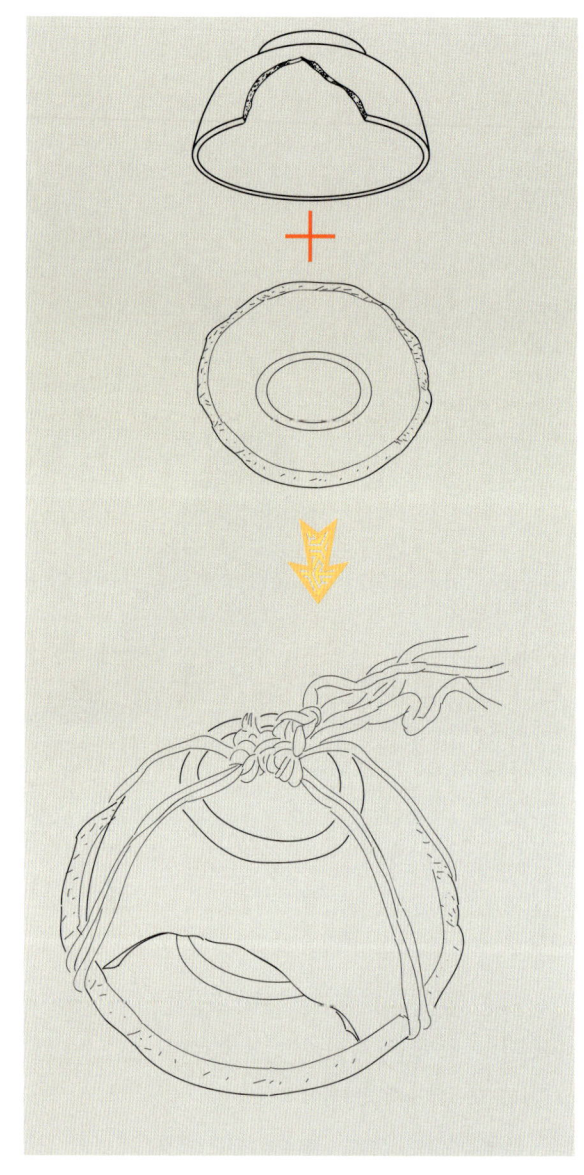

图二　京族章鱼煲结构示意图

图三 京族章鱼煲工作原理图

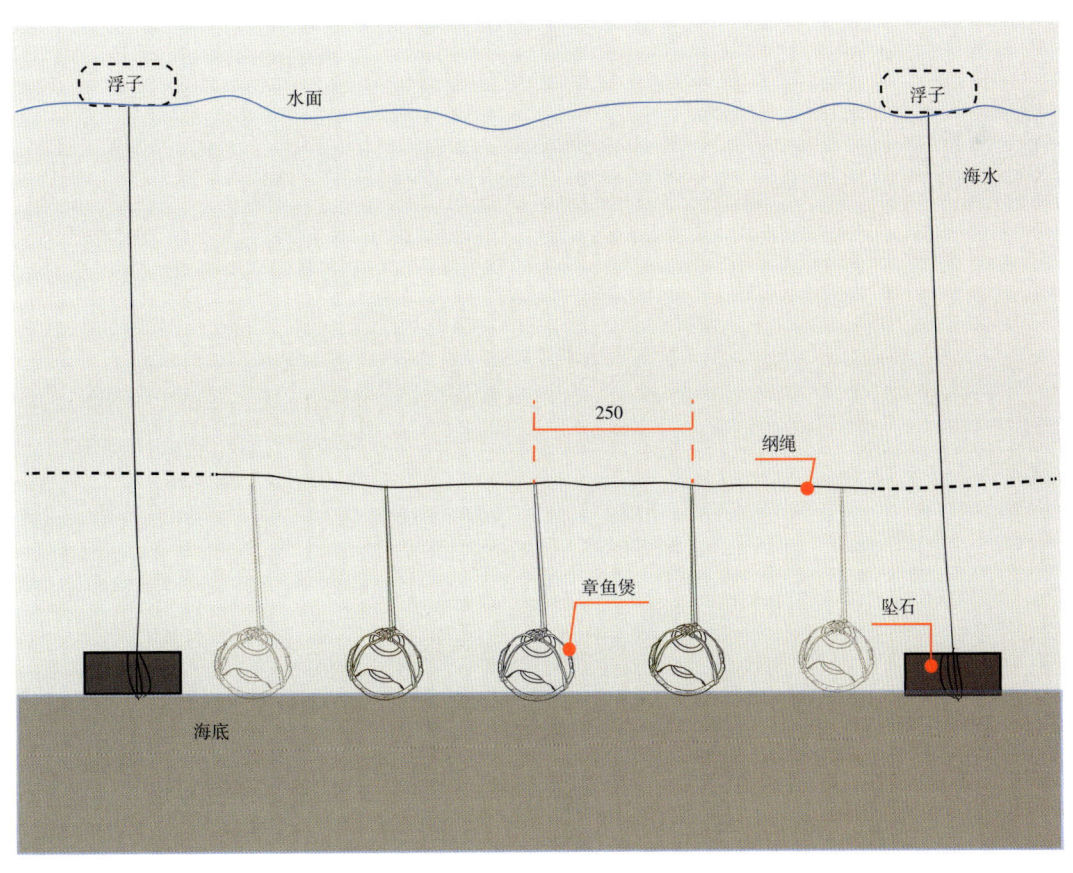

图四 京族章鱼煲使用场景图（单位：cm）

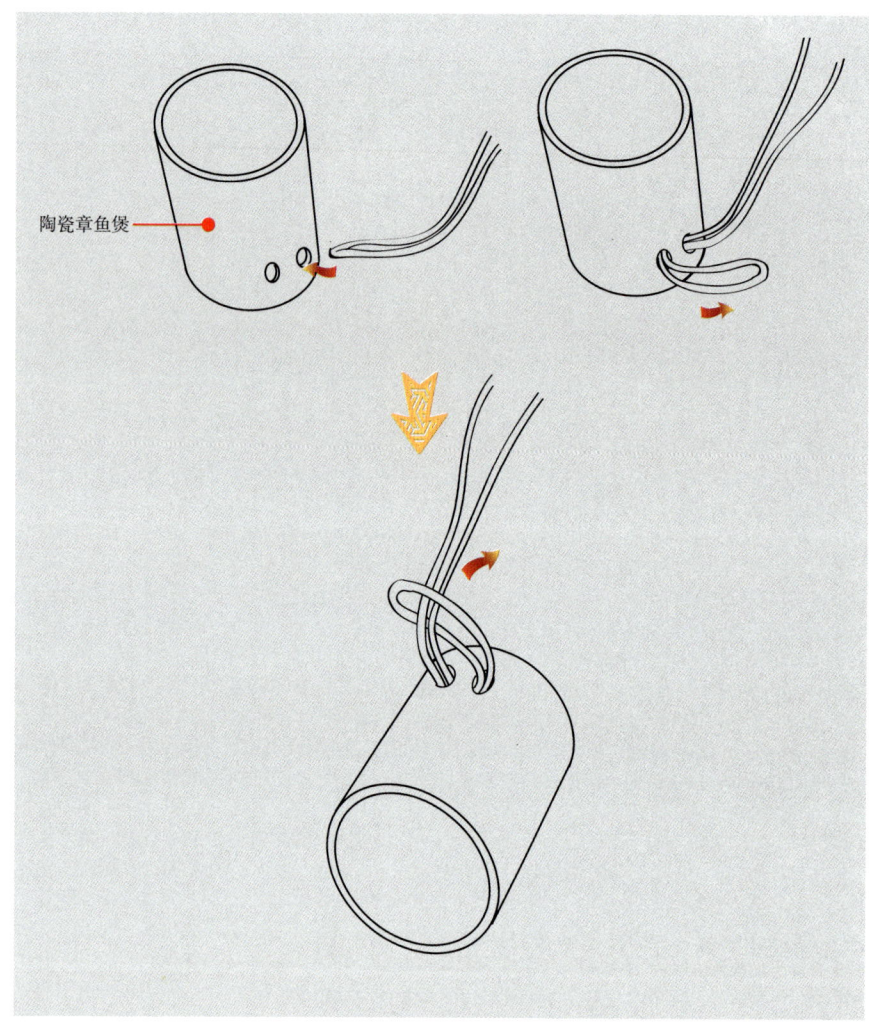

图五 京族章鱼煲延展图

京族鲭鱼钓

图一 京族鲭鱼钓主图

用钓钩捕鱼是京族较为古老的一种作业方式，这类渔具往往是针对某些鱼种设计的。鲭鱼是底栖鱼类，爱在海底泥沙的深潭中活动，身体扁平近似圆形，故用钓钩来捕捉比其他传统渔具更有效益。本案例采自京族博物馆，其结构包括金属钓钩、钓纲绳、钓钩线和木质浮子，其中钓钩呈"丁"字形，钩长4.5厘米，圆形钩柄直径约0.8厘米，钩尖弯曲高度约1.8厘米，钓钩为铁质。

从结构上看，本案例有100多个钩子，每只钓钩用细线（棉质）一头拴牢在钓柄上，另一头与钓纲绳相连，钓纲绳每隔一定距离就系上一个木质浮子。由于钓纲绳是用青麻纺成，较粗的麻绳不易直接与钩柄拴结，需用更细的线绳在它们之间连接。据博物馆工作人员介绍，现在展示的鲭鱼钓仅是其中的一部分，完整的渔具有的近千米长，短的也能过百米。概括地看，鲭鱼钓的捕捞方式有浅海定置延绳钓法、拉网式延绳钓法、沿岸浅滩徒步放钓法。第一种方式是渔民乘竹筏以东西向定置延绳钓，两头钓纲分别有浮旗标志和稳钓石头。第二种方式是把钓纲一端拴在竹筏尾部，另一头由岸上的渔民拉着，当竹筏划到离岸一定的距离之后，竹筏上的渔民根据潮水的流向与岸上的渔民配合，从东向西拉或由西向东拉，让钓钩触地，从而钩住鲻鱼。第三种方式是，当海水退至低水位时，渔民徒步在东西岛两岸间的海埠处下定置钓具，次日退潮后即可捉鱼。

本案例是依据鲻鱼的生活习性设计的。其制作成本低廉，生产效益明显，据说有时一天的捉鱼量可达500公斤。不足之处是，渔具钓钩数太多，每次依顺序将钓钩收在夹子里的工作十分烦琐，而且铁质鱼钩也容易生锈。随着社会的发展，昔日的铁质鱼钓已被不锈钢鱼钓所代替。

图片来源

图一　孙林　摄影
图二至图六　许边疆　制图

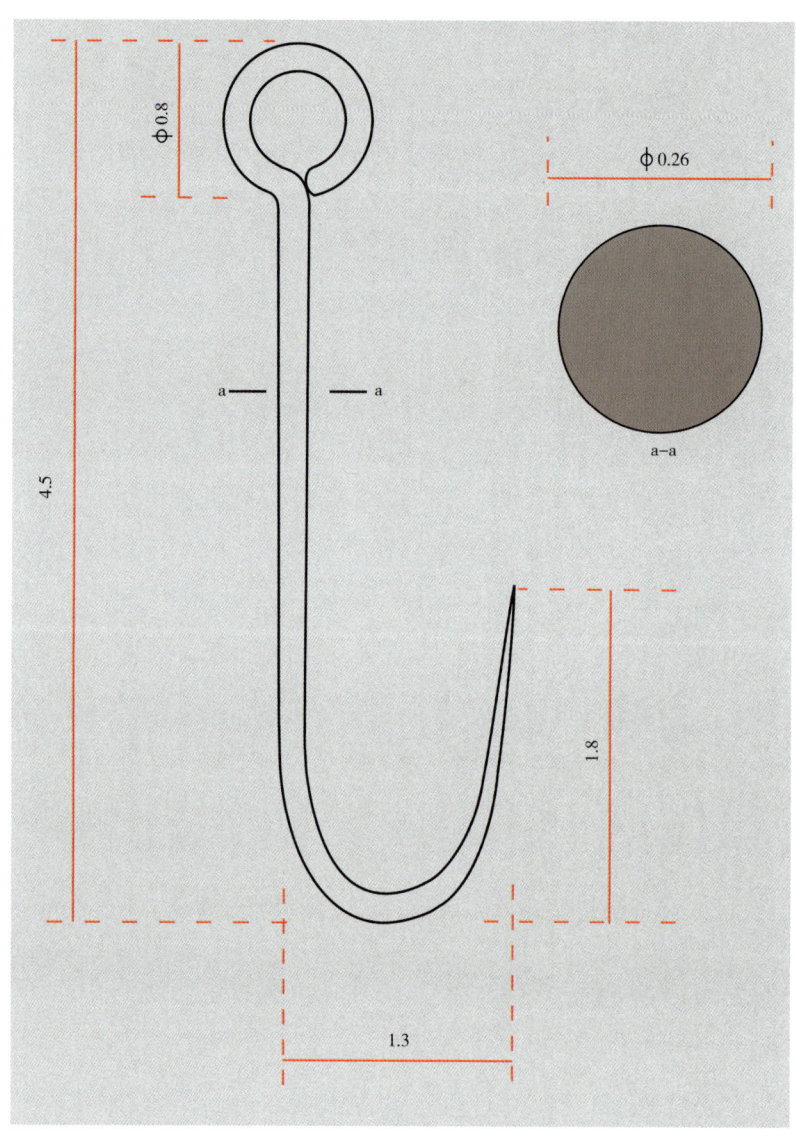

图二　京族鲻鱼钓钩尺寸图（单位：cm）

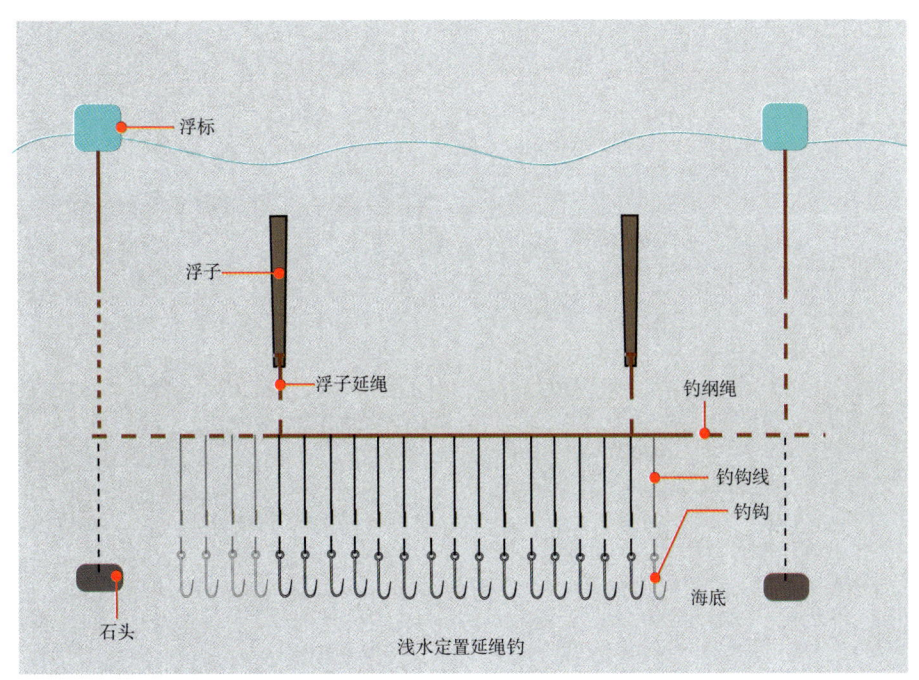

图三　京族鲻鱼钓结构名称图1

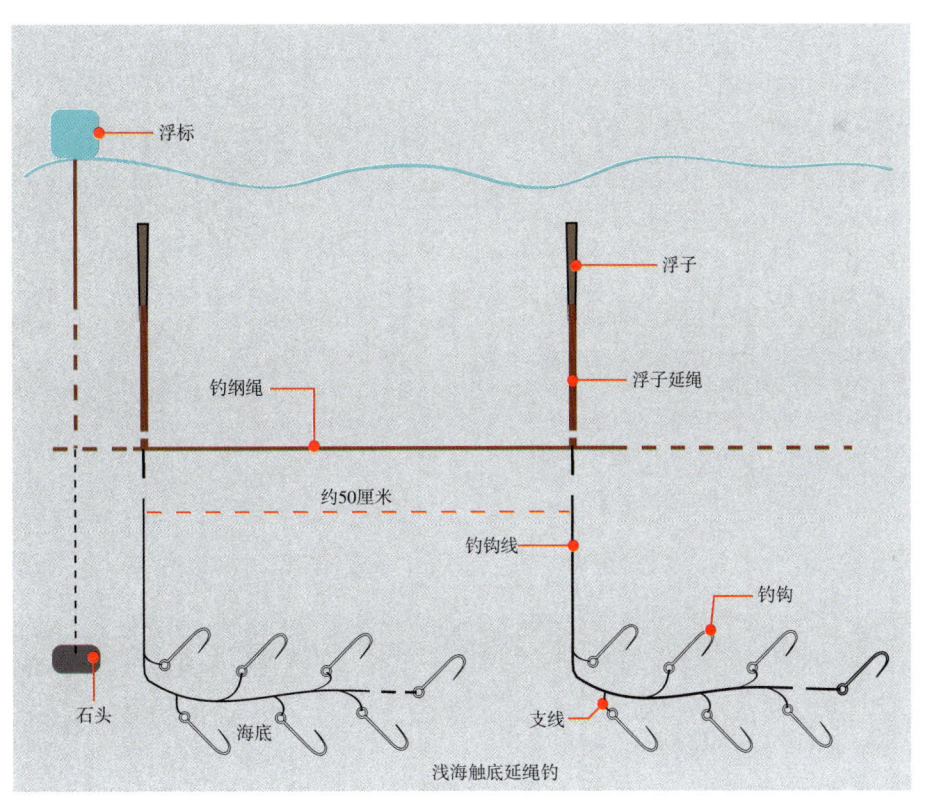

图四　京族鲻鱼钓结构名称图2

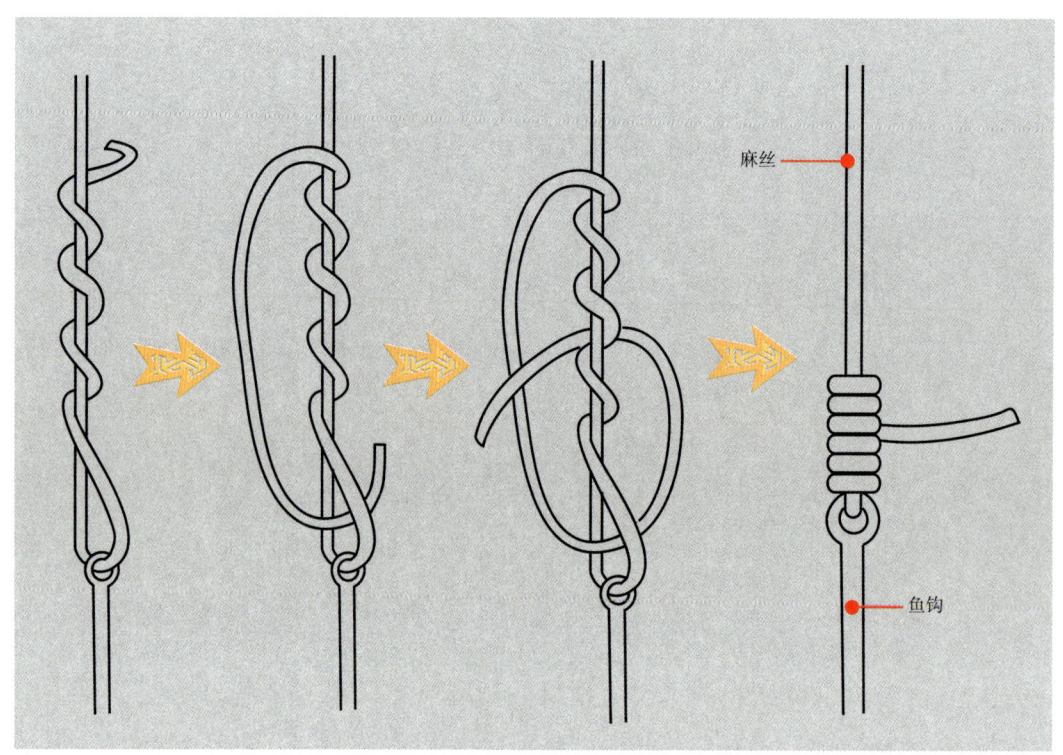

图五 京族鲾鱼钓钓钩拴结示意图

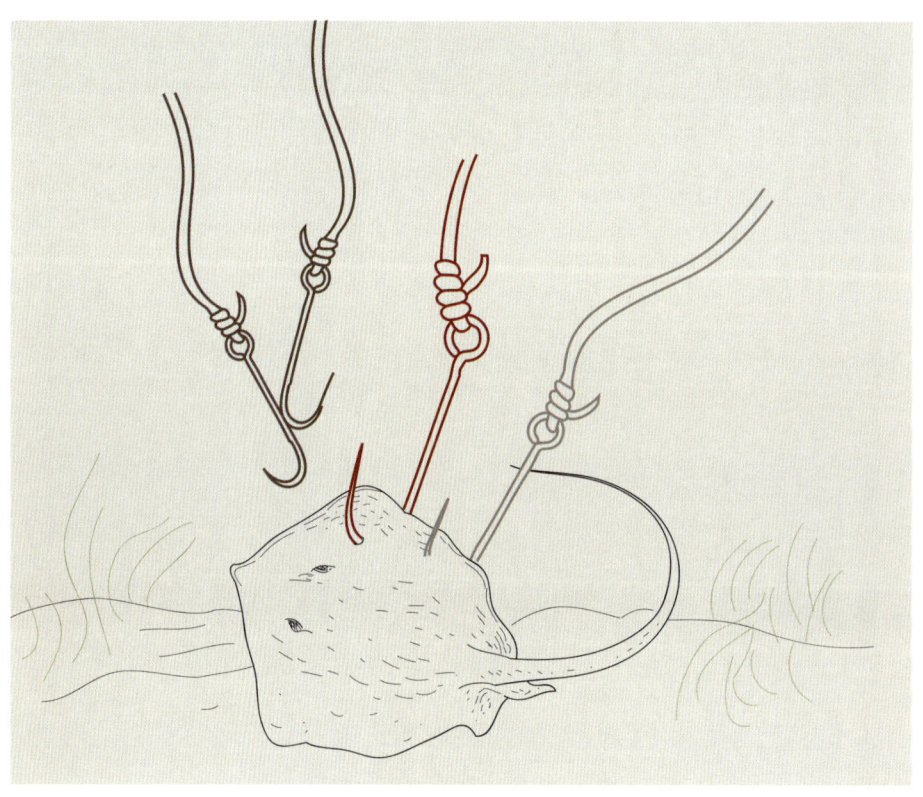

图六 京族鲾鱼钓工作原理图

京族拉拔

拉拔是京族的一种传统辅助性捕鱼工具，拉拔的称呼源于京族地区的发音方式。据京族博物馆工作人员介绍，由于早期生产力低下，生活贫困，京族人无力置办大型网具，因此常凭借捕鱼经验来制作一些简易的渔具，拉拔便是其中之一。本案例采自京族博物馆，属于近海捕捞渔具。

从应用情况看，拉拔主要是针对沙钻鱼而设计的。沙钻鱼常出没于浅海沙地，并且爱在水底游荡，喜虾肉，若遇到危险，会立即敏捷地钻入泥沙中藏匿起来。拉拔是由一根长长的纲绳和许多贝壳组合而成，其组合方式是：先在贝壳（当地的瓦蚶螺）的壳顶边缘钻上一个小孔，再用细绳穿过该孔绑牢，接着将细绳的另一端拴结在纲绳上，每个拴结点需同时系上一对贝壳，并将拴结点彼此间距和贝壳同纲绳间的距离皆控制在10厘米左右。至于纲绳的长短，一般都不会小于百米。过去，京族人制作纲绳的材料是当地特有的野勒古树的根茎心削成的纤维丝，然后用这种纤维丝编出拉拔的专用绳，这类绳的截面直径通常在1.3厘米左右。

拉拔的工作原理是，当拴着数千只贝壳的拉拔沉到海底之后，渔民只要牵动纲绳，贝壳就会随之晃动，由于贝壳是配对组合的，必然会发出碰撞之声，鱼儿因响声本能地钻进泥沙里试图躲避，然而，贝壳在自身重力作用下，其壳口又会将松散的泥沙翻开，鱼儿无法躲藏，只能惊恐地四处逃窜。拉拔的作业方式为：选择海水逐渐涨潮时进行，当海水涨到适当水位时，几位渔民就会

图一　京族拉拔主图

涉水下海将拉拔以围圈的方式投入到大海中，让拉拔形成一个大大的包围圈。此时，拉拔两端的渔民只需一边拉着拉拔，一边相互靠拢，沙钻鱼最终就会被赶进早已设好的网袋里。

作为一种辅助性捕鱼工具，拉拔的制作成本虽然很低，操作起来也不复杂，但捕鱼效率不高。因此，到20世纪中后期便被新兴的刺网所替代。

图片来源
图一　孙林　摄影
图二至图六　许边疆　制图

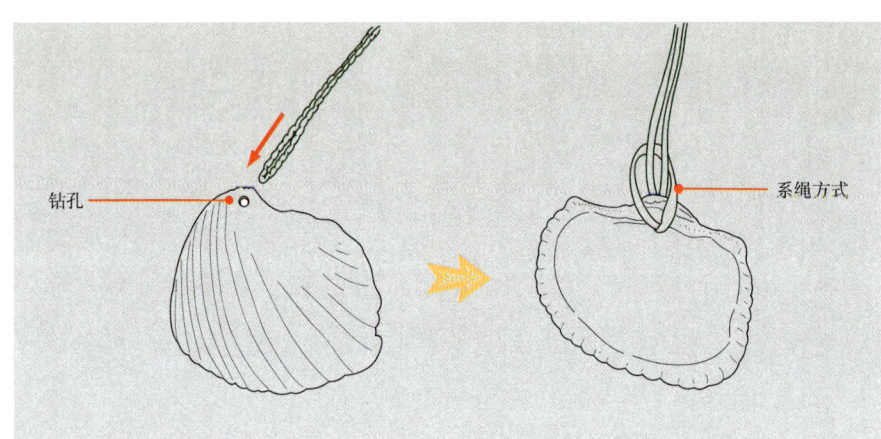

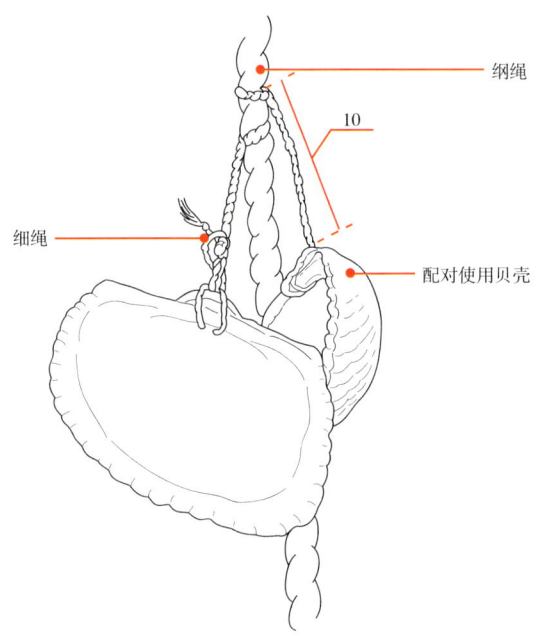

图二　京族拉拔结构名称图（单位：cm）

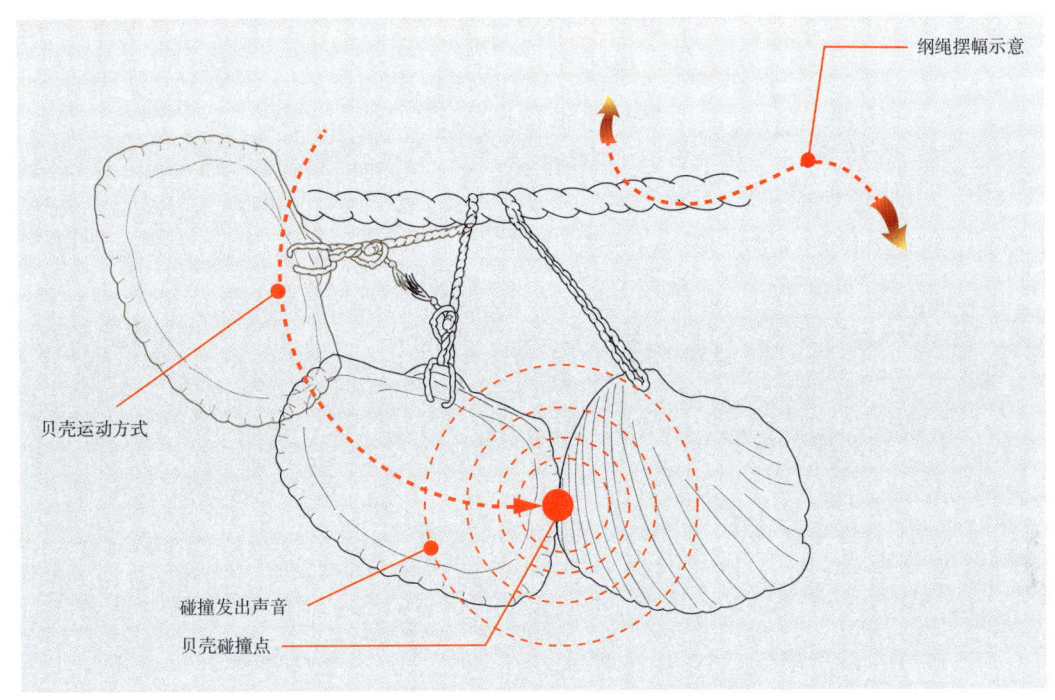

图三　京族拉拔工作原理图

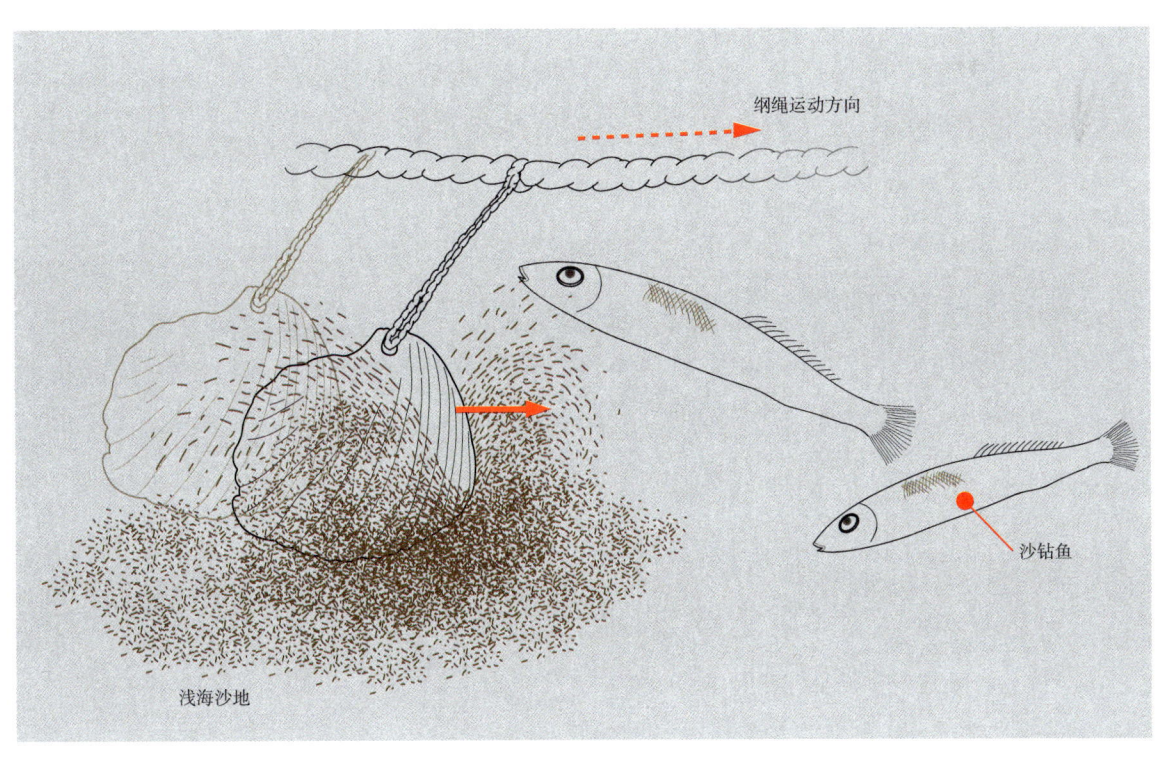

图四　京族拉拔设计分析图

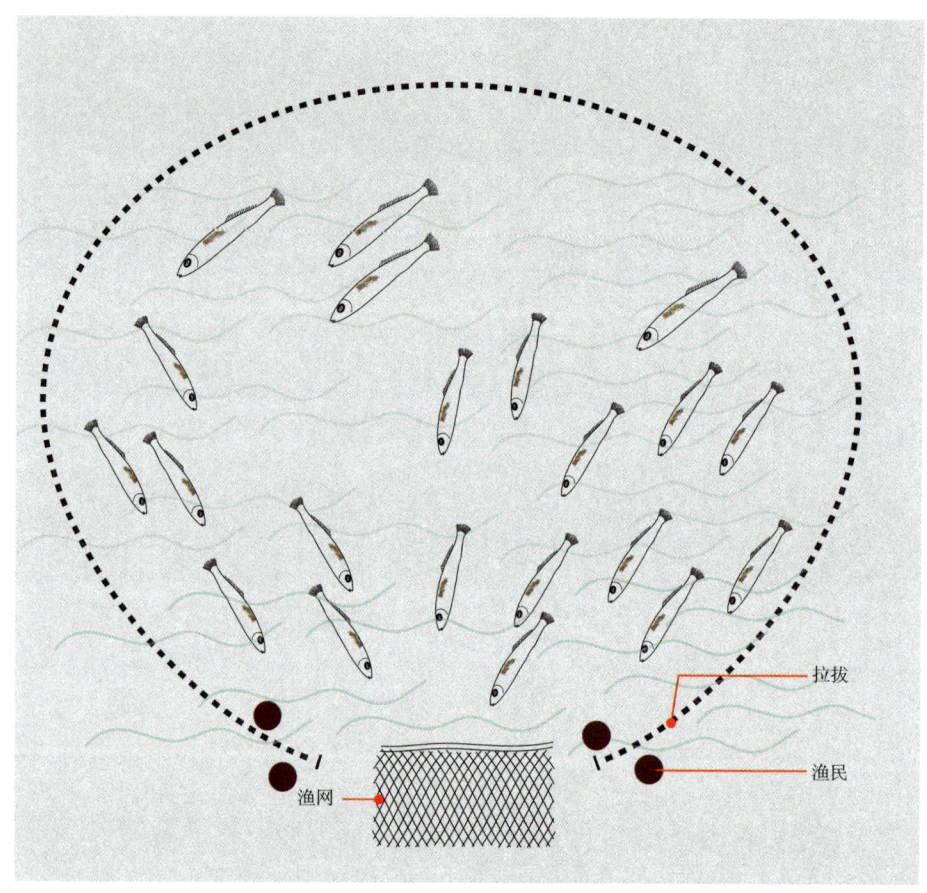

图五　京族拉拔捕鱼示意图

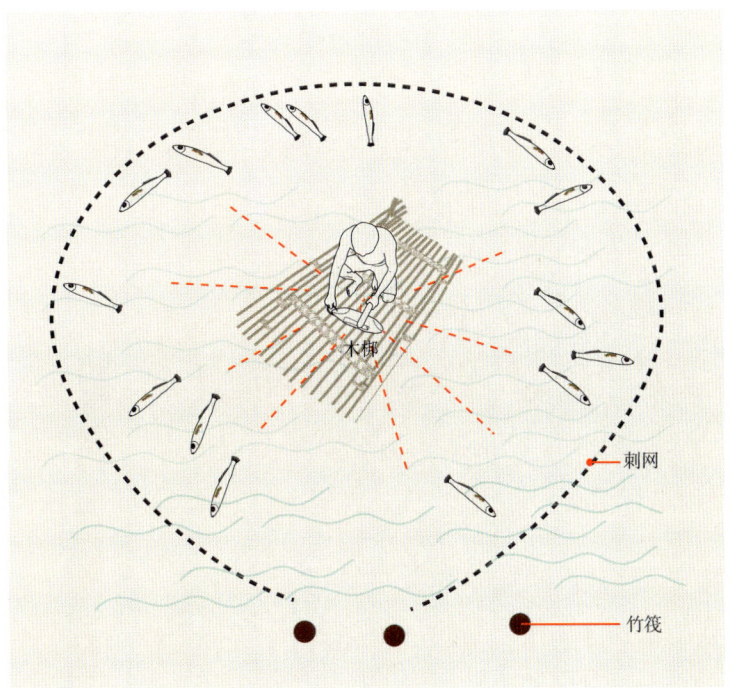

刺网
竹筏

刺网捕沙钻鱼

图六　京族拉拔延展图

京族沙虫锹

沙虫锹是京族人专用于挖沙虫的工具，因其形如锹，故名之。本案例采自京族博物馆。从形制上看，沙虫锹由两大部分组成，即金属锹头和木质手柄，全长144厘米，金属锹头最宽处为12厘米、高24厘米，手柄直径4厘米。

从结构上看，沙虫锹具备一般锹的特征。但沙虫锹还有其独特的地方，其中，最明显之处便是它只有一个脚踏。海滩泥沙柔软，沙虫又多生活在几十厘米以下的泥沙层中，且沙虫对响动异常敏感，一旦受惊即迅速地缩入深处，因此挖虫者必须快速、准确地下锹，才能挖到沙虫。正是这个缘故，沙虫锹形制设计才比普通锹要细长，细而长的形制显然有利于挖虫者快速掘沙。然而，事物往往都有它的两面性，当沙虫锹锹头形制变得细长之后，必然导致脚踏宽度缩小，若再按传统思路设计出两个脚踏显然不利于操作。这是沙虫锹仅有一个脚踏的根本原因。自古以来，京族三岛挖沙虫者基本都是女性，挖沙虫一般不需要太大力气，但需要一定的挖虫技巧。京族妇女在长期的生产过程中已练就了辨认沙虫洞的火眼金睛，她们个个都身手敏捷、动作协调，整个挖虫过程可以说是一气呵成，动作十分娴熟。正是这种劳作方式的长期影响，促使了京族妇女挖虫姿势的模式化，即弯腰握杆，左脚（或右脚）踩虫锹，右脚（或左脚）蹬地用力，瞬间快速地挖沙。

根据以上分析，我们不难看出，京族沙

图一　京族沙虫锹主图

虫锹的形制是本着特定人群和使用功能来设计的，因此，必然会形成自己独有的特征。我们也不可否认，本案例的形制也存在着其他锹的基因。例如，用金属与木材组合而成的锹头便在广西壮族中普遍存在，甚至外形上也与广西某些早期石器神似。这些事实表明，合理的设计一定具有它的延续性和传播性。

图片来源

图一　许边疆　摄影

图二至图六　许边疆　制图

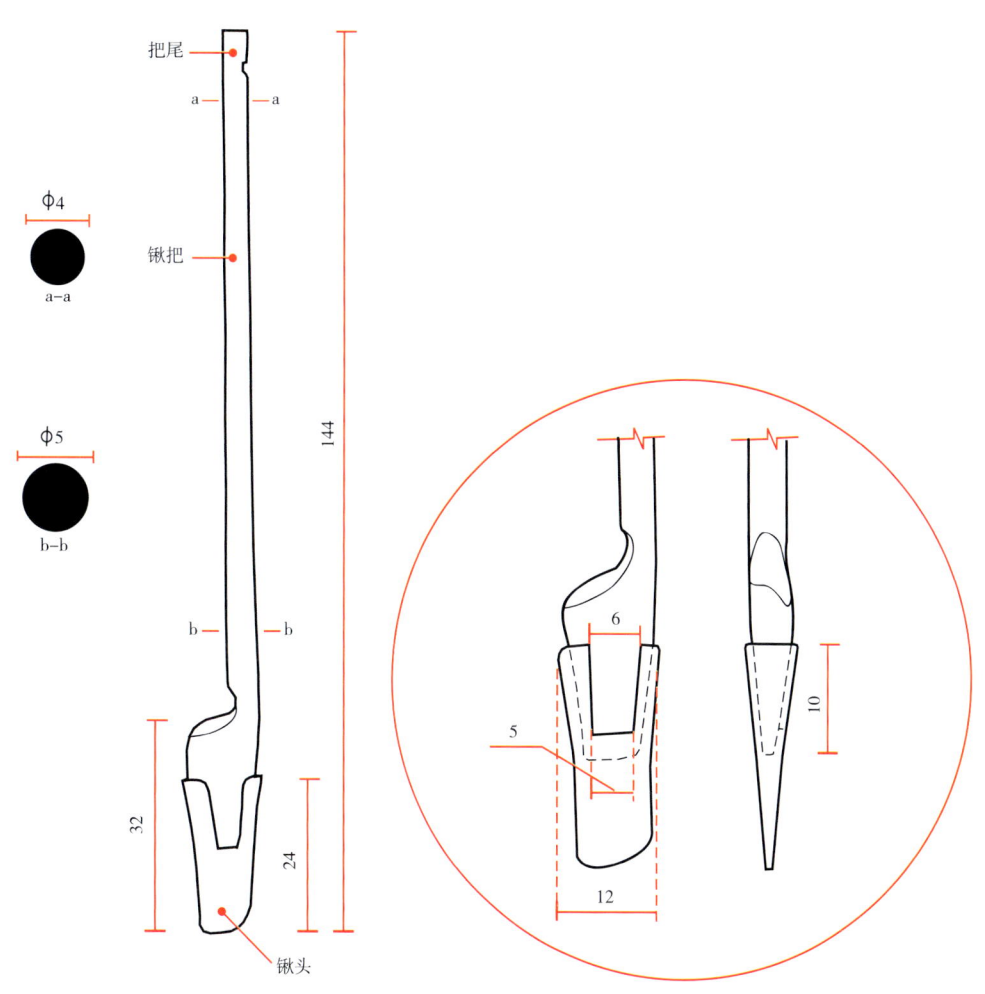

图二　京族沙虫锹尺寸图（单位：cm）

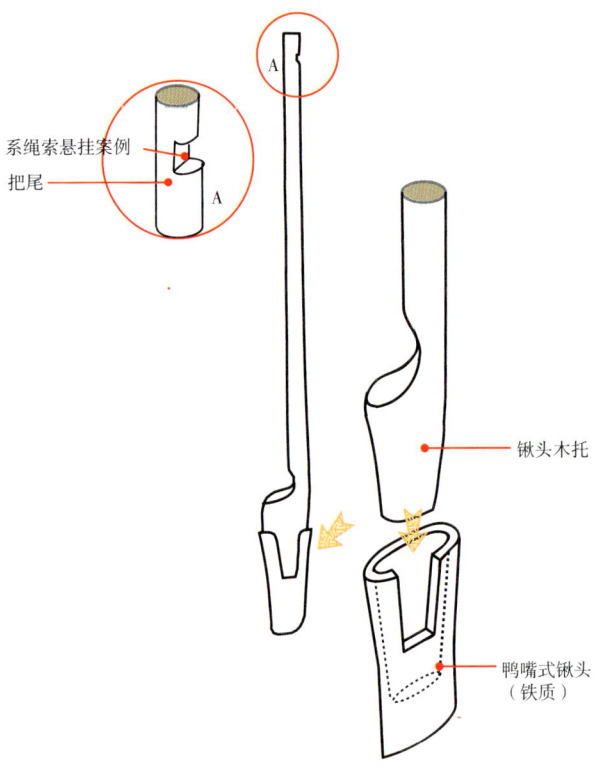

图三　京族沙虫锹结构分解图

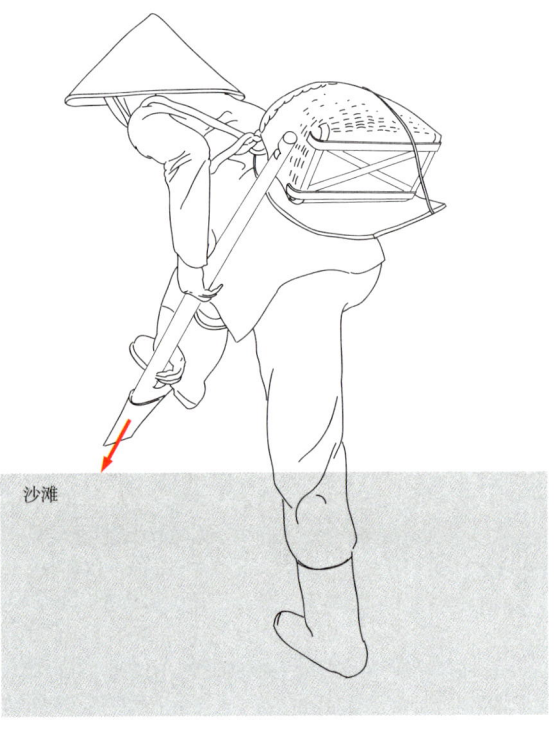

图四　京族沙虫锹设计分析图1

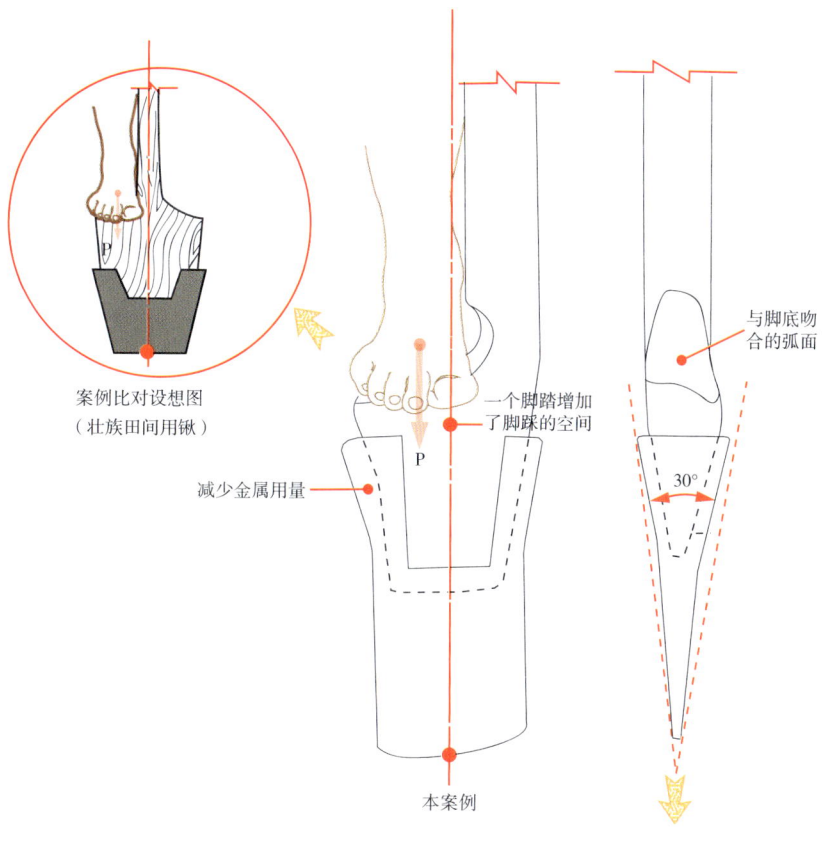

图五 京族沙虫锹设计分析图2

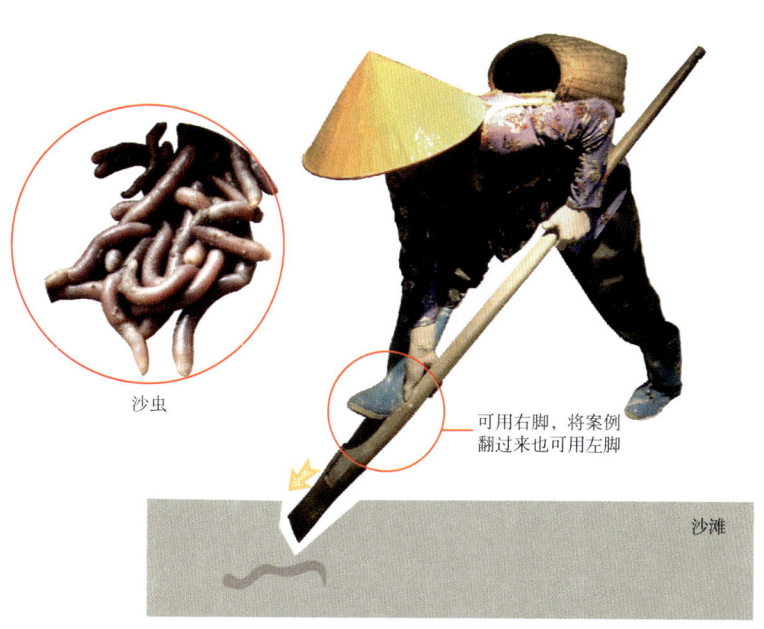

图六 京族沙虫锹操作示意图

京族沙虫篓

图一　京族沙虫篓主图

　　沙虫篓是装沙虫的一种竹编器具，通常与挖沙虫的长锹配合使用。本案例采自京族博物馆，其形如靴，篓口呈椭圆形，且篓口不在篓身中心处，而是向一端偏移少许。经测量，篓身长32厘米、宽17厘米、高16厘米，大小似腰鼓，篓身一侧外附塑料泡沫片，背带拴在篓口边沿处。

　　在京族地区，挖沙虫曾经是当地人维持生计的重要手段，凡是从事过浅海捕捞的京族人都有挖沙虫的经历，尤其是妇女，如今我们仍能见到她们挖沙虫的身影。每天，天不亮她们就来到海滩边挖沙虫，临近中午时则背着沙虫篓赶往沙虫收购站。据说一个"快手"半天能挖到4~5公斤沙虫，以2014年收购价计，大的沙虫每公斤15~20元，差一点的是13~14元，这样每天有50~100元的收入。有些村妇说，挖三天的沙虫就能解决全家人一个月吃饭的米钱。由于挖沙虫的劳动者基本都是妇女，所以装沙虫的篓子也是以女性为对象来设计的：一是形体小巧，便于携带；二是形制结构与劳动方式相匹配；三是用途多样。

　　从结构上看，沙虫篓是用竹篾编织而成的，为了防止已装入沙虫的篓子因渗水而沾湿衣服，使用者在沙虫篓的一侧绑上了塑料泡沫片。在使用方式上，沙虫篓除了斜挎，还能肩挑。

　　我们在京族博物馆也见到另一种竹篓，

其形制与本案例相似，但体积要大一些，令我们好奇的是，这种竹篓的两侧分别绑着大小相同的泡沫塑料块。经馆员介绍，这种篓子是装鱼的，绑上泡沫塑料块是为了让鱼篓能浮在水面上，鱼既无法逃出，又能在篓子里存活。显然，京族人在编织器具的同时，根据生产或生活的实际需要相应做了灵活的变通。

过去，京族地区从事竹器生产的人数不多，但有专业竹工和木匠。这些竹工利用本地产的竹子编织沙虫篓、鱼篓、竹笠、粪箕、簸箕、篮、米筛等，然后拿到市场上销售。

图片来源

图一　孙林　摄影
图二至图六　许边疆　制图

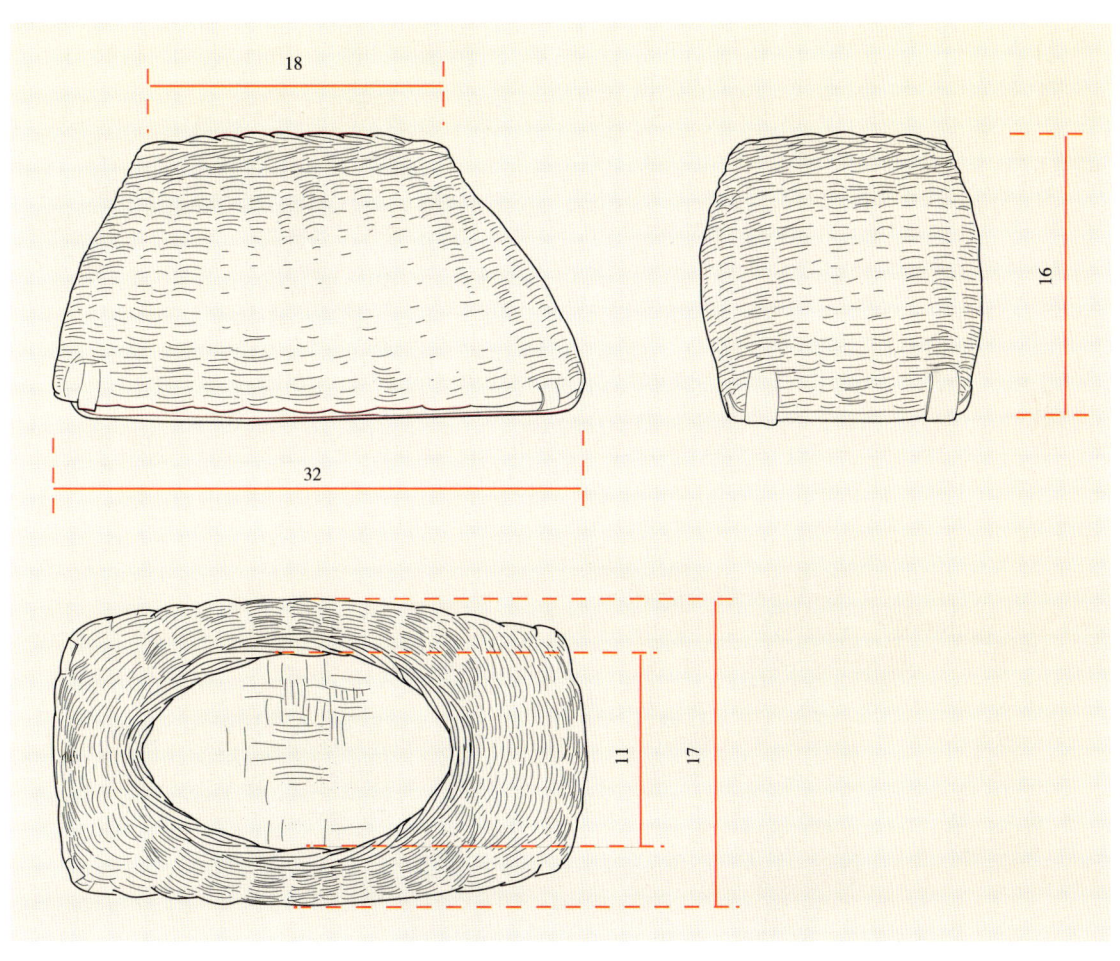

图二　京族沙虫篓尺寸图（单位：cm）

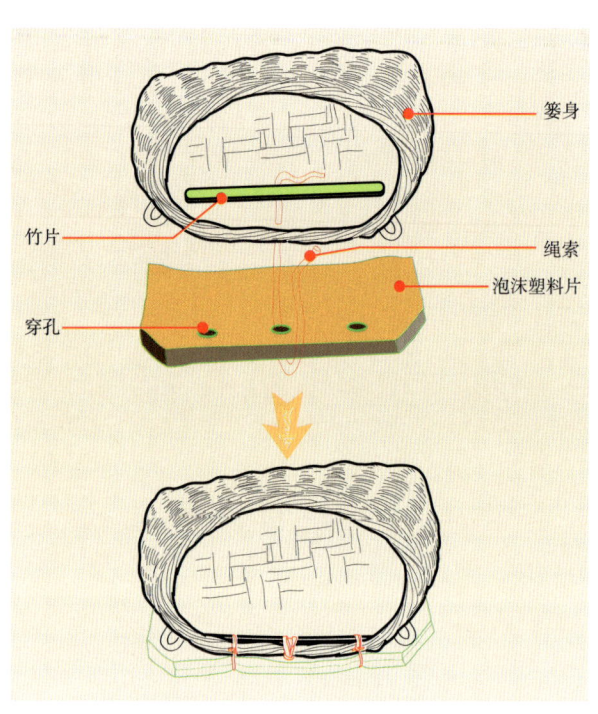

图三　京族沙虫篓结构分解图

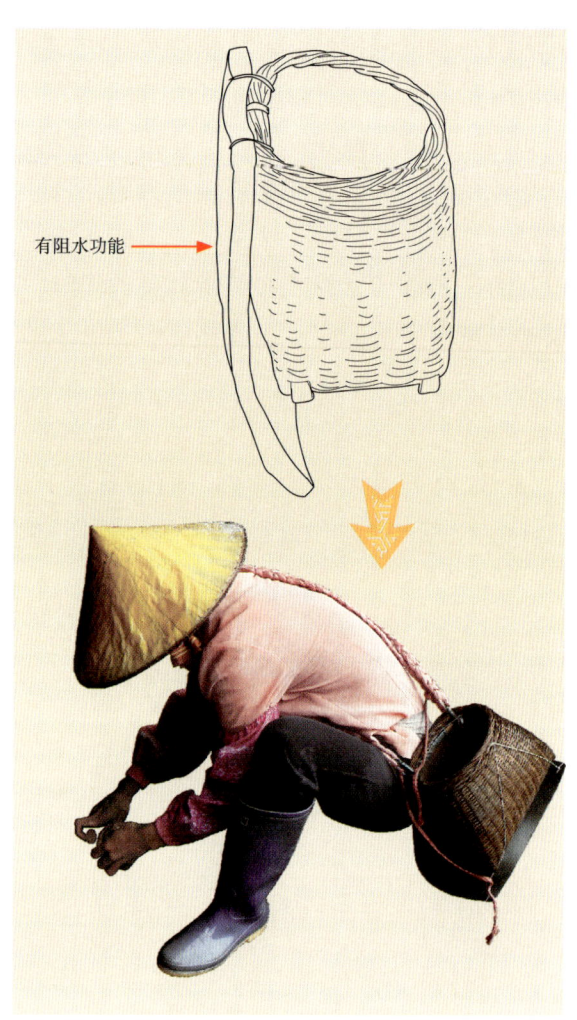

图四　京族沙虫篓设计分析图

图五　京族沙虫篓使用情境图

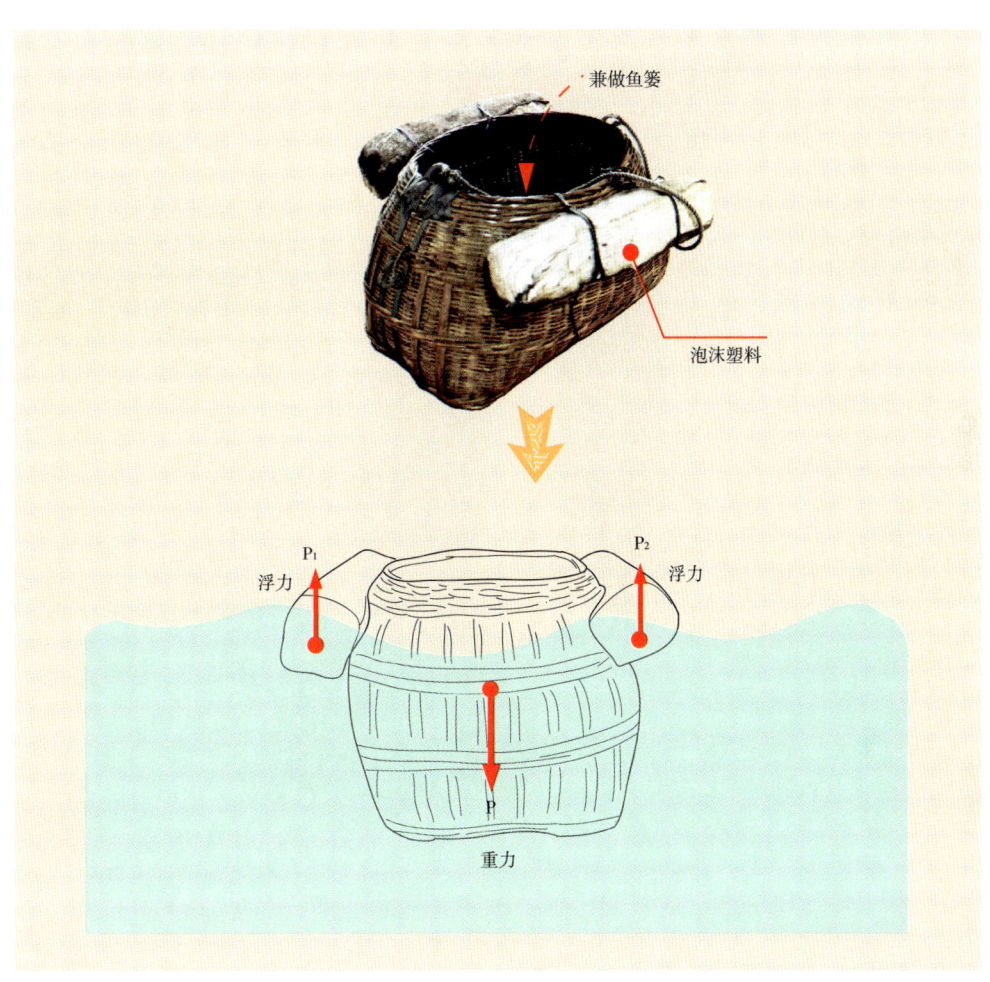

图六 京族沙虫篓延展图

京族鱼篓

图一 京族鱼篓主图

京族鱼篓是采用竹篾编织而成的一种捕鱼工具，结构似大型漏斗，一端封闭（可开合），一端敞开，内部设有倒销。事实上，这类鱼篓在中国其他地区也存在，彼此间仅外形有差异，内部捕鱼原理却十分相同。由于京族人居住在大海边，渔业是他们的主要生计之一，自然就会有多样化的渔具。本案例即为京族三岛沥尾村村民所用，现藏于京族博物馆。该鱼篓高114厘米，篓身收腰处直径16厘米，敞开的篓口最大直径为56厘米。

本案例采用竹篾和竹条编织而成，材料呈浅黄色，篓身骨架为竹条构成，并借助柔韧的竹篾将竹条结扎在一起。由于竹篾是顺着大小不一的圆在"攀走"，故篓身截面呈圆形，外部形态自然呈现优美的"S"曲线。之所以要这样设计，在于篓口开张度大些，可诱鱼进入；腰部收敛是为了方便设置倒销；而尾部变细，则易于捆扎，捆扎尾部是捕鱼和取鱼的重要一环。从作业方式看，京族人用鱼篓捕鱼有两大形式：一是，乘竹筏在入海口浅水区作业。具体做法是，捕鱼者将放入鱼饵的鱼篓沉入水底，待一定时间之后，鱼便进入篓内。二是，在内河溪流中捕鱼，这种渔捞方式是根据鱼的活动规律来摆放案例的，即设法在鱼群必经之地（或借助其他工具驱赶鱼群）将案例用石块压在溪水之下，待鱼进篓。从设计学角度分析，鱼篓捕鱼的原理是利用倒销结构，因为正是有了倒销才导致鱼只能进不能出。具体地说，鱼因诱饵而进入鱼篓时，即便碰到倒销，倒销也只会顺向受力地使入口空间开张的更大，不会对鱼产生作用，鱼可顺利向篓内深入。相反，当鱼企图逃出鱼篓时，则无法让具有倾斜角度的倒销向篓壁靠拢，此时的倒销则变成了屏障，使鱼无法逃脱。

回顾历史，京族人所用的鱼篓实际是中华民族传统渔具的一部分，因此，本案例不仅是京族人的智慧产物，更是中华民族集体智慧的结晶。

图片来源
图一　许边疆　摄影
图二至图六　许边疆　制图

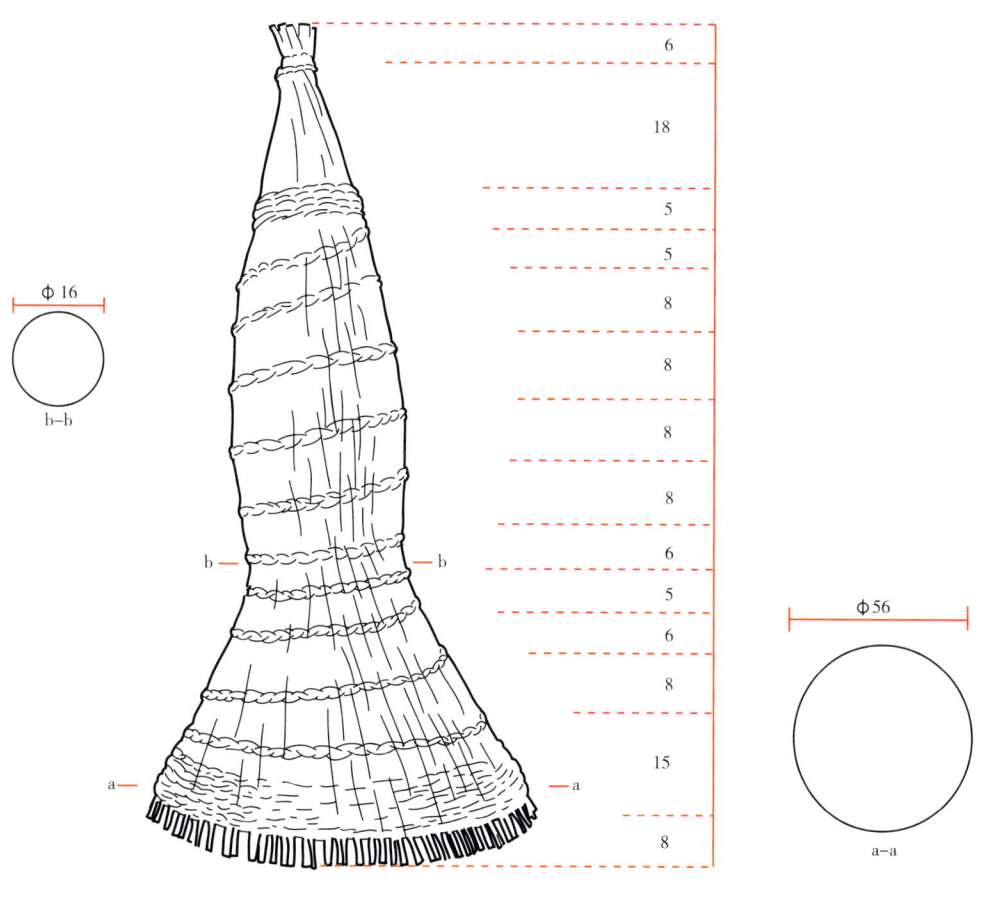

图二　京族鱼篓尺寸图（单位：cm）

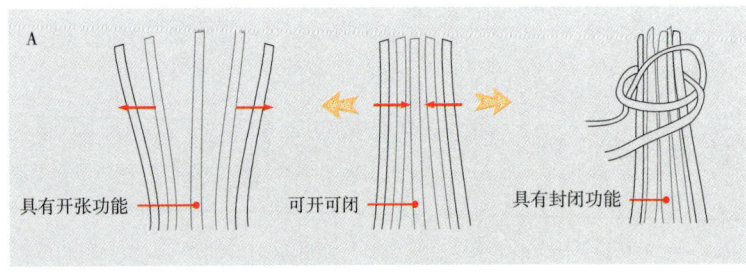
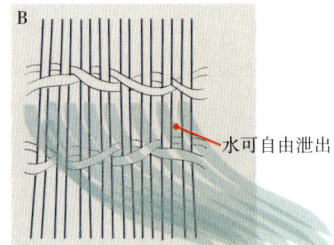
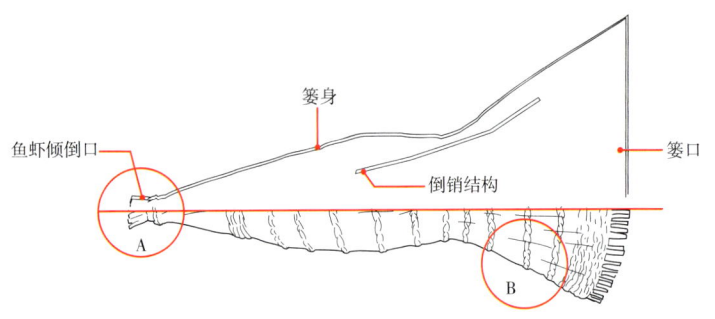

图三　京族鱼篓结构名称图

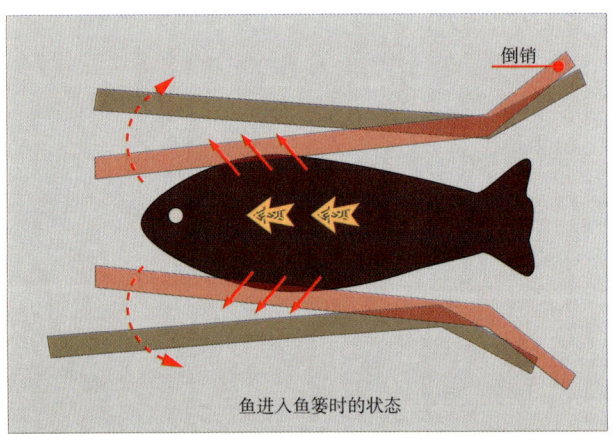
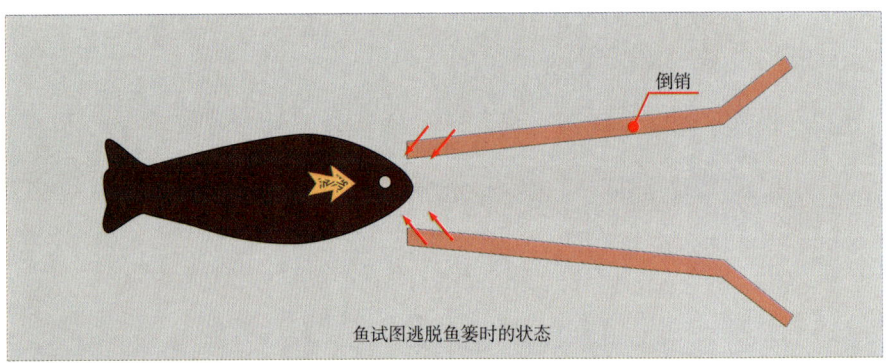

图四　京族鱼篓设计分析图

图五 京族鱼篓使用场景图1

图六 京族鱼篓使用场景图2

京族鱼叉

鱼叉是一种渔猎工具，通常由叉刺、叉柄等组成，使用者可操控叉柄，凭借其锋利的叉刺将猎物捕获。本案例采自江平镇山心村，现藏于京族博物馆。从形制特征看，京族鱼叉分为四股叉和三股叉两种。其中，四股叉的叉刺排列宽度为5厘米，叉刺的长度有15厘米，且叉刺的中下部用金属丝缠绕；而三股叉的叉刺排列宽度为8.5厘米，叉刺长度仅有12厘米。

从设计学角度分析，鱼叉设计要做到以下几点：一是鱼叉叉刺要锋利；二是叉刺的形制要有利于入水，即叉刺入水时的阻力应尽可能地小；三是叉刺必须具备一定的抗冲击能力，并且要使被刺住的鱼难以逃脱。根据以上设计原则，我们对案例形制分析如下：从叉刺开张度看，通常尺度越小，入水时的阻力就越小，叉鱼时就越快捷、畅顺。显然，案例中的四股叉要比三股叉入水畅顺。但是，由于四股叉开张度缩小，叉刺股数多必然变细（细叉刺易刺穿鱼身），这样就势必会减弱叉刺的抗冲击能力，容易导致叉刺刃口的弯折。正因如此，我们才看到京族渔民又将四股叉的叉刺用金属线捆绑，设法凭借金属线来提高叉刺的强度。

笔者在广西少数民族博物馆曾见到过另一件京族人所用的三股鱼叉，其形制要比本案例三股叉设计得更合理、更美观，其中最突出的一点是不仅其叉刺刃口呈内敛状（阻力变小），而且还设计出倒刺。倒刺可谓是中国人的伟大发明，至少在新石器时代中国古人就已懂得倒刺的使用。显然，如果将鱼

图一　京族鱼叉主图

叉设计出倒刺，那么被捕获的鱼就难以挣脱，因此，我们说该设计相对于案例三股叉更合理些。但是，有倒刺的鱼叉加工难度也会增大，增加倒刺就意味着生产成本的提高，因此，本案例间接说明京族历史上有些捕鱼工具的设计和生产是受到经济条件制约的。

京族鱼叉既可用于浅海捕鱼，也可用于内河溪流，是一种携带方便的捕鱼工具，不过对捕鱼技巧有较高的要求，对于没有经验的人而言，常常因把握不准投掷点而捕不到鱼。

最后，列出部分汉民族的鱼叉形制，以便读者能更直观地感受中华民族的造物多元化，虽然它们的设计原理大同小异，但在结构上却各有千秋。

图片来源
图一　许边疆　摄影
图二至图八　许边疆　制图

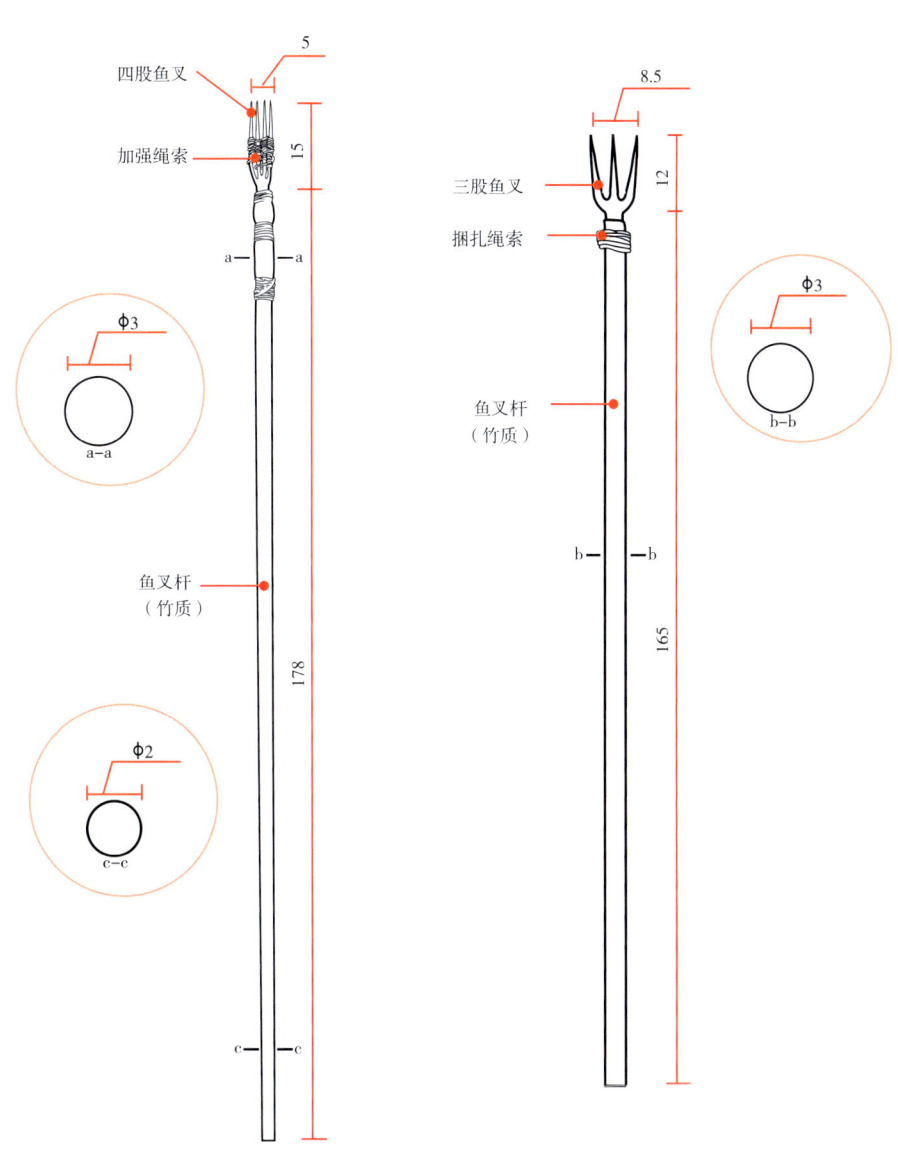

图二　京族鱼叉尺寸、结构名称图（单位：cm）

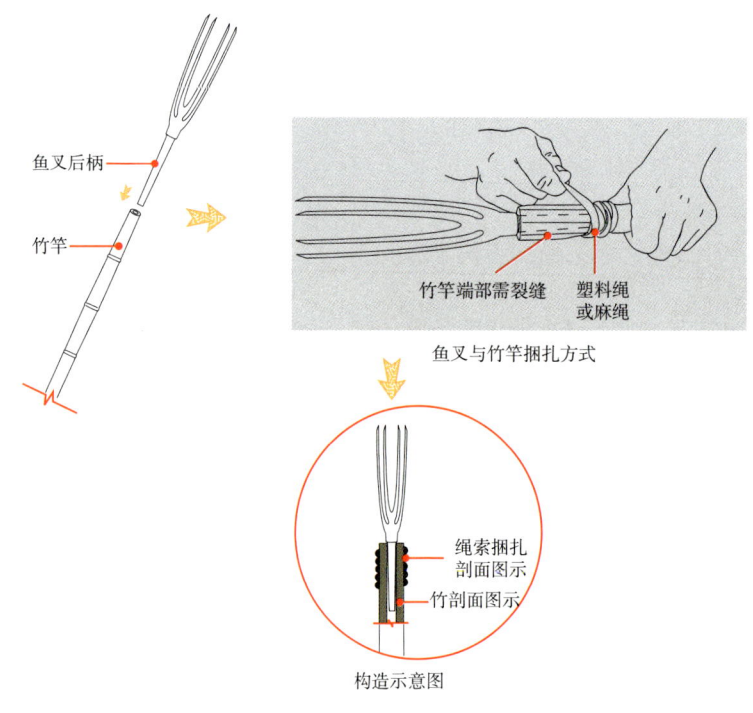

图三 京族鱼叉局部分析图

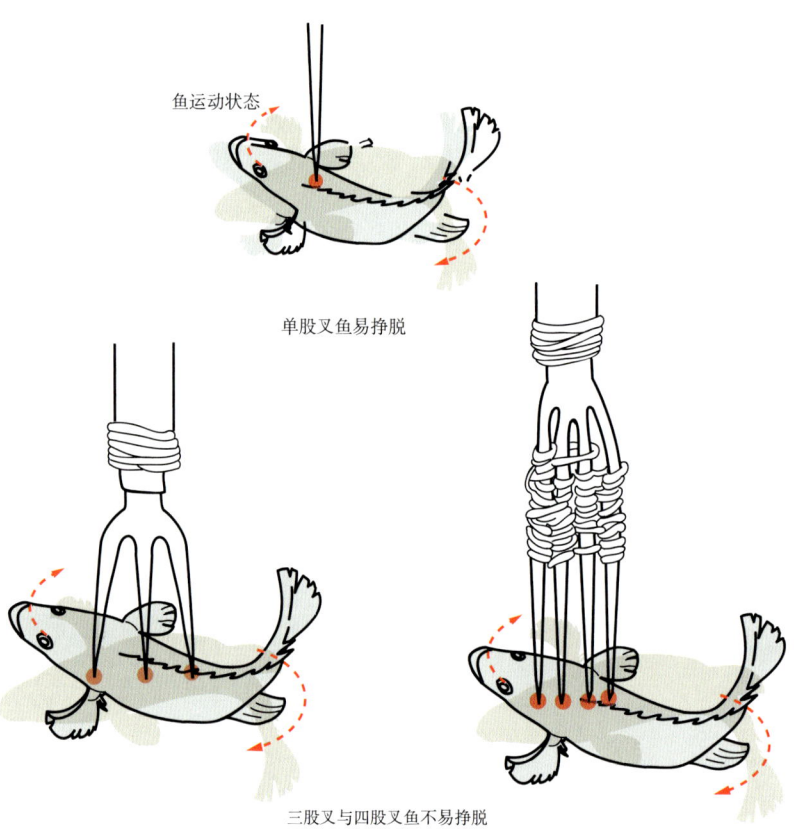

图四 京族鱼叉设计分析图1

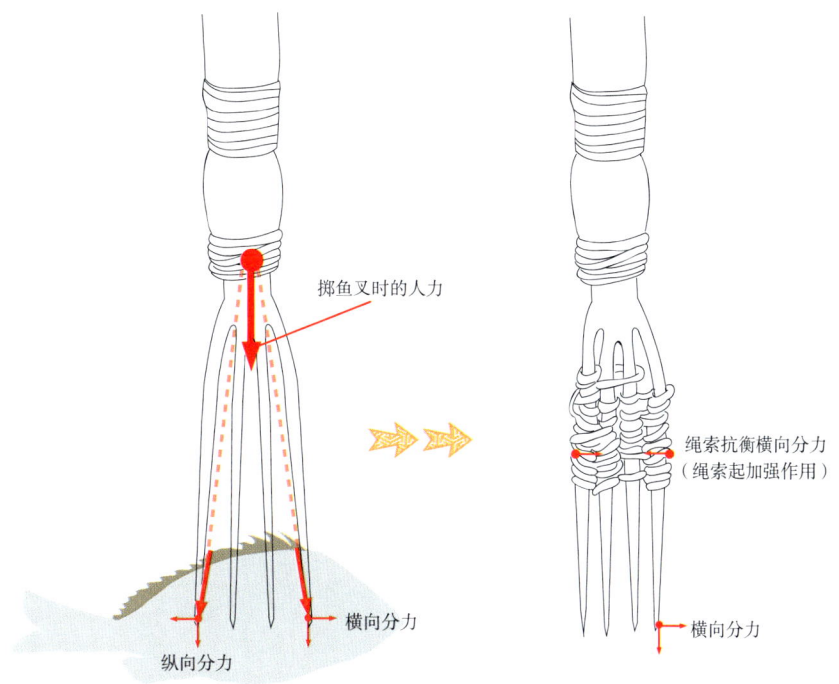

图五 京族鱼叉设计分析图2

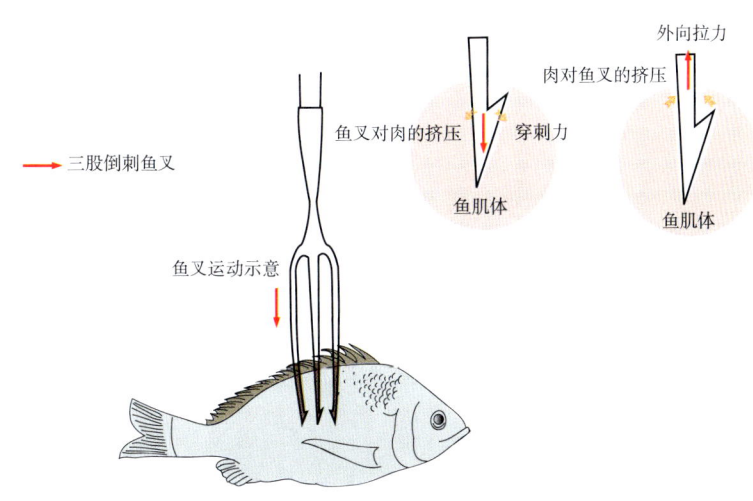

图六 京族鱼叉设计分析图3

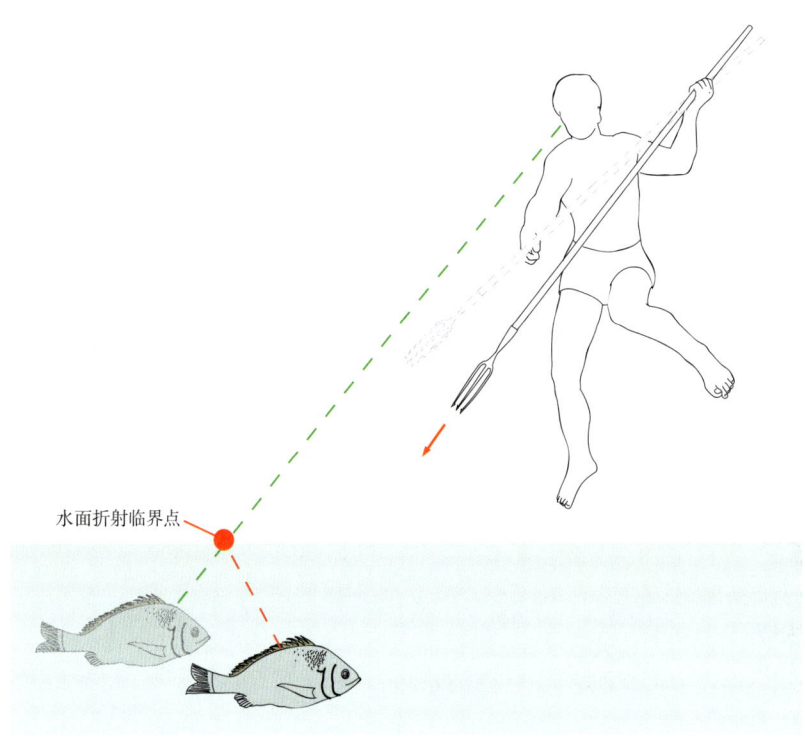

水面折射临界点

图七　京族鱼叉操作示意图

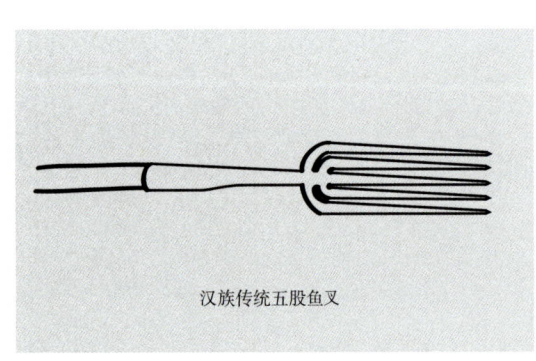

汉族传统五股鱼叉

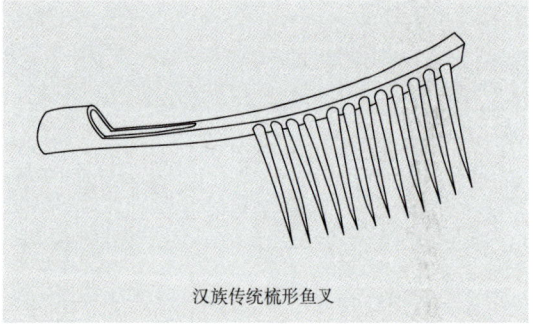

汉族传统梳形鱼叉

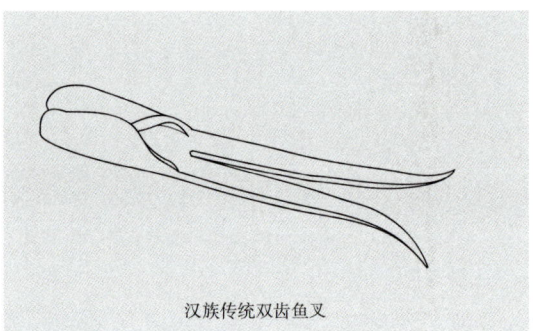

汉族传统双齿鱼叉

图八　京族鱼叉对比图

京族牡蛎刨

图一　京族牡蛎刨主图

京族牡蛎刨是一种获取或加工牡蛎的工具，其结构由刨头和木柄组成，刨头一端为尖头另一端呈扁平状。京族人之所以称其为"刨"，是因为它具有刮削和挖掘的功能。京族是靠海为生的民族，500年来他们根据生产需要创造劳动工具，牡蛎刨就是其中一种。牡蛎是一种生长在浅海礁石上的贝类，终生不会移动。本案例采自京族博物馆，刨头用铁锻造而成，长15厘米，截面最大长宽为2.3厘米×1.5厘米；手柄为木质，长16厘米。

从形制特征上看，案例的刨尖与手柄距离占刨头总长的三分之二，刨头另一端与手柄间距则占三分之一，2∶1的长度关系是由其功能决定的。具体地说，刨头的尖端主要是敲击牡蛎用的，自然要加长刨头与手柄的距离，以便增大敲击力度，将坚硬的牡蛎壳击破；相反，刨头扁平的一端仅用来撬开牡蛎壳或刮下牡蛎肉，故长度是以方便操作为原则。实际上，这种工具是专为妇女制作的，去海边获取牡蛎者大都是女性，是故，京族的牡蛎刨通常都不大，长度一般不超过25厘米。

从案例结构和功能上看，它既具有錾子的属性，也兼顾凿子的特征。总之，本案例看似简朴，却是一种非常有效的生产或加工工具，至今仍被普遍使用，并为其他生产工具的设计提供借鉴。

图片来源
图一　孙林　摄影
图二至图五　许边疆　制图

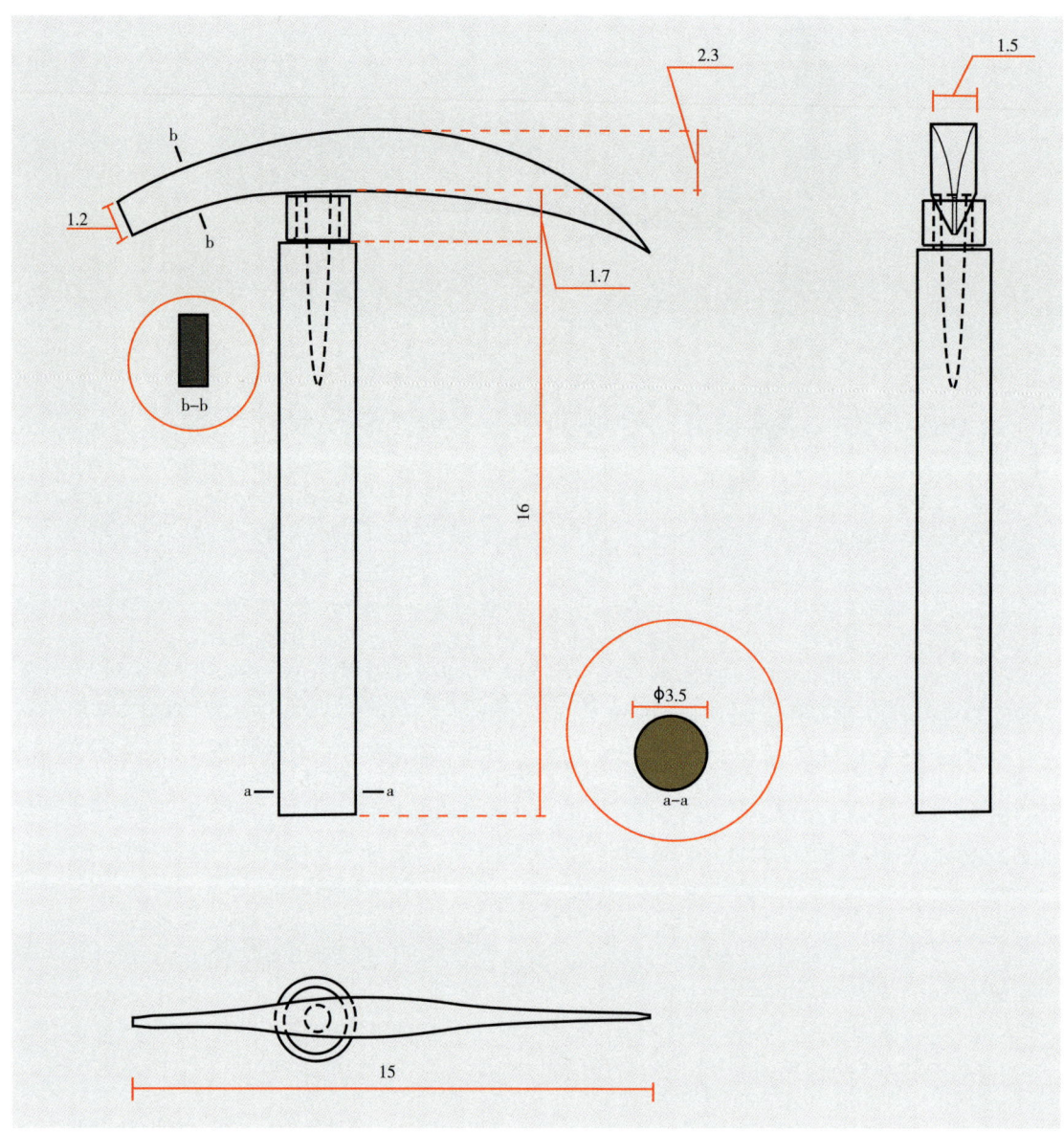

图二 京族牡蛎刨尺寸图（单位：cm）

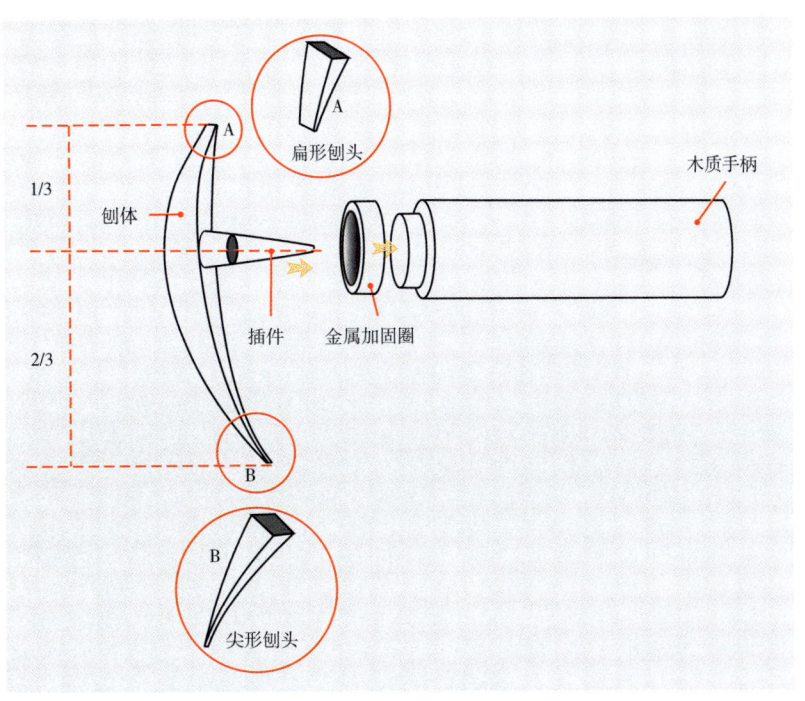

图三 京族牡蛎刨结构分解图

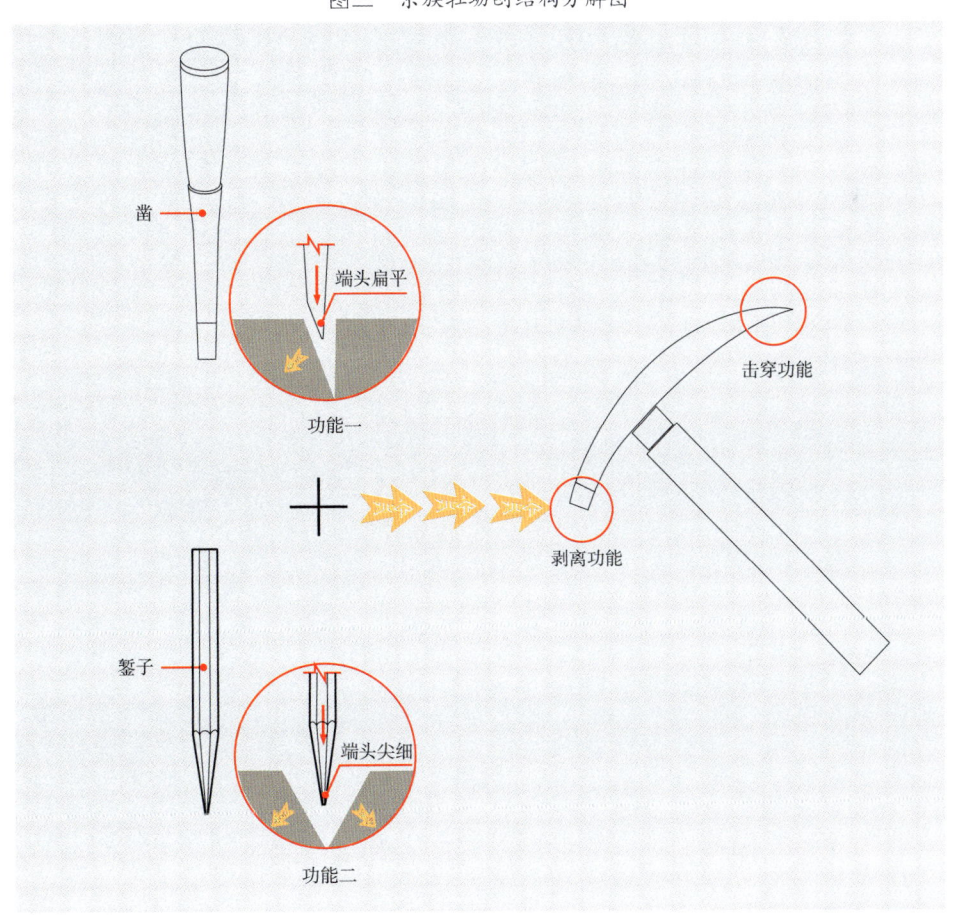

图四 京族牡蛎刨功能分析图

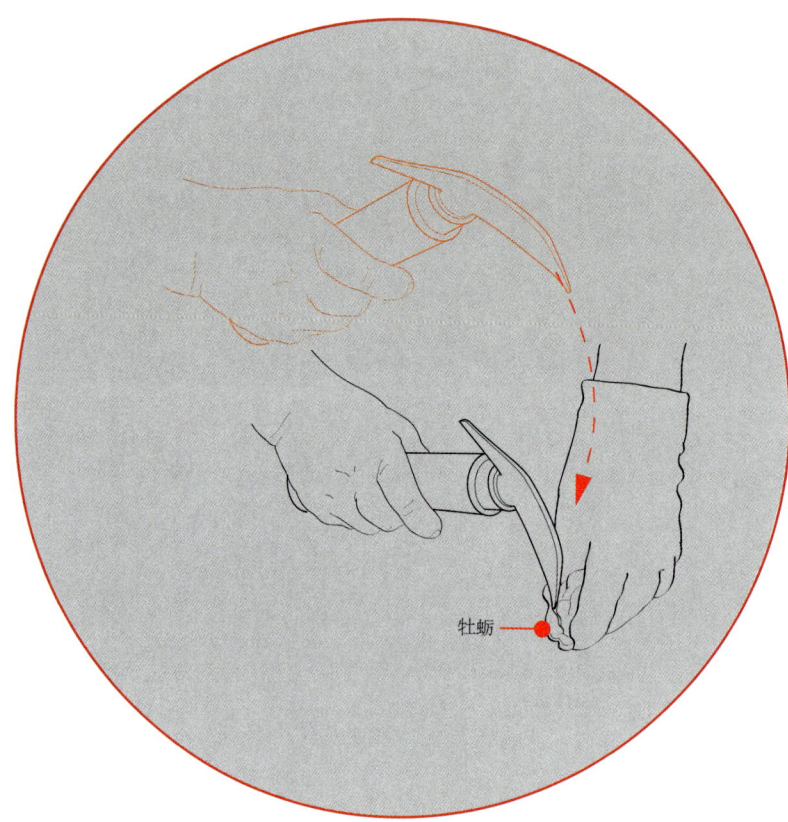

图五　京族牡蛎刨操作示意图

京族竹筏

图一　京族竹筏主图

竹筏俗称"竹排"，是京族传统的海上运输及捕捞辅助工具，它是选用长度基本相等的粗竹竿，借助竹篾或藤条并排捆绑而成的水上交通工具。对于京族人而言，竹筏是他们最早的生产生活工具。几百年前，京族先人就是乘着竹筏追逐鱼群到达三岛的，当他们定居三岛后，竹筏不仅是他们"做海"的工具，也是他们与外界交往的重要"舟楫"。所以，京族人过去有句俗语，即"一张竹筏半个家"。

京族竹筏通常都不太大，这是由其材料属性决定的。京族人做竹筏多用楠竹，而平均10厘米左右粗的楠竹，其生长高度一般不超出20米，这样也就限制了竹筏的长度，因为竹筏所用竹竿不能拼接使用。本案例采自京族博物馆，其长度是590厘米，竹筏前端宽度为120厘米，筏尾宽90厘米，案例下部用13根粗竹竿经竹篾捆扎而成。从过去京族人的捕鱼方式看，渔猎活动大都是在浅海区进行，故这种小竹筏在一定程度上满足了当时京族渔民的生产需要。

从设计学角度分析，案例的设计原理如下：一是，密封的竹节内部中空，在同等体积下竹材自然要比木材轻，因而竹竿吃水小，浮力大；二是，并列的竹竿具有较大的面积，重心低，水上稳定性好，故竹筏不易倾覆；三是，竹筏不易被海水腐蚀，使用时间较长。正是由于具有以上优点，竹筏不仅没有被现代机帆船淘汰,而且近年来,京族渔民又创办了不少竹筏修造厂,竹筏的应用在相应增加。与传统竹筏不同的是,现代竹筏底部加了泡沫塑料。概括地看,竹筏除了继续用以海洋捕捞外,其功能又被进一步拓展,如边境贸易运输、入海口的海水养殖、风情旅游等等,项目可谓繁多。当然,刺激竹筏发展的因素是多方面的,比如制作简便,材料就地取材,生产成本低,这些都是不可忽视的因素。

回顾历史,竹筏是中国古人最早使用的交通工具之一,不同地区的竹筏在形制上也存在较大差异。所以,不同形制的竹筏实际是由使用环境决定的。

图片来源
图一　许边疆　摄影
图二至图六　许边疆　制图
图七　樊进　摄影

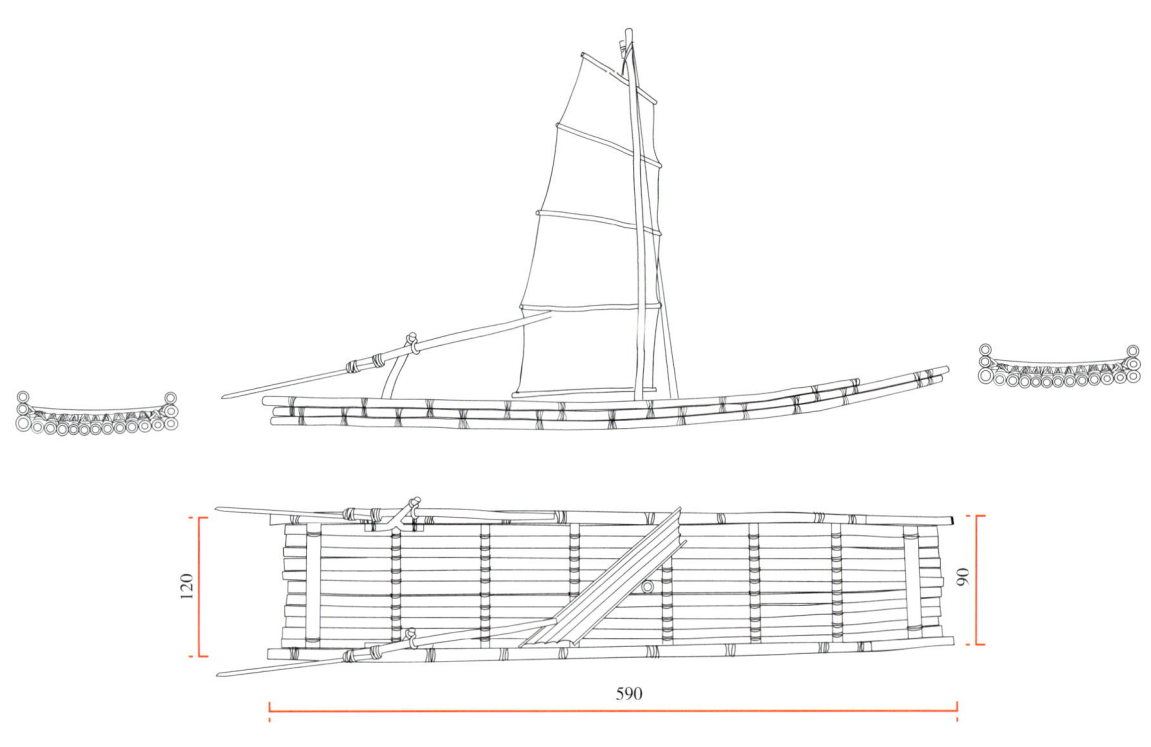

图二　京族竹筏尺寸图(单位:cm)

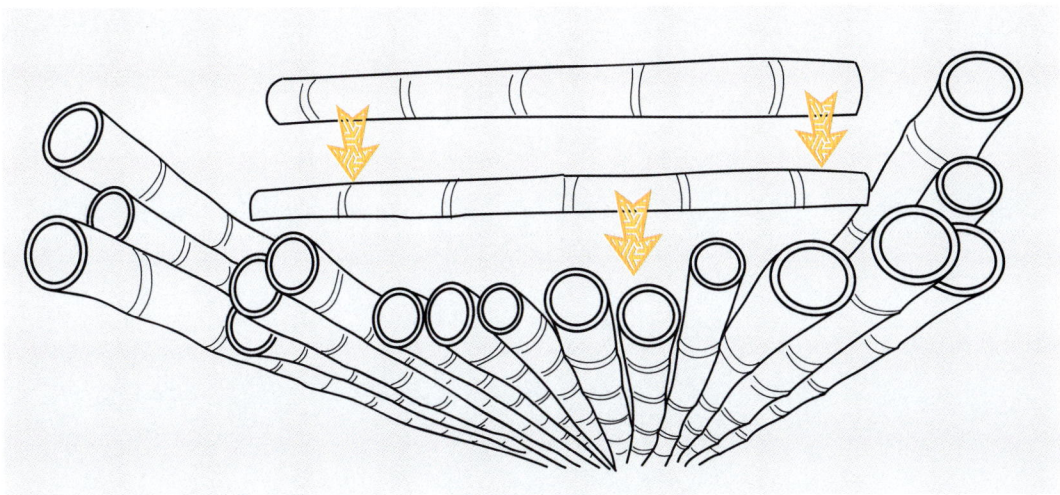

图三　京族竹筏结构分解图

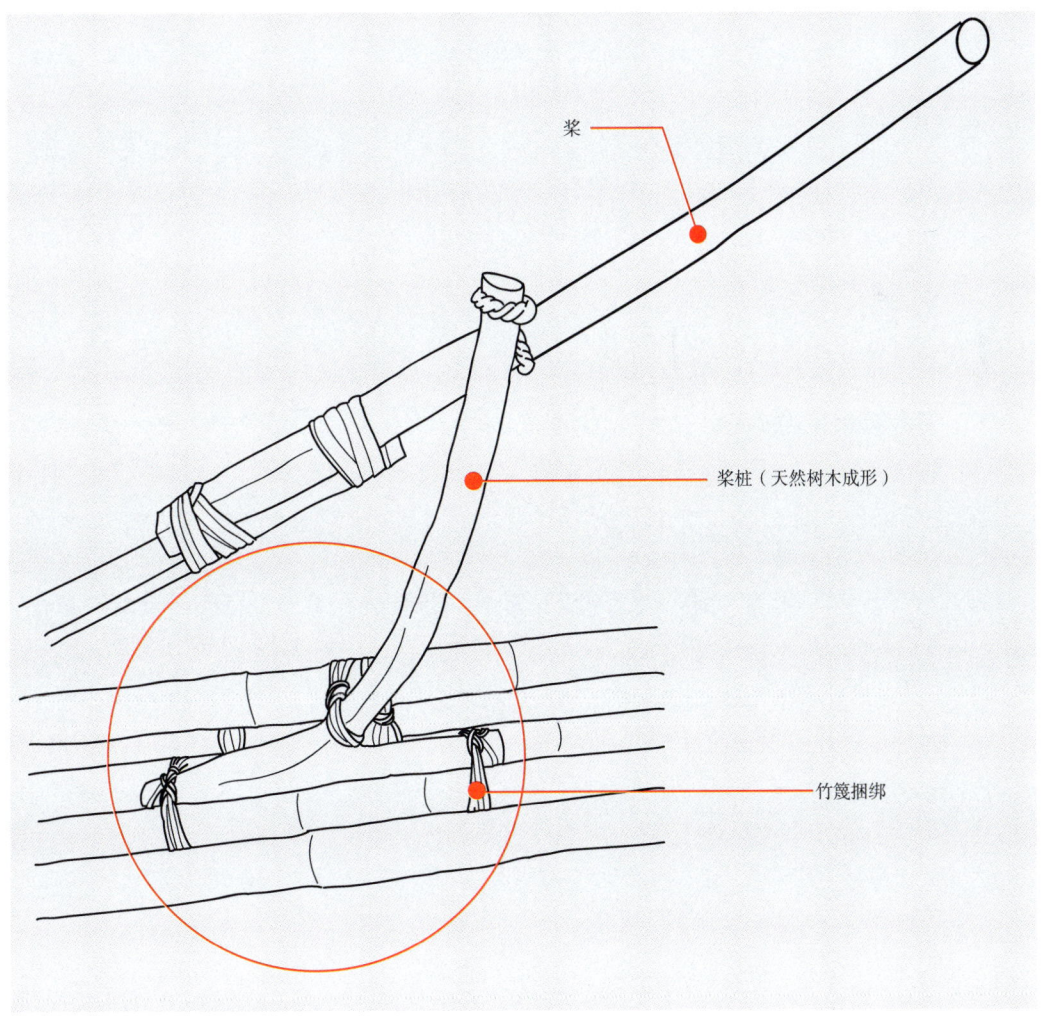

图四　京族竹筏局部分析图

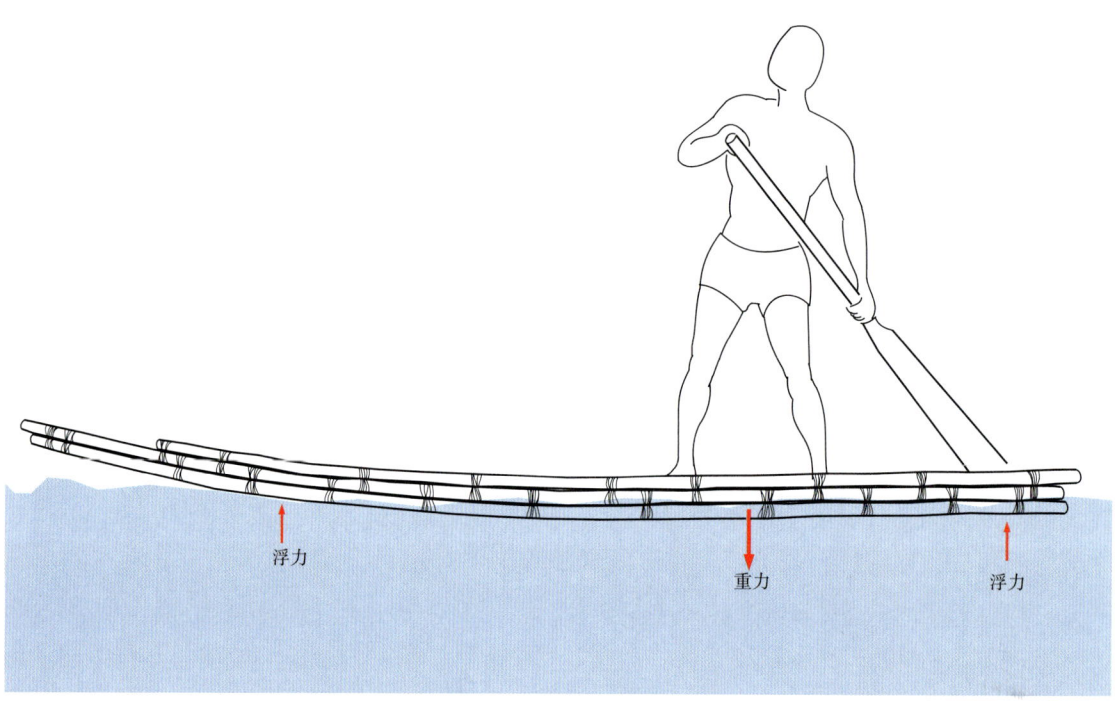

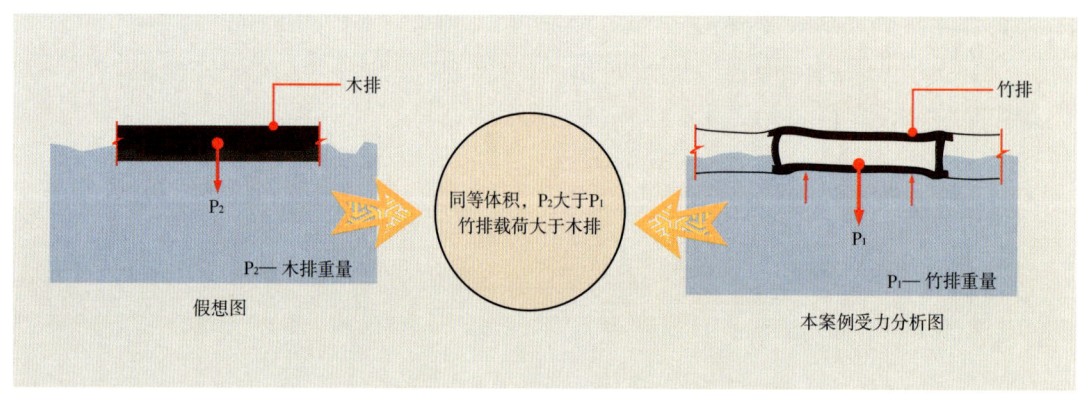

图五 京族竹筏设计分析图

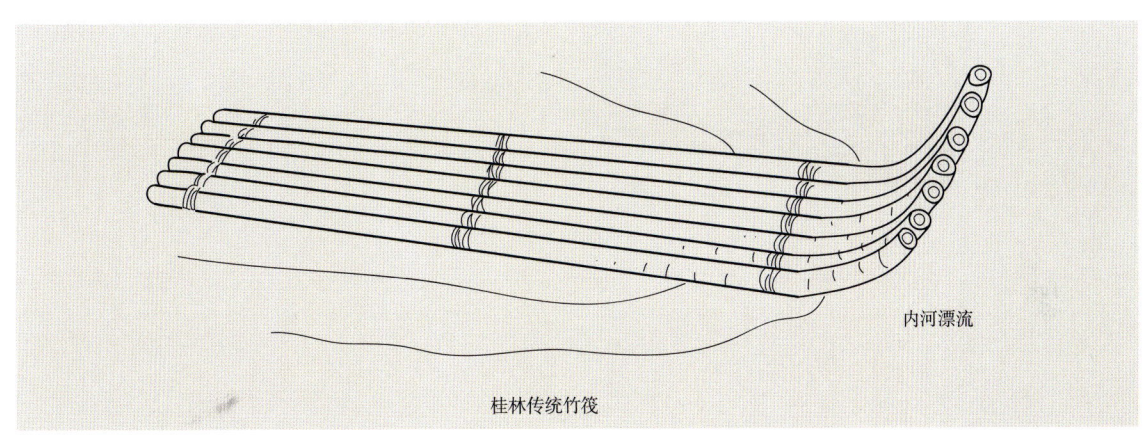

内河漂流

桂林传统竹筏

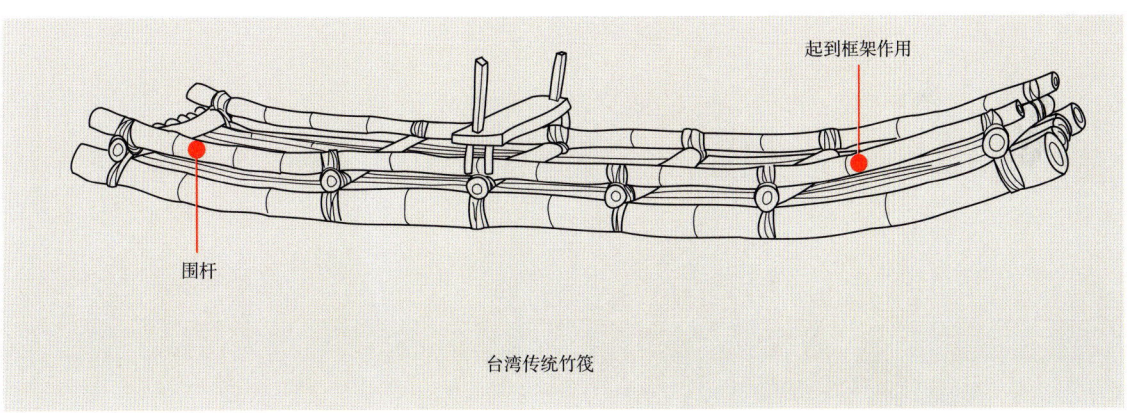

起到框架作用

围杆

台湾传统竹筏

图六　京族竹筏对比图1

上古时期竹筏模型

夏代竹筏模型

图七 京族竹筏对比图2

京族木船

图一　京族木船主图

京族木船是一种简易水上交通工具，当地人往往又称之为"木筏"。京族人最初使用的舟船应该是竹筏，《京族史歌》里曾唱："打鱼工具是竹舟，风起浪急往岸摇；吃住全在竹船里，日遮太阳夜躲雨。"本案例采自江平镇巫头村，属于京族常见木船之一。

为了研究这种木船的形制与结构，我们对船厂进行了实地考察，并选择了一个类似于案例的船体作为研究对象。经现场测量，木船总长955厘米，船头宽140厘米，船尾宽160厘米，船身最大宽度182厘米，船头高148厘米，船尾高90厘米，木船结构主要由船头、船身、船尾、龙骨、储鱼仓、柴油机位等组成，其中最重要的部位便是船体的龙骨及船底。造船师傅告诉我们，龙骨结构要分布均衡，节点须牢固；船底不仅要有良好的密封性，而且要具备一定的抗冲击性。从材料选择看，京族人造木船主要采用红檀木（间有杂木），这种木料结构细密，强度高，耐磨性及耐腐蚀性都不错，是制造木船的好材料。为了提升木船的浮力，当地造船厂大量使用泡沫塑料，最突出的是，将木船底部附加一层很厚的泡沫材料，外表再包裹一层阻水塑胶片，这样既没有过多增加船体的自重，同时也提升了船底的密封性。

归纳地看，京族木船的制作程序是：号料—下料—整料—做龙骨（梁）—铺稳—装底—淘水蜡—上板—漫赶—压眉—装柴油机—捻船，船帮与梁的连接、固定均用螺杆和螺母，约8天时间就能完成一艘木船的制作。

事实上，京族木船的构造方式多样。例如，有种木船的船体是用若干碗口粗的木杆通过塑料绳的捆绑成形的，这种构造方式显然是受到竹筏的影响，其优点是材料易得。但由于木杆不是空心结构，同样大小的船体，木船要比竹筏重许多，船体载荷量自然也小于竹筏，不过竹筏的使用寿命不及木船长，所以两者各有千秋。这里需要指出的是，尽管捆绑成形的木船与本案例在构造方式上不同，但形制却雷同，这表明在结构方面京族木船已形成了固定模式，这种模式无疑与过去的木船截然不同。例如，京族博物馆展示的早期船模，其船形前尖后平，无论是形制，还是结构都与后期木船存在明显差异。当然，早期木船与当代木船的共性也存在，那就是船的形体都不大，这是近海作业所决定的。

如今，当地经济呈多元化发展趋势，京族木船不再局限于传统的出海捕鱼，其使用范围已拓展到边境贸易、海水养殖、海上短途运输、风情旅游等领域。同时，新材料的涌现也让木船的质量得到极大提高，比如物美价廉的泡沫塑料，不仅大大降低了造船的成本，也扩增了木船的容量；再比如，动力机具的使用改变了过去人工摇橹划水前行的困境，使人力获得了解放。

图片来源
图一、图五　孙林　摄影
图二至图四　许边疆　制图

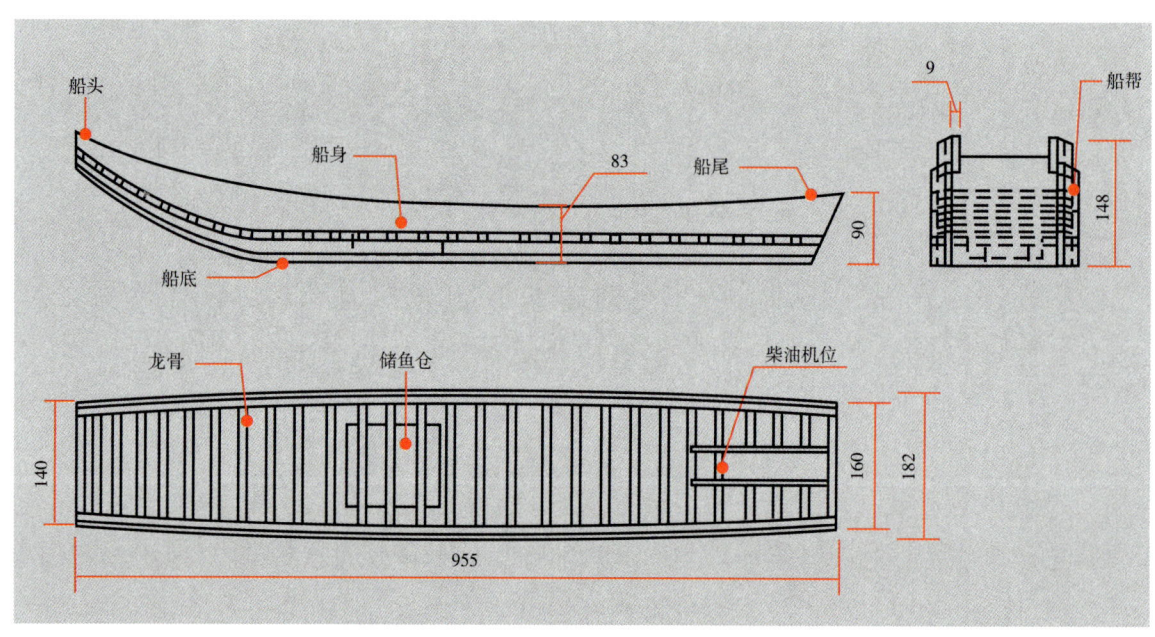

图二　京族木船尺寸图（单位：cm）

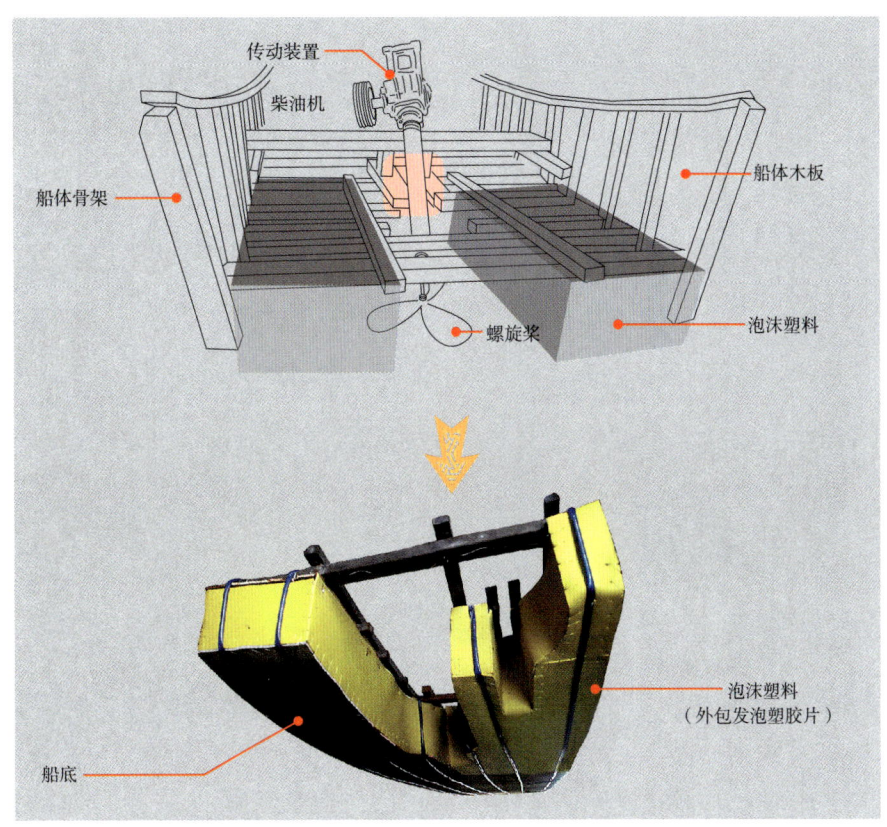

图三　京族木船结构名称图

图四　京族木船局部分析图

京族传统木船形制（京族博物馆藏模型）

当代京族木船

图五　京族木船延展图

京族铁锚

图一 京族铁锚主图

锚是用某种硬质材料制成的一种系泊器具，凭借铁链或绳索与船体相连，当被抛到水底时，能使船体停稳。本案例采自广西东兴京族博物馆，为20世纪40年代遗物，全长99厘米，横杆长37厘米，锚臂与锚爪之和为32厘米，通体用钢铁材料制作而成。

京族人沿海而居，自然是"靠海吃海"。如果走进京族三岛，那里的海滩、村寨给人的第一印象便是各式渔具以及大小不同的渔船，本案例即为小木船或竹筏上使用的泊具。俯视之，案例形制呈现"个"字形，即它的锚臂对称分布在锚杆两侧，之所以要这样设计，完全是出于实用而考虑的。例如，将锚爪设计成柳叶形，让前部变得薄而尖，这无疑有利于锚爪插入沙土或岩石里；相反，锚臂却被设计的厚而重，既能加大锚的重量，强化对地的抓力，同时也能提高其抗拉强度。此外，本案例突出的地方是，锚杆前端两侧又设计了金属横杆，当锚爪入地后，因横杆与锚杆不在同一个水平面上，故横杆会自动倒地又形成一个支点，同时也与地面构成35度的夹角。这种双支点的设计以及横杆与锚臂所构成的跨度，大大增强了地面对锚产生的阻力，尤其是当锚在海底被拖曳时，横杆能阻止锚爪倾翻，具有稳定之功能。

本案例是用铁锭与铁条分别锤炼，再用"合药"接为一体的，这种工艺在明代就已出现，《天工开物》曾有记载："凡舟行遇风难泊，则全身系命于锚。战船、海船有重千钧者。锤法先成四爪，依次逐节接身。"（明·宋应星：《天工开物》，潘吉星译注，上海古籍出版社，2010，第180页）本案例属于小型锚，主要用于京族渔民捕鱼时使用的小竹筏或近海所用木舟。有意思的是，京族人除了用金属锚外，也选择木料来做锚，如京族博物馆所藏的木锚。木锚的优点是：材料来源便利，成本低廉；木材易加工，可用简易工具就地制作。当然，其不足之处是质轻，难以快速下沉。对此，京族人的解决办法是，将砖石绑于锚上来增加锚的重量，此法简单有效。

中国有着漫长的海岸线，在锚的制作方面中国先人积累了很多经验，既有早期简陋的石碇、木石锚，也有十分突出的大型金属锚。概括地看，锚的种类有有杆锚、无杆锚、大爪力锚及特种锚，本案例即为双爪有杆锚。

图片来源

图一　许边疆　摄影

图二至图六　许边疆　制图

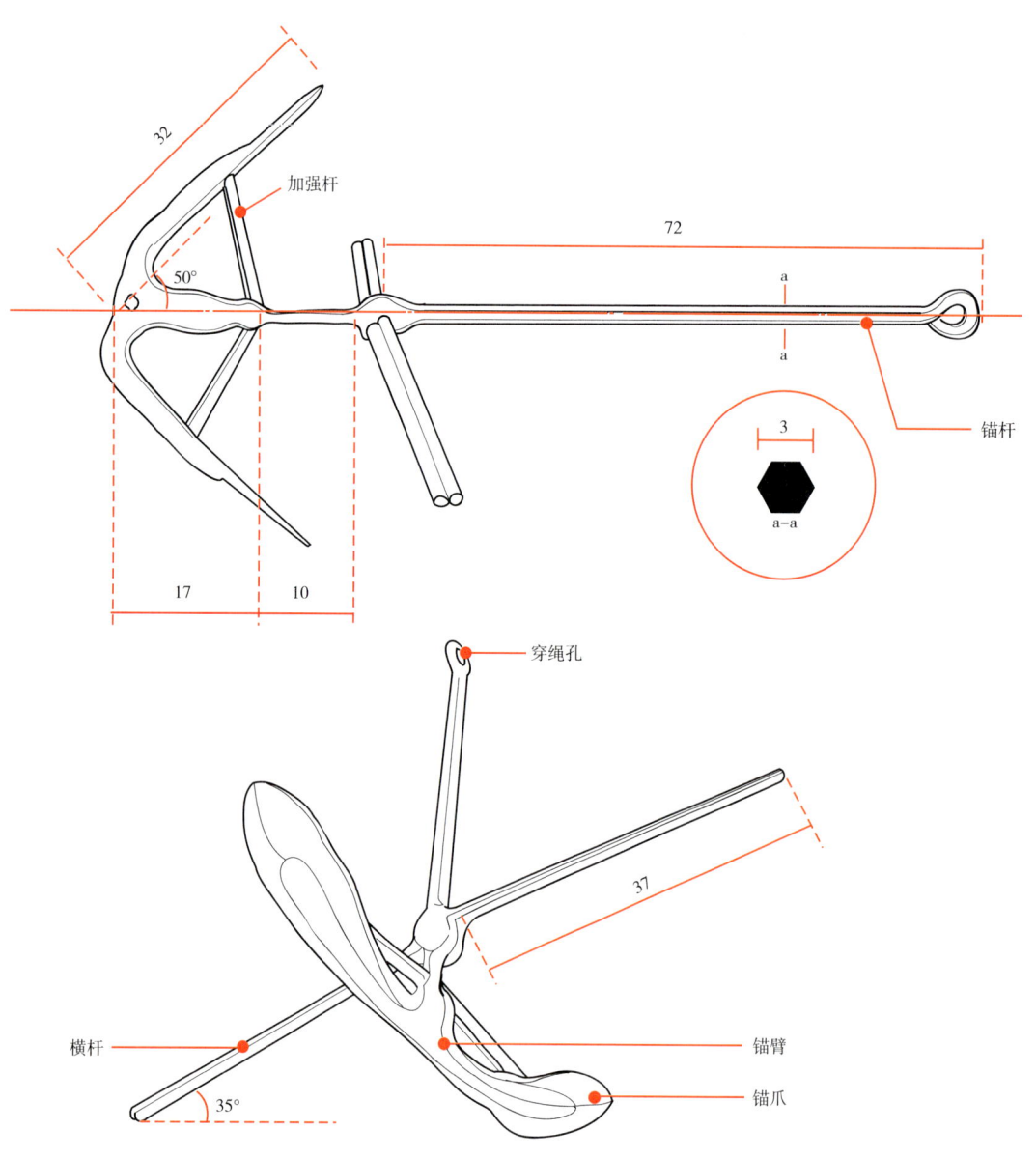

图二　京族铁锚尺寸、结构名称图（单位：cm）

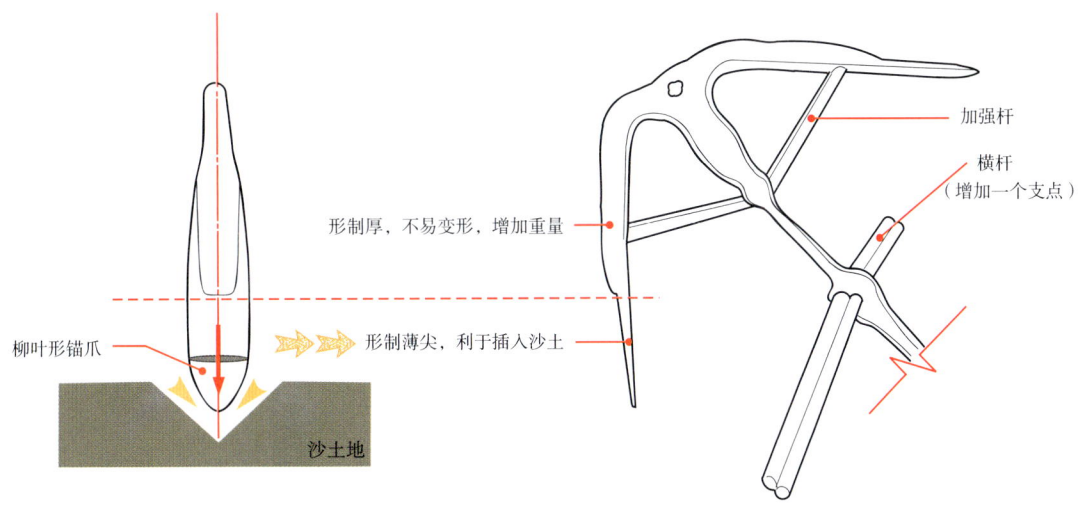

图三　京族铁锚设计分析图

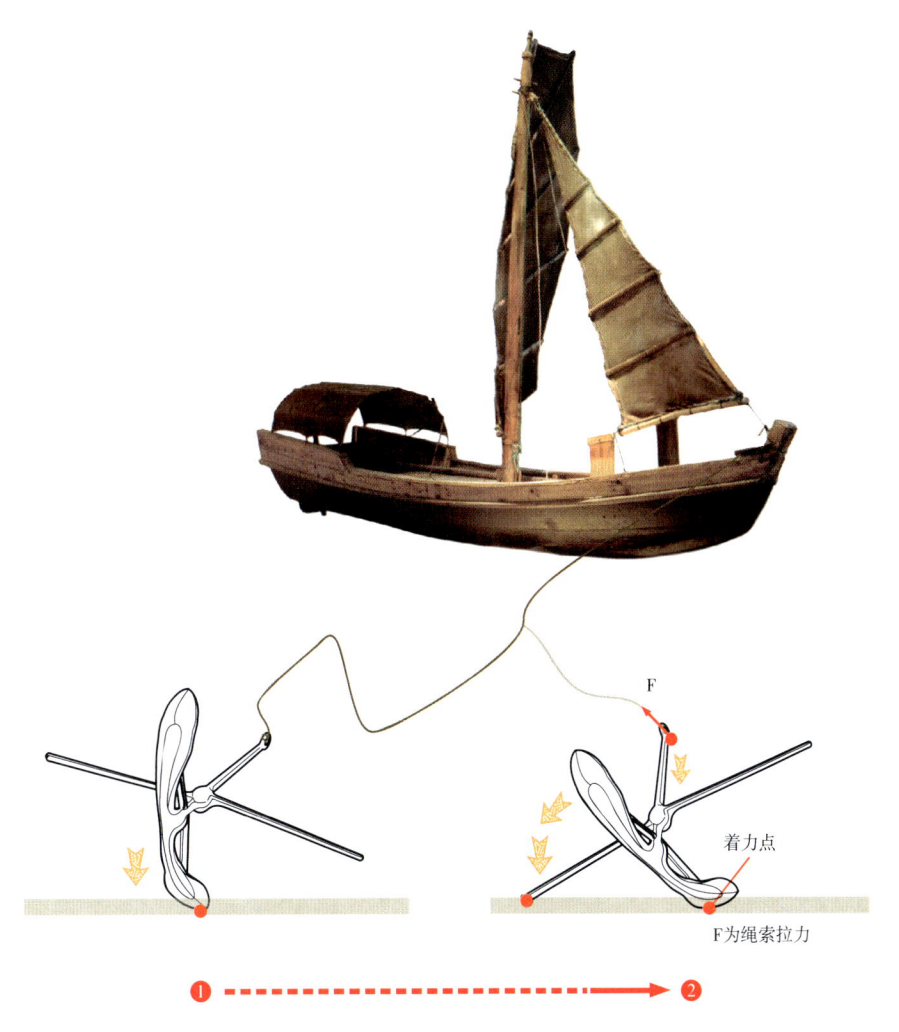

图四　京族铁锚使用示意图

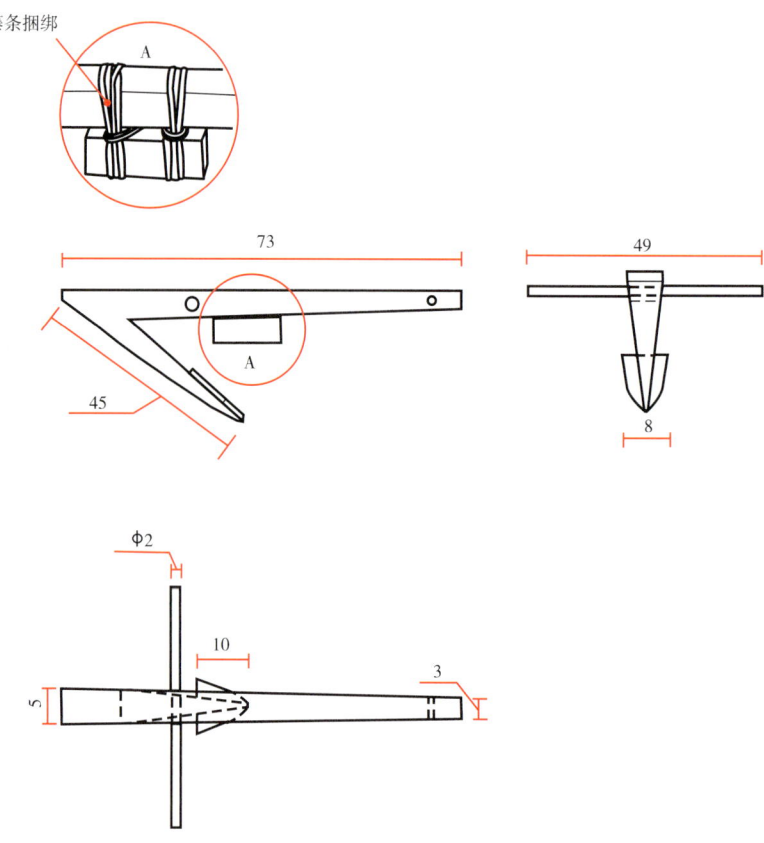

图五　京族木锚尺寸图（单位：cm）

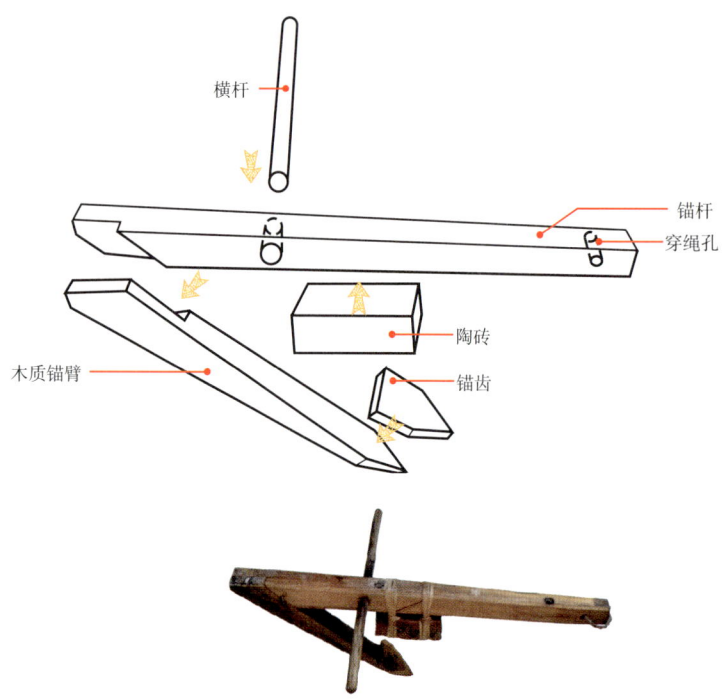

图六　京族木锚结构名称图

京族小石磨

图一　京族小石磨主图

石磨是加工食品的一种传统器具，因上下磨盘皆为石质，故名之。在中国，传统石磨有旱、湿之分，旱磨多加工麦面，湿磨则以加工米浆、豆浆为主（油磨也属于湿磨），由于京族居住区属于稻谷产地，因而京族人用的石磨皆为湿磨。本案例采自东兴京族博物馆，其结构由上磨盘、下磨盘、下料口、木质转轴、磨台、石槽、石卯、流口、"L"形手柄等组成。上磨盘最大直径38厘米，高18厘米，磨眼直径5厘米，下磨盘直径与上磨盘对等；磨台最大直径62厘米，高14厘米，石槽深6厘米，石槽流口外部宽18厘米。

从尺度上看，本案例属于小型石磨范畴，这类石磨的特点是：既可单人操作也能双人使用；石磨体积小、自重轻，可随意搬动。实际上，石磨的使用与京族人的传统饮食有密切关联，如风吹饼、米乙丝、白糍粑、野艾乙、卷心粉等，制作这些食品都需要石磨，将浸泡好的大米或糯米通过石磨磨成粉浆才能使用，所以，京族石磨皆为湿磨类。湿磨的形制特点往往是上磨盘高度会加大，因为上磨盘越高自重就越大，对研磨物的挤压力自然就会相应增加。当然，磨齿的设计更为重要，就本案例磨齿而言，上、下磨盘磨齿共有八区，每区皆由细凹槽组成，当旋转磨盘让上、下磨盘产生相对运动时，上下齿间的粮食就会受到不同方向力的挤压、摩擦和刮削，米粒就会被逐渐碾碎，并与水混合成较稠的糊状物从齿缝中流出，最终顺着石槽流进承接的容器中。在中国，传统石磨的齿区常有六区、八区、十区和十二区之分，其中以八区石磨最多。从实用功能角度分析，齿区越多，磨齿密度越大，对于颗粒较小的粮食而言，磨齿数量多要比磨齿数量少的磨盘更具优越性。但齿区越多，加工成本及维护成本就越高。

自古以来，石磨在我国许多地区普遍存在，京族小石磨仅是其中一个分支。各民族石磨相互借鉴、相互影响，自然产生出许多共性的东西，但我们也看到，由于生存环境及使用目的的不同，各民族间的石磨也存在一些细节上的差异，这种差异正是我国传统石磨形制丰富的内因所在。

图片来源
图一　孙林　摄影
图二至图六　许边疆　制图

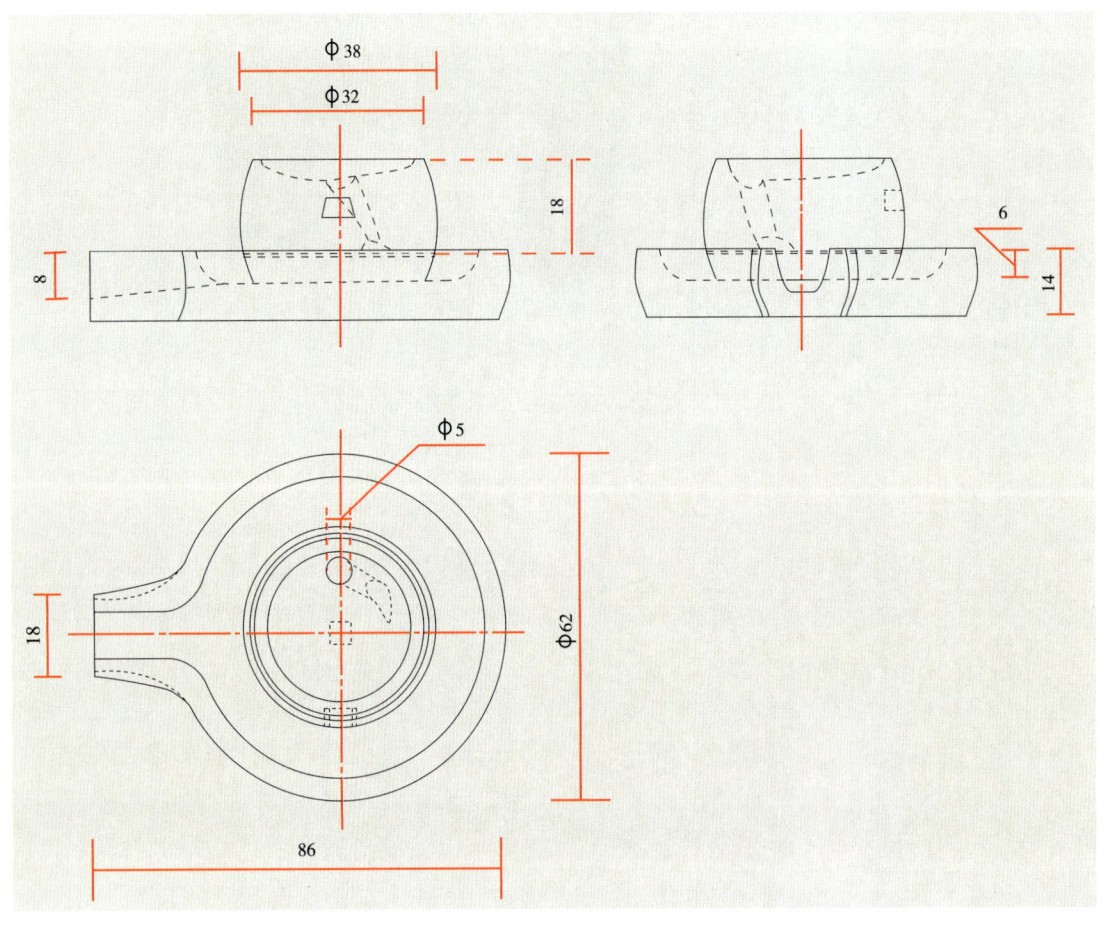

图二　京族小石磨尺寸图（单位：cm）

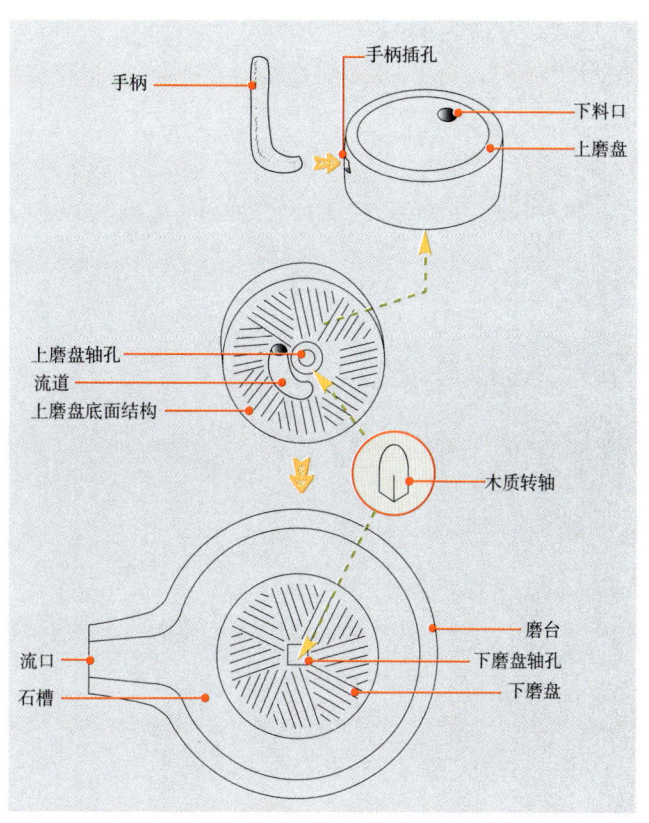

图三 京族小石磨结构分解图

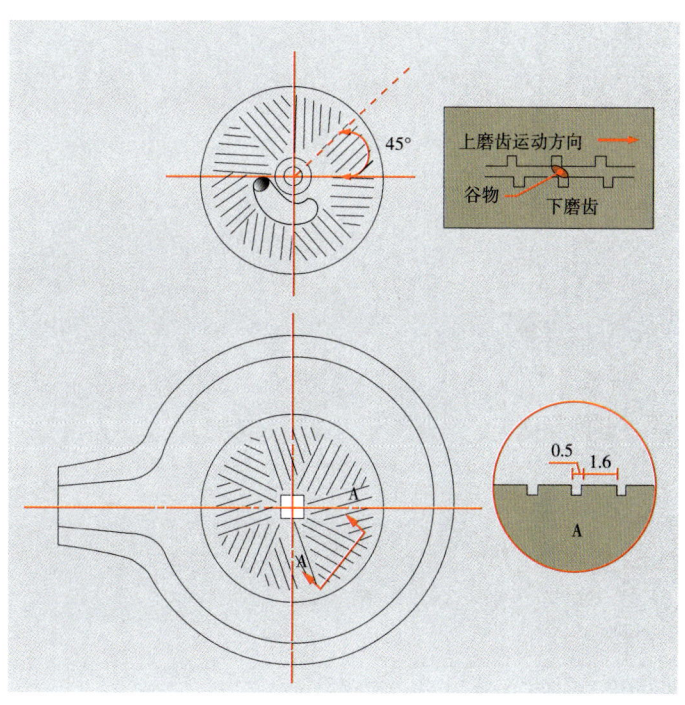

图四 京族小石磨设计分析图（单位：cm）

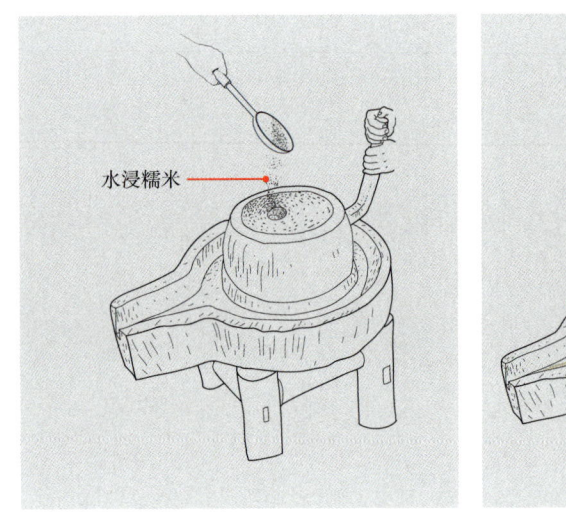

图五　京族小石磨操作示意图

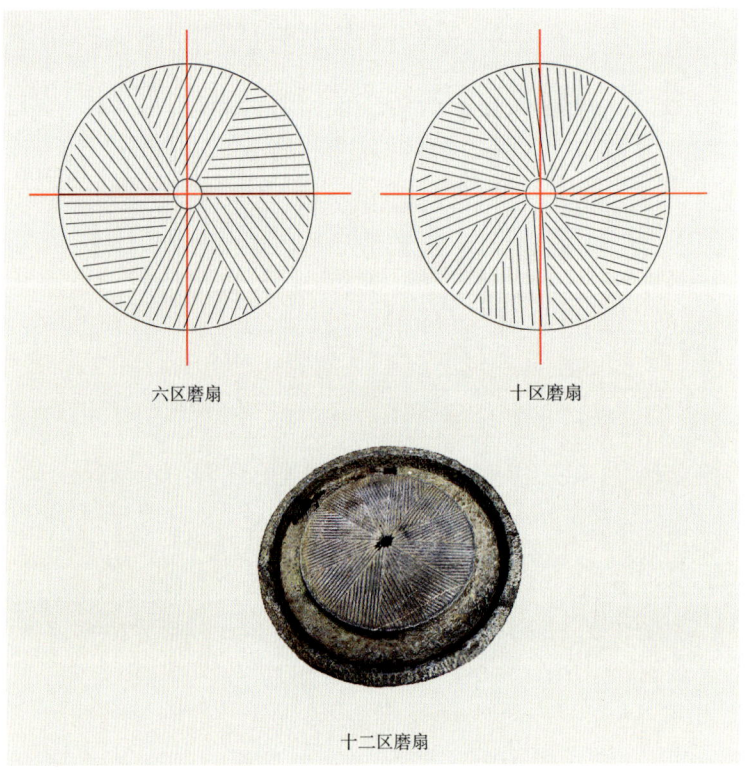

六区磨扇　　　　　十区磨扇

十二区磨扇

图六　京族小石磨延展图

京族纺线车

图一 京族纺线车主图

本案例是京族人过去曾经用过的一种纺线车，现藏于京族博物馆。该纺车用竹、木制成，形制简朴，结构简单，整体由绞架、绞柱、绞手把、竹质底架等部件构成。其中，纺车高度为82厘米，矩形底座长宽分别为43厘米和62厘米，绞架长32厘米，绞手把为26厘米，通体为榫卯结构连接。就过去的京族人而言，纺线织网是一件十分重要的渔事，因为渔网是渔民生存之本，京族人尤其是女性大都会纺绳、织网、补网。

本案例的主要功能是纺麻线，麻线是编织渔网的素材。从广西传统农业种植情况看，该地区盛产剑麻和黄麻，这两类麻皆是传统的制绳材料。从材料属性看，黄麻的纤维较短，纺纱线时需要很多单纤维组合成束纤维才能纺出纱线，这势必会导致该类纱线的抗拉强度减弱，但黄麻纤维也有其优势，用它能纺出细软的纱线，更适宜于渔网网衣的编织。与黄麻不同的是，剑麻的单根纤维无毛羽，强力好，纤维却较粗，不能像黄麻那样纺出较细的纱线，因而多用于制作渔船上使用的缆绳或网纲绳索。显然不同功用的麻线，决定着制作麻线的生产工具和工作方式，比如本案例，绞手把是以可活动的状态插入绞架的，一端是供操作的手柄，另一端则是拎系纱线的机关。该结构设计表明，本案例的动力来自操作者的双手，操作者只需将系纱的把手不停地旋转，产生的动力就会传递到纱线绞结的地方，从而让两股纱线拧成一体。据博物馆管理员苏明光的现场演示，这种纺车因体量不大，操作者在使用时需同时踩着底座，以便纺车的平稳工作。

本案例属于两股线纺车，根据纺车大小及其做功的力度，它主要是纺直径在1～5毫米之间的麻线（或绳），这类产品实际应用范围较广，既可以生产编织网衣的麻线，也能纺出用于网纲（小渔网）的麻线。京族纺线车尽管存在着多方面的局限性，但它所蕴藏的纺线原理仍然在现代化大生产中体现着。

图片来源

图一　孙林　摄影

图二至图五　许边疆　制图

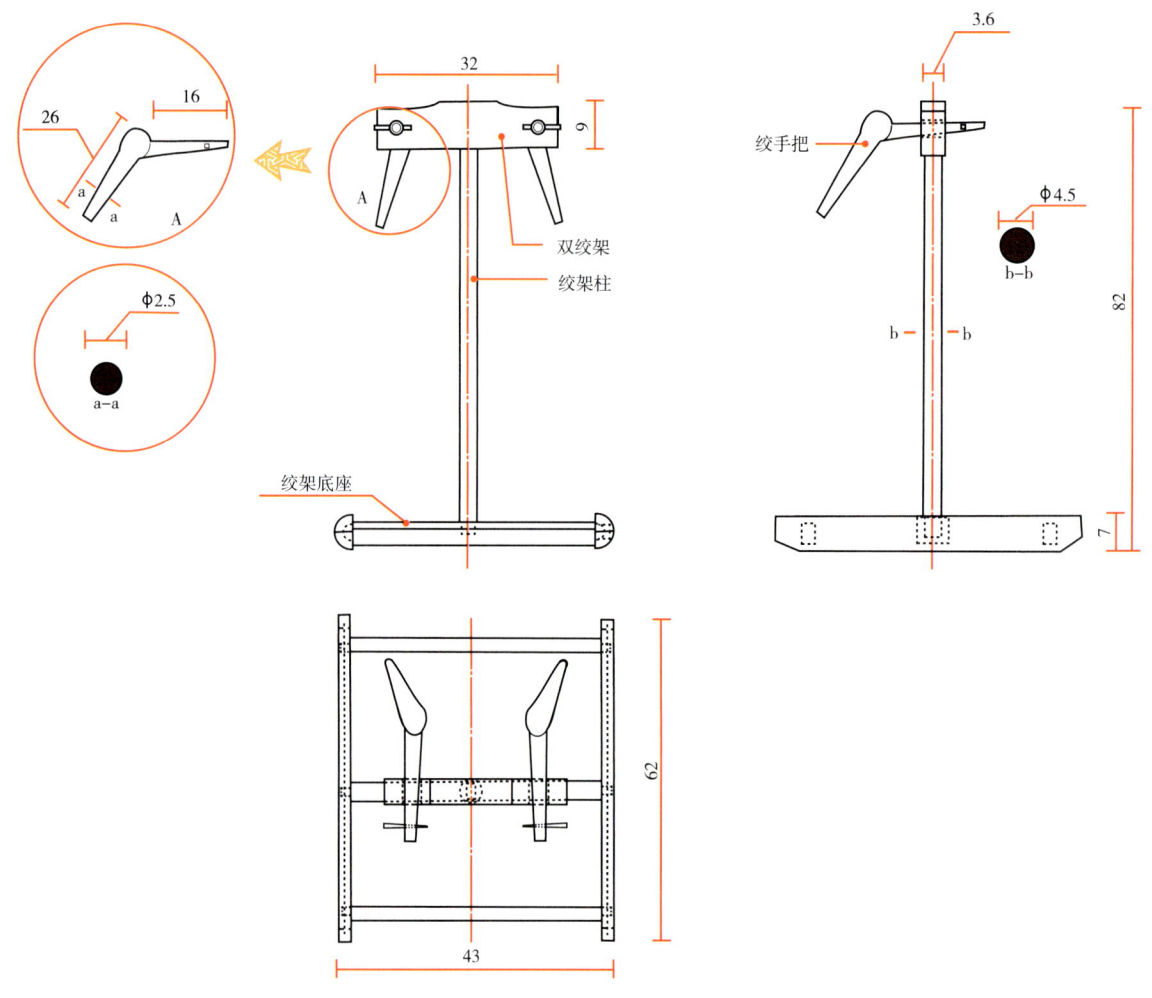

图二　京族纺线车尺寸、结构名称图（单位：cm）

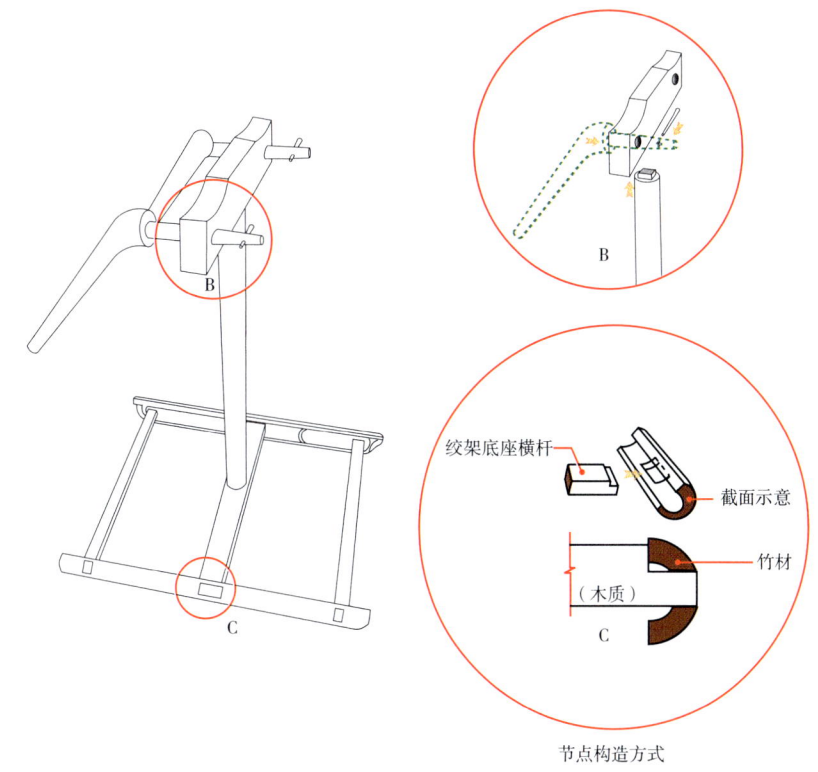

图三 京族纺线车局部分析图

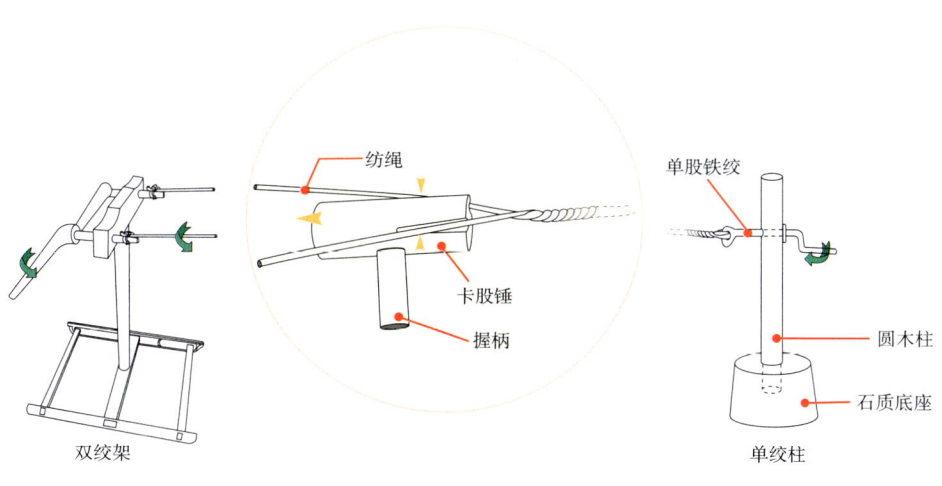

图四 京族纺线车设计分析图

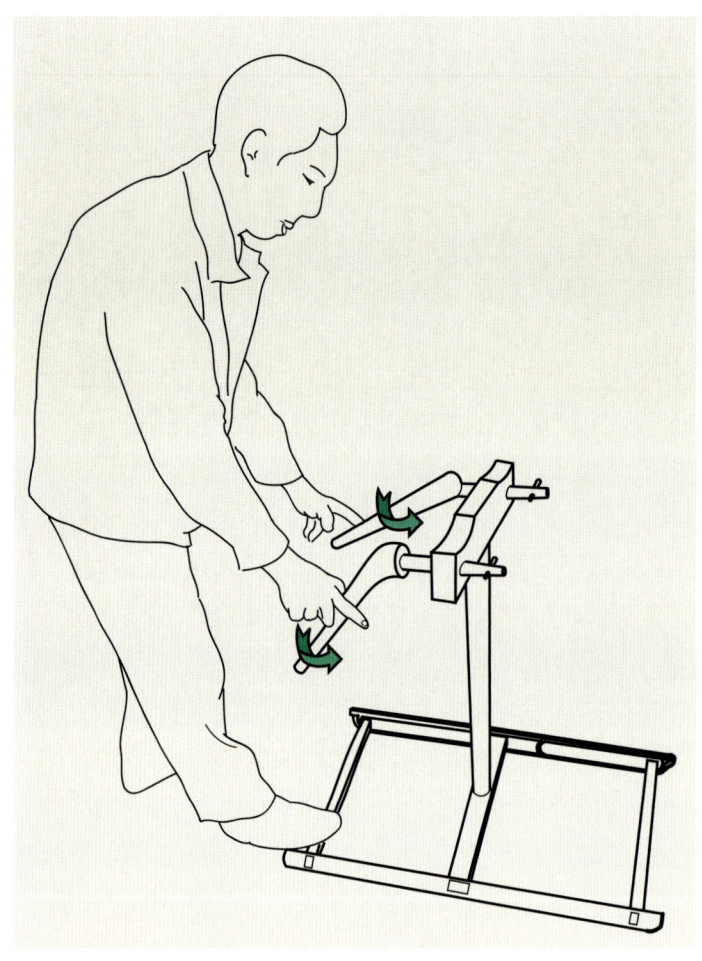

图五　京族纺线车操作示意图

京族镰刀

图一 京族镰刀主图

京族镰刀是一种收割工具，其形制与汉族镰刀截然不同，特别是刀具与手柄的结构关系，其对工具的使用方式有着直接的影响。从生产方式看，京族是以渔业为主，兼顾水稻、薯类、玉米、花生等农作物的种植，尤其是20世纪中期，京族人开始大量围海造田，耕地面积迅速扩大。因此，镰刀成为京族人从事农业生产不可或缺的工具。

本案例采自京族博物馆，其结构由手柄、勾柄及金属刀构成，其中手柄与勾柄为一体化结构，形态呈倒"V"字形；刀具形态则为薄而弯曲的片状，斜插在木质手柄上，与勾柄分列在把柄的左、右两边。案例手柄长54厘米，勾柄长59厘米，刀具长16厘米，勾柄与手柄间的垂直距离是33厘米，勾柄、刀具同手柄间的夹角分别为50度和40度。从设计学角度分析，手柄两边各设置一个功能迥异的部件，其中勾柄与手柄间是一种整体的结构关系，这种设计是通过选择特定的树枝来实现的。这样做的优点是无须考虑勾柄与手柄的节点问题。设置勾柄的主要目的是帮助使用者将稻穗"勾"到方便用手抓握的位置。与此同时，握着手柄的另一只手则顺势向右（左）翻转，使刀口迎向稻秆，只需用力向后拉，锋利的刀口就能在瞬间将稻秆割断，从而完成一次收割动作。

此外，案例另一设计特点便是刀具与手柄的结合方式与汉族不同。本案例刀具形制呈扁平状，刀身较细，且略有弯曲，由于刀身是采用斜插的方式与手柄结合的（呈40度角），故在切割稻秆的过程中，刀口施力方向与稻秆呈一定夹角，这样就导致一个结果，即稻秆是被刀口"划"断的，而不是"砍"断的。从力学角度分析，在切割细或薄的物体时，用"划"的方式要比垂直地"砍"效率高得多，有助于劳动者节省体力。但这种设计的应用程度会受到一定限制，因为它仅适用于切割较细或较薄的物体，诸如稻秆之类，而对粗、厚、硬的物体则会显得力不从心。

总之，京族镰刀的形态和结构与京族人的实际生产活动有着直接的关联。

图片来源
图一　许边疆　摄影
图二至图六　许边疆　制图

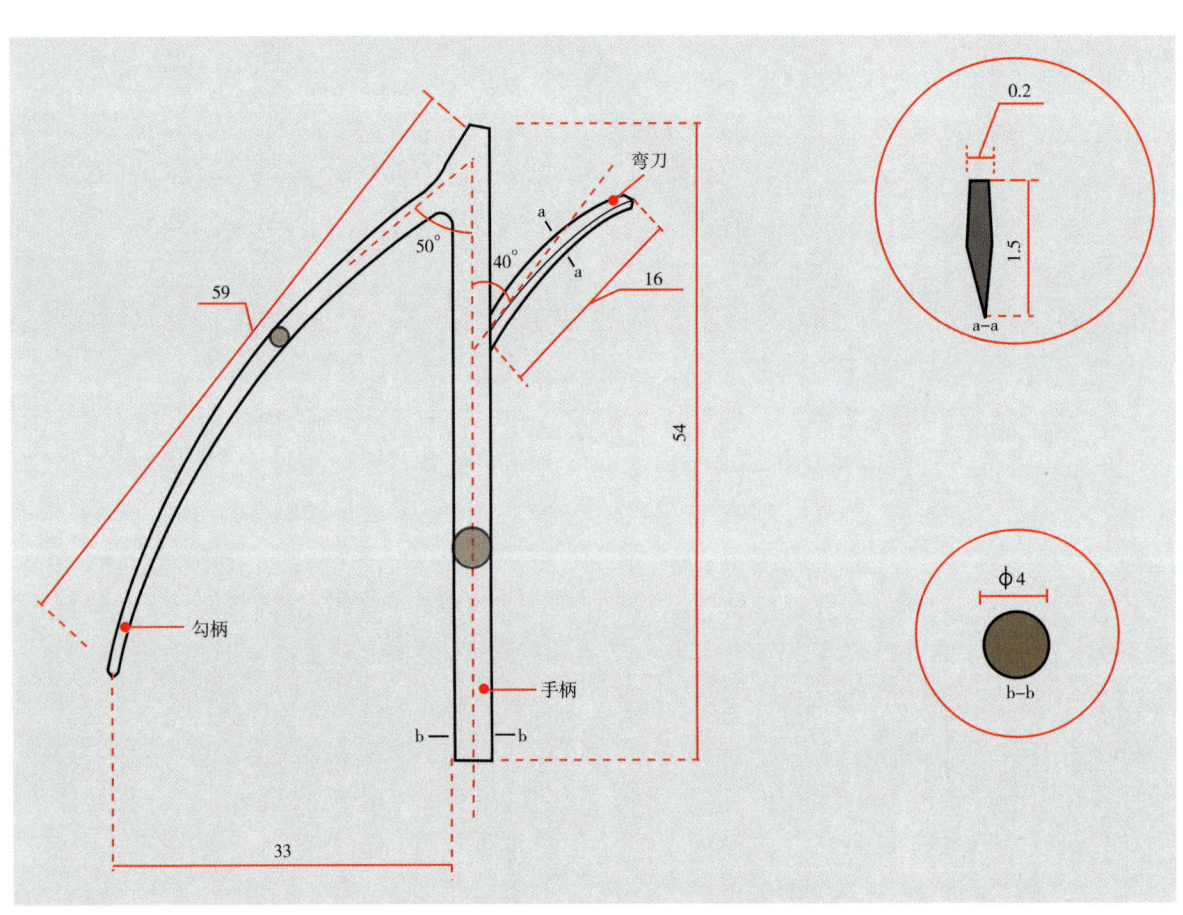

图二　京族镰刀尺寸图（单位：cm）

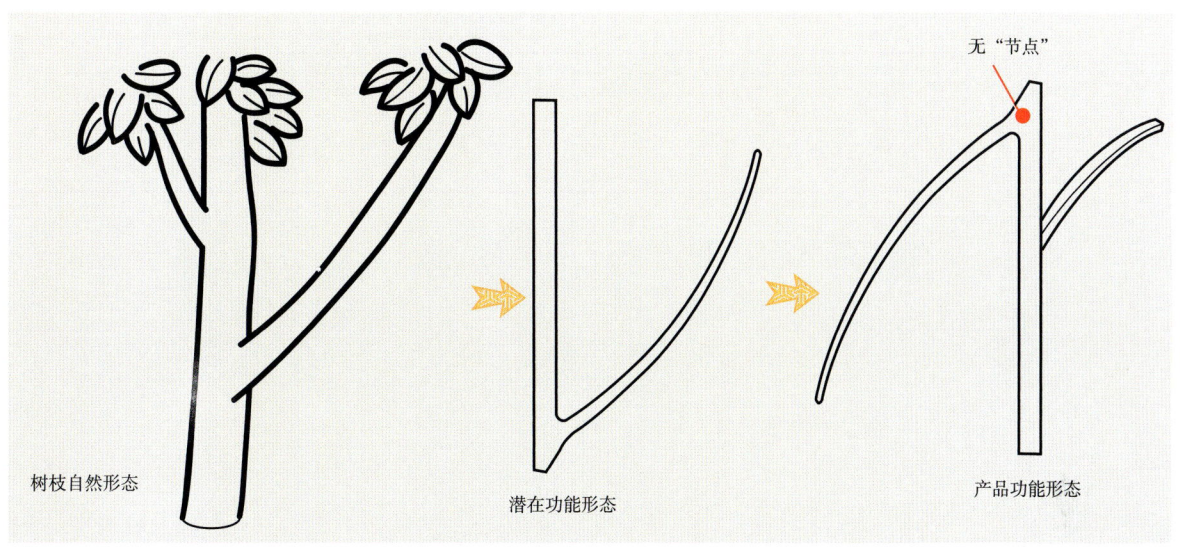

图三　京族镰刀设计分析图1

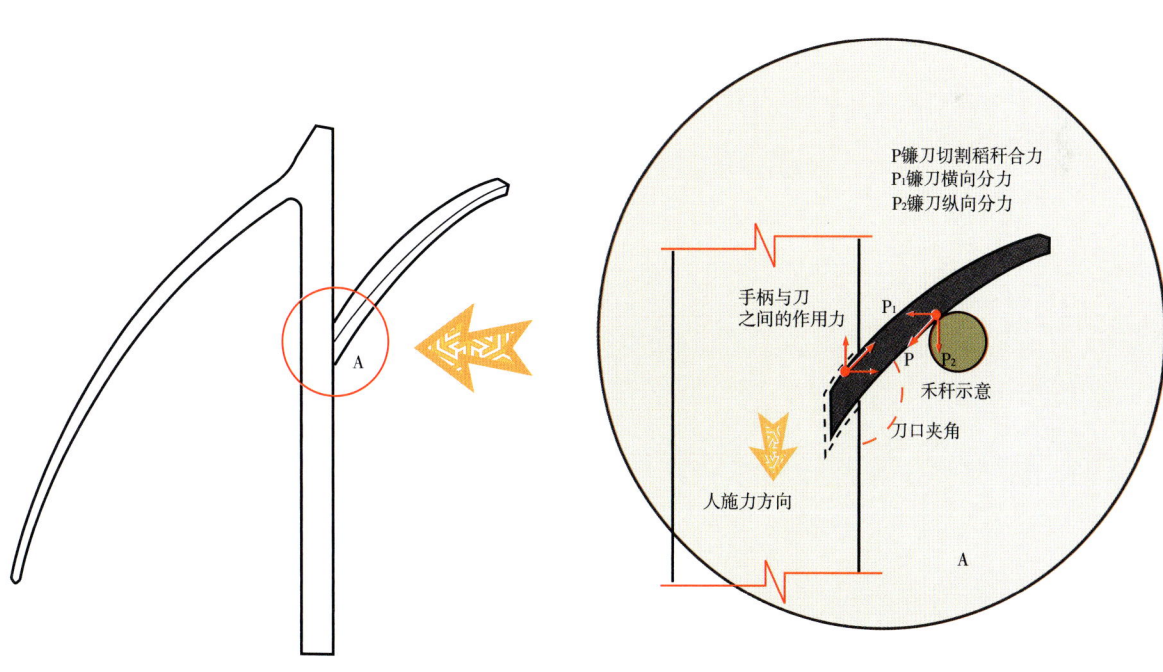

刀与手柄构造图示

图四　京族镰刀设计分析图2

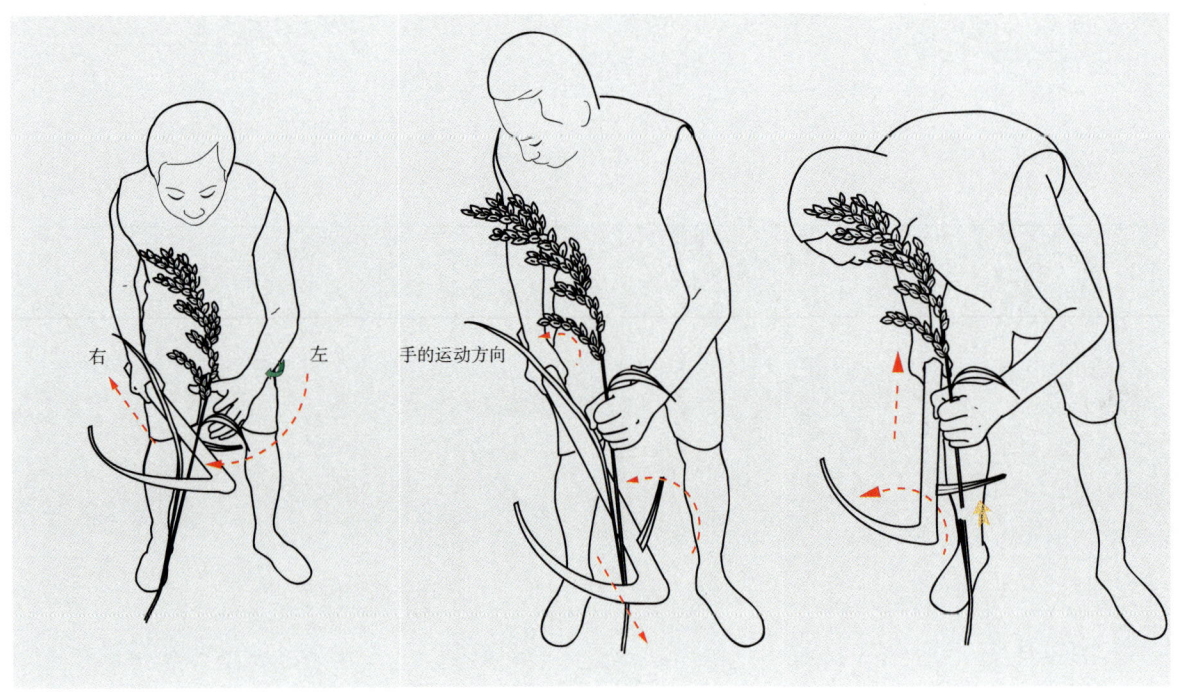

图五 京族镰刀操作示意图

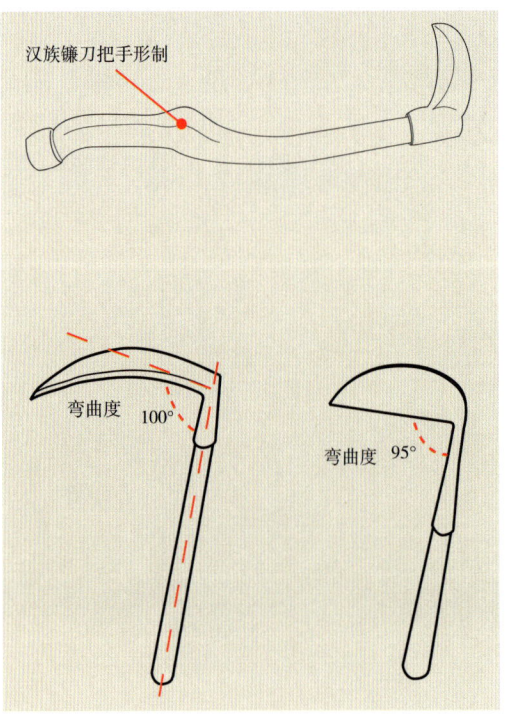

图六 京族镰刀对比图

京族戽斗

图一 京族戽斗主图

戽斗是一种汲水灌田的农具，通常用竹、木、柳条或藤条制作，本案例即采用竹篾编织而成，现藏于京族博物馆。从形制上看，如长条形之簸箕，但与簸箕相异的是，戽斗上部中间捆绑着一根竹竿。本案例戽斗主体长66厘米，最大宽度为35厘米，把手长106厘米。

过去，京族人常用这类汲水工具解决生活和劳动中碰到的一些实际问题，如农田灌溉、内河捕鱼捉虾、屋前房后清除水涝……特别是涉及稻田的灌溉。京族人因世代生活在海边，田地多为填海而成，土地泥沙量大、盐分多，故贫瘠难耕，为此，人们常用人工放水洗田的办法来弱化田中盐分。再者，种植水稻也是件极耗水的农事，特别是在某些时段，耕种者必须使用戽水来灌溉农田，以保证禾苗正常生长。从设计学角度分析，传统的戽斗蕴藏着先人的智慧，其特点为：一是形制及大小同成人的生理机能相匹配。从案例尺度看，每次汲水量应该在10~15升之间（根据案例体积可测算出），这个量的大小与20世纪初的科学实验——人长时间搬运物体的最佳重量10公斤相吻合。尤其是把手的位置及长度设计，既方便操作，同时又能在汲满水的状态下，使戽斗的重心落在人的双腿之间，从而减轻劳动强度。二是材料的选择。本案例的主体用竹篾编织而成，对京族人而言，竹材虽易得，但将它编织成汲水用的器具却是一个大胆的实践。通常，汲水器应该是设计成密封的结构，但竹篾编织物却存在大量的缝隙。而京族人用这种带缝隙的竹编工具汲水和泼水，正是充分了解了缝隙泄水与泼水间的时间差，换言之，就是从案例汲满水到泼出水，

第五章 京族传统生产工具

这段时间从缝隙中漏出的水是微不足道的，可以忽略。

事实上，关于戽斗器具的发明和使用，中国历史上早已有之，但不同地区汲水器具的形制、用料及成形方式却存在差异，各具优势，都是劳动人民智慧的结晶。

图片来源
图一　孙林　摄影
图二至图六　许边疆　制图
图七　刘明来　制图

参考文献
赖维铁.人机工程学.武汉：华中工学院出版社，1983，第3页.

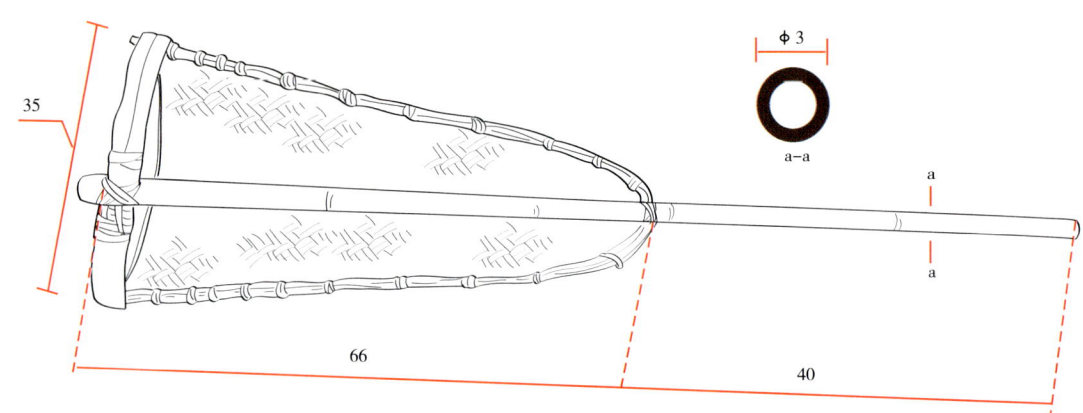

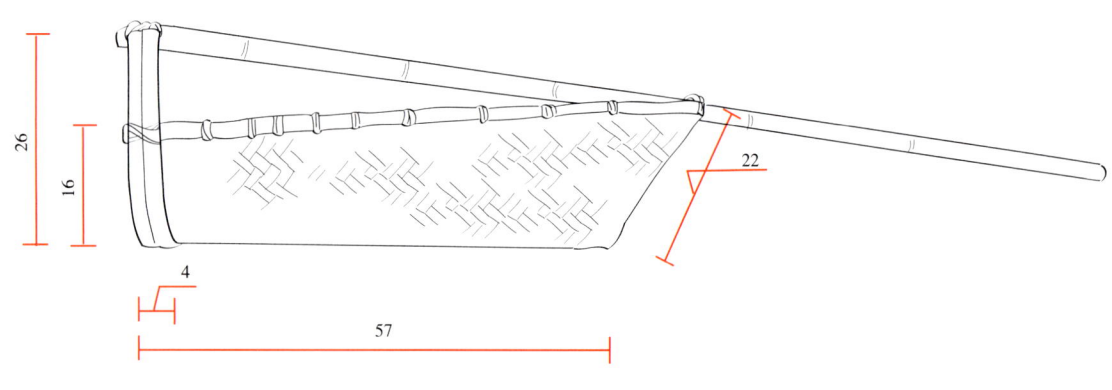

图二　京族戽斗尺寸图（单位：cm）

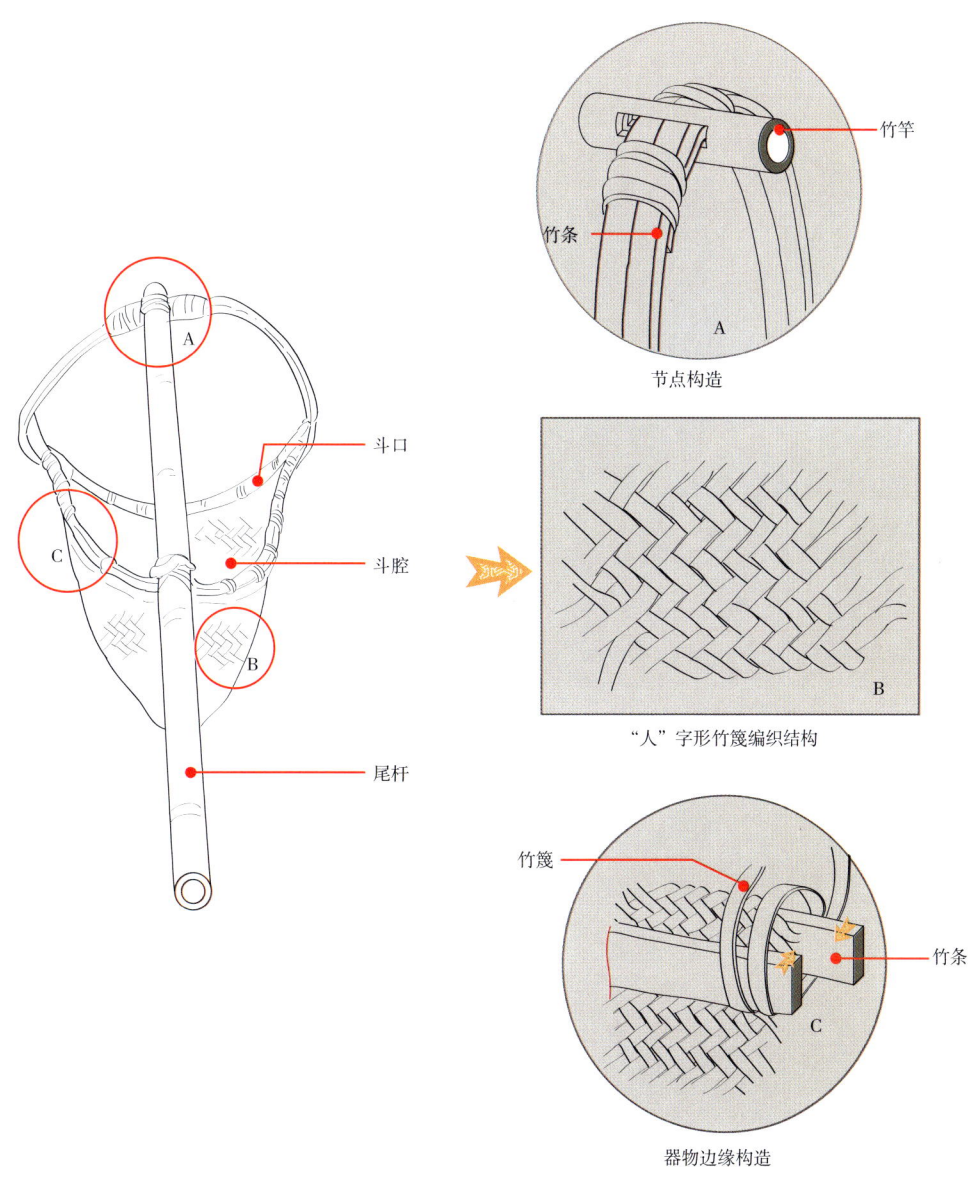

图三 京族戽斗结构名称图

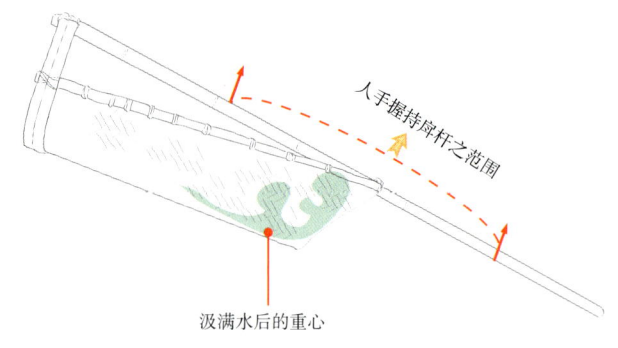

汲满水后的重心

人手握持戽杆之范围

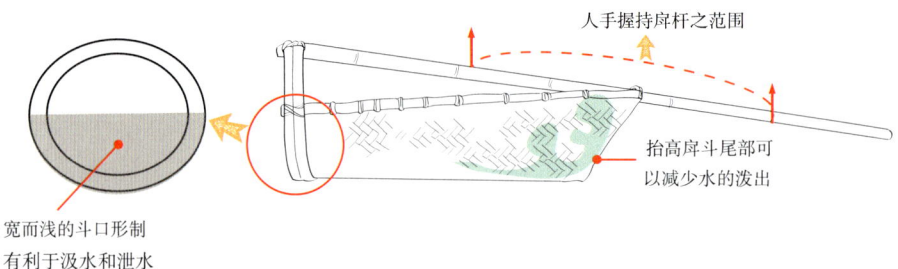

人手握持戽杆之范围

抬高戽斗尾部可以减少水的泼出

宽而浅的斗口形制有利于汲水和泄水

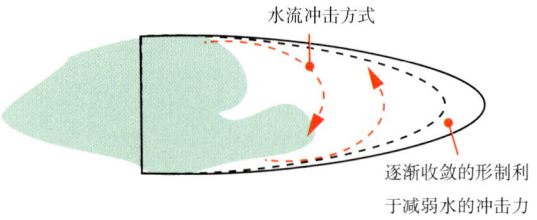

水流冲击方式

逐渐收敛的形制利于减弱水的冲击力

图四 京族戽斗设计分析图

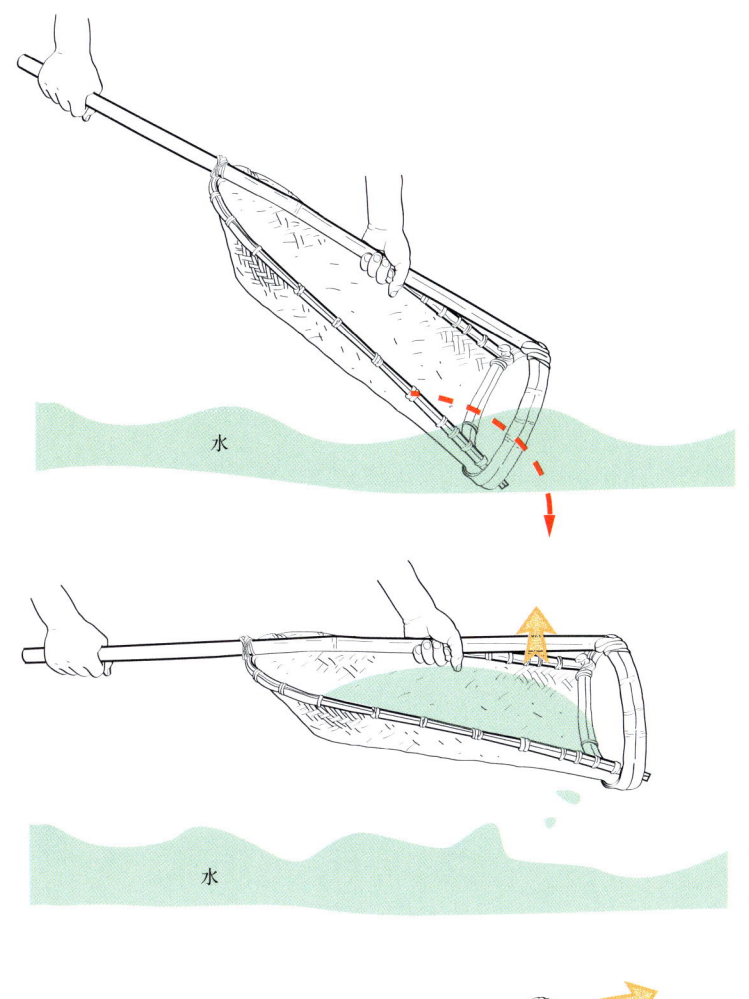
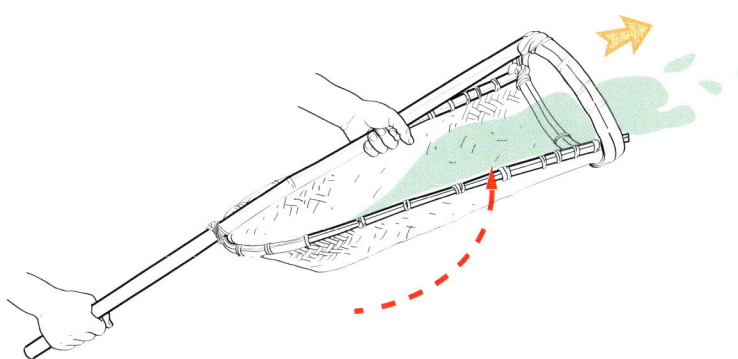

图五　京族犀斗操作示意图

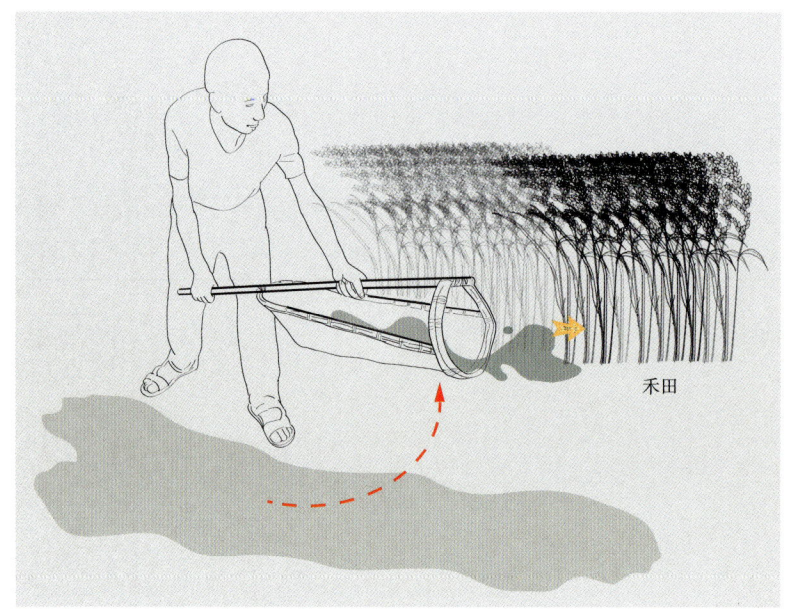

图六 京族戽斗使用情境图

壮族戽斗形制

其他地区戽斗形制

图七 京族戽斗对比图

第六章 京族传统民俗和宗教造像

京族祭祀器具

图一　京族祭祀器具主图

京族祭祀器具主要用于哈亭、庙宇及家庭正厅，其中哈亭祭祀器具最富民族特色。归纳地看，哈亭祭祀器具有神位牌、神像、华伞、香案、供台、铭旌、兵器、木牌、铜锣、皮鼓、敬酒具、香炉、烛台、游鹤、跌杯珓、花棍等。本案例中的哈亭神位牌，采自京族博物馆。从京族人崇拜的神灵看，京族主神是白龙镇海大王，副神有兴道大王、广泽大王、点雀大王、高山大王、灵应大王、百神大人、百神尊神、尊祖百神、本境土地福德正神等，这些神位的设置自然是由京族宗教信仰所决定。据《沥尾京族简史歌》里唱的："首先拜请海龙王，二祈地方众神隍。三求诸家各祖堂，赐福人间万年长。此后人畜得平安，海产丰收按惯例。家家都立祖神堂，村村建起庙亭祠。财产丰收生活好，人丁兴旺年胜年。每年六月初九始，唱哈祭祀乐数天。"（苏维芳、苏凯主编《京族社会历史铭刻文书文献汇编》，内部资料，2012，第167页）由此可见，京族人祭祀的重心依次是：祭海神—祭山神—祭鸟神—祭祖先。

从神位形制上分析，无论何种神灵，神位的牌形皆是一致的，即上端正面为圆形，中部是狗牙边缘长方形，下端是条形。经测量：牌高43厘米，牌首直径11厘米，牌足长18厘米，牌身与牌足的厚度分别为1.6和2.5厘米。虽说神位是诸神的象征，但在实际造像过程中难免受到人形的影响，之所以要这样设计：一方面，人的自身形象是制作神像的最佳模拟对象；另一方面，将案例抽象化又将神与人的距离拉开。显然，案例的形态既方便成形又能满足祭祀者心理之需求。从现在沥尾哈亭神位情况看，京族人又从外地定制了具象神位——瓷塑人像，这类具象神位无疑要比非具象神位更加直观，能让祭祀者产生新的视觉感。

除神位外，沥尾哈亭功德箱两边分别摆放一只游鹤。游鹤脚踩寿龟，头呈仰起状，颈部羽毛飘逸，鹤体秀美，整个形体极富装饰性。实际上，在道教中鹤与龟一样被视为长寿之王，哈亭是京族人祭神、祭祖（异祖同祭）的地方，放置游鹤自然是道教信仰的反映，不同村的哈亭，祭祀用的器具皆有道教文化的烙印。

哈亭是京族人祭神、祭祖的神圣之地，祭祀所用器具无论大小，都要体现对神灵、先祖们的敬重。例如，在沥尾哈节，我们见到献酒的司文官员将斟满酒的杯子小心翼翼地放进木质专用器具里，然后双手托盘，在其他司文官员的引导下（分东引、西引），缓步虔诚上酒，以此来表达对诸神的崇敬。

图片来源

图一、图七　孙林　摄影

图三　孙林　制图

图二、图四至图六、图八　许边疆　制图

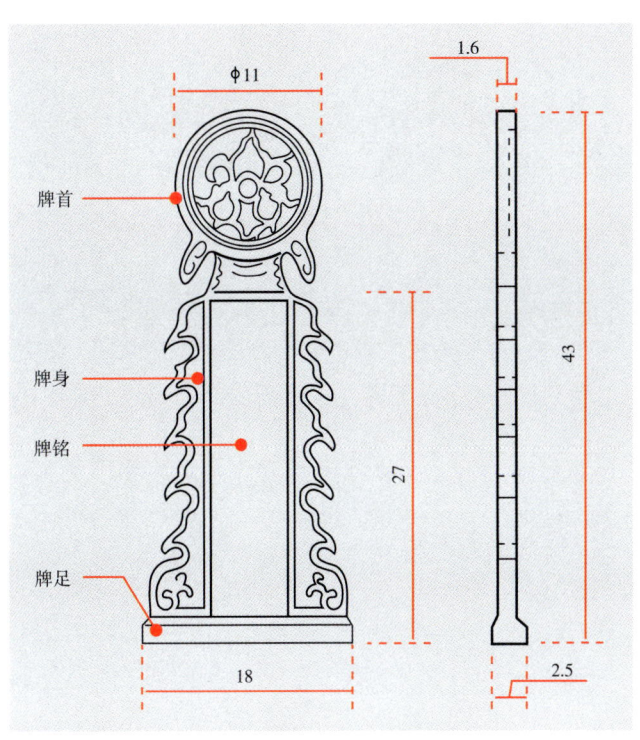

图二　京族哈亭神位牌尺寸、结构名称图（单位：cm）

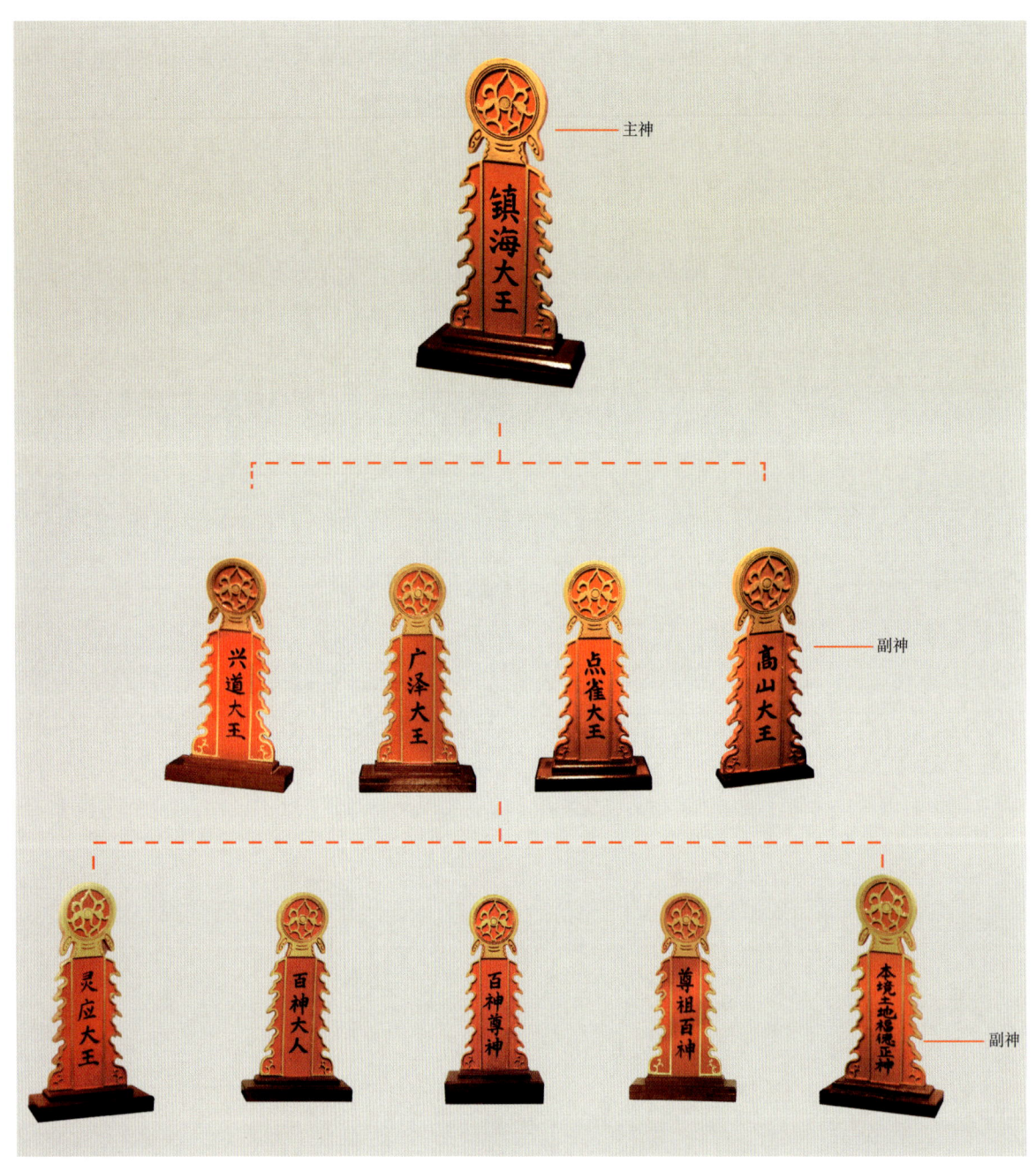

图三　京族哈亭神位关系图

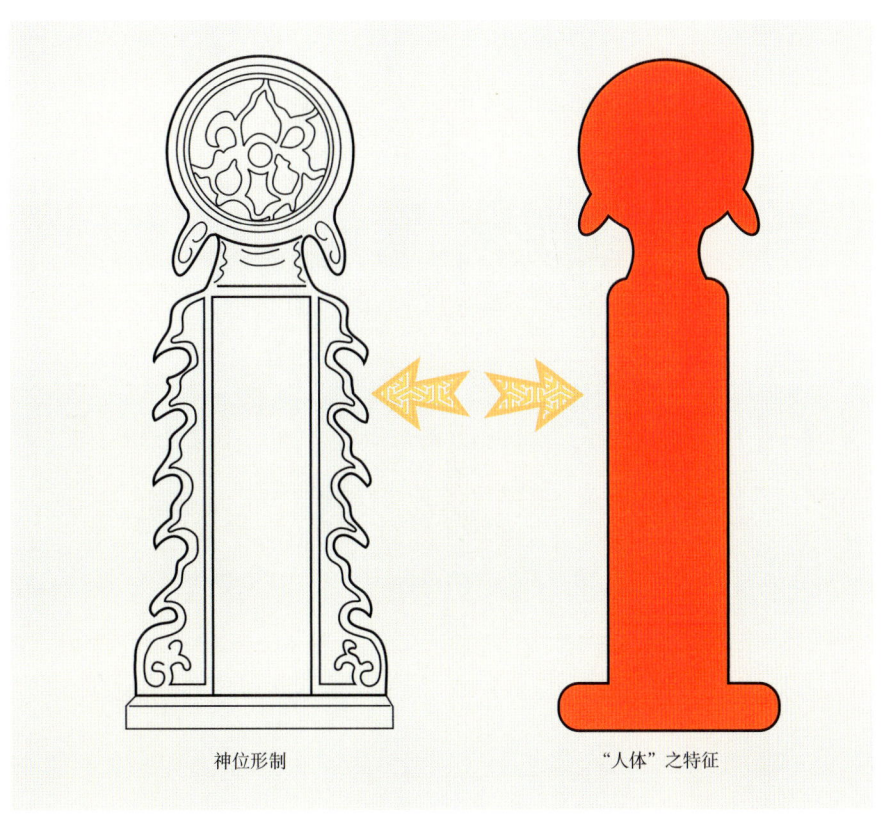

图四 京族哈亭神位牌设计分析图

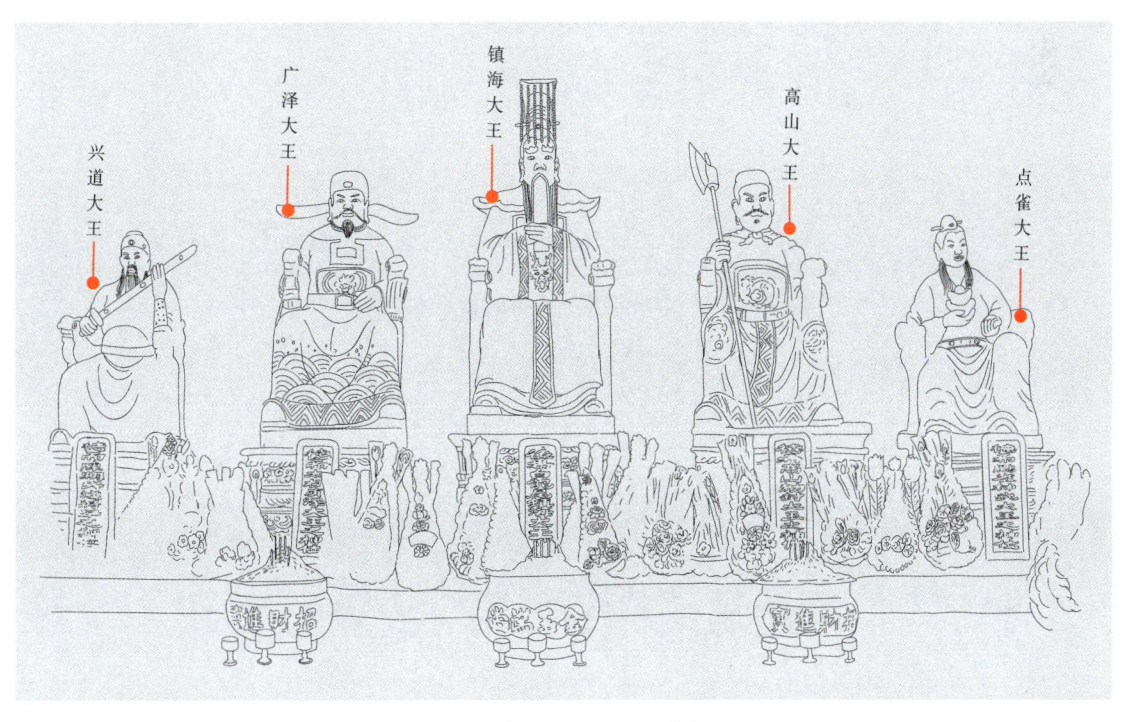

图五 京族哈亭正殿五神像

图六　京族吃亭神位秩序图

图七　京族祭祀器具·功德箱

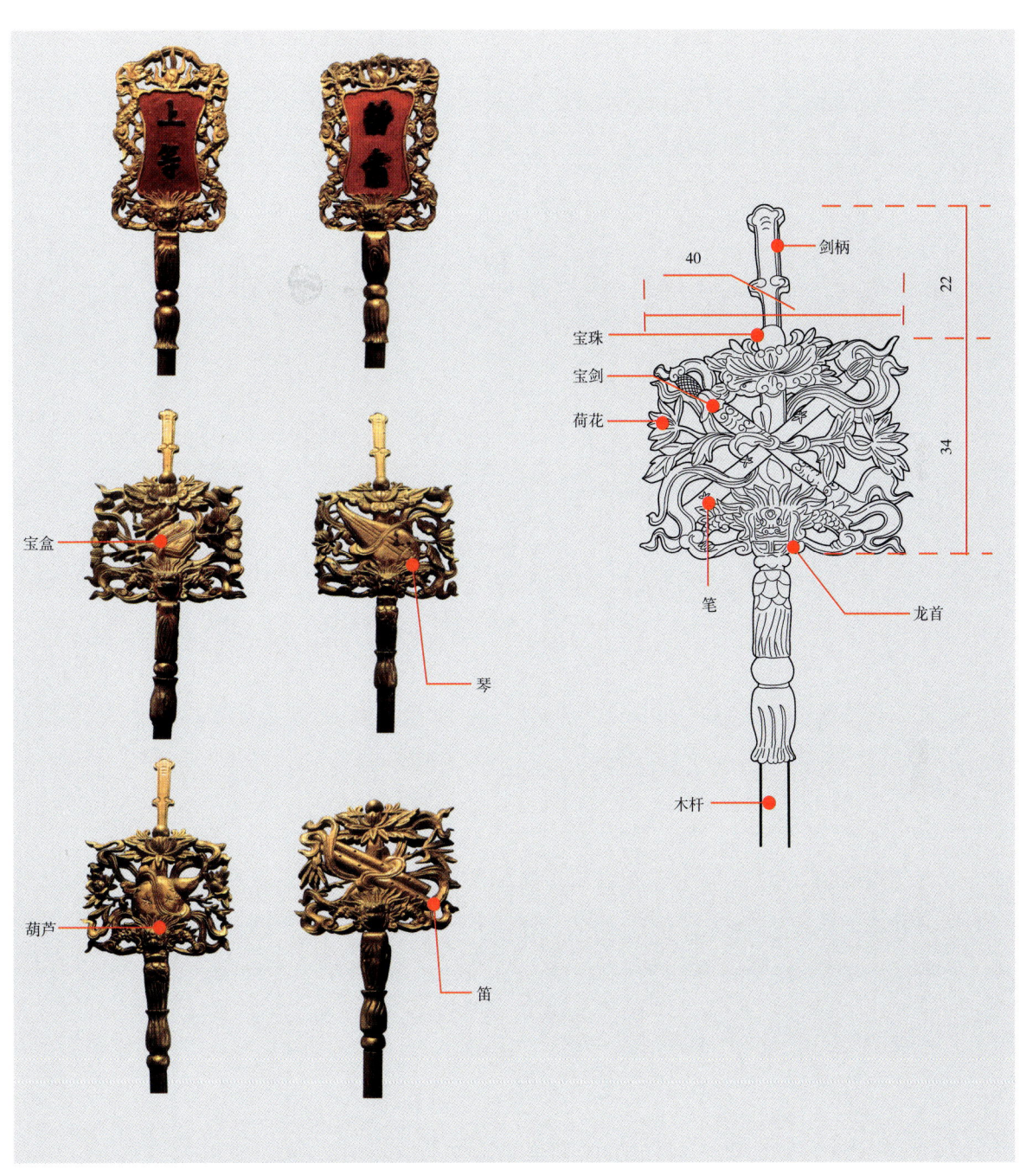

图八　京族祭祀器具·木牌（单位：cm）

京族幡旗

图一 京族幡旗主图

　　幡旗是指举行祭祀活动时所用的一类旗子，京族幡旗主要在哈节上使用。哈节是京族人对他们所敬仰的神灵及先祖的膜拜，通过隆重的祭祀活动，他们祈望得到保佑和赐福。本案例幡旗采自京族博物馆，为配对使用的两面幡旗。从形制上看，一面幡旗是直角三角形，另一面则为矩形，无论何种形制，旗子的边缘皆为"狗牙"形制。经测量，矩形幡旗尺度为165×176厘米，三角形幡旗两直角边分别是168×175厘米，旗子顶端皆设飘带一根。

　　从功能上看，有些幡旗只是一种标志，有些不仅有标志功能，还有象征性，至于它属于哪类幡旗往往取决于幡旗上的符号信息。本案例中，一面幡旗为龙形（龙凤皆用布贴和刺绣完成），一面为凤形，从京族人宗教信仰角度分析，此处的龙形应该是海龙王的象征。

　　京族幡旗源于何时已无法考证。幡旗是哈节必不可少的物品，其形制基本以三角形和矩形为主，形制上应该说是受到汉族幡旗的影响，但京族幡旗也有自身特点。例如，除了上面所提及的图形符号外，京族幡旗也有许多几何形的旗子，并且色彩丰富，有红、黄、青、绿等色。这些色块的应用不知是否与他们所崇信的道教有关，但以设计学眼光分析，鲜明的色块无疑能让幡旗更有吸引力，这有利于哈节场面氛围的强化。此外，哈亭祭祀台上的诸多神牌，外部边缘采用了狗牙边的形制，这种设计方式也让神牌与幡旗间构成了某种形式上的呼应。总的看，迎神队伍挥舞着各色幡旗，与游客和外乡人一起欢呼助兴，仪式与阵势让人感到一种王者气派，场景令人难忘。

图片来源

图一、图六　孙林　摄影

图二至图五　许边疆　制图

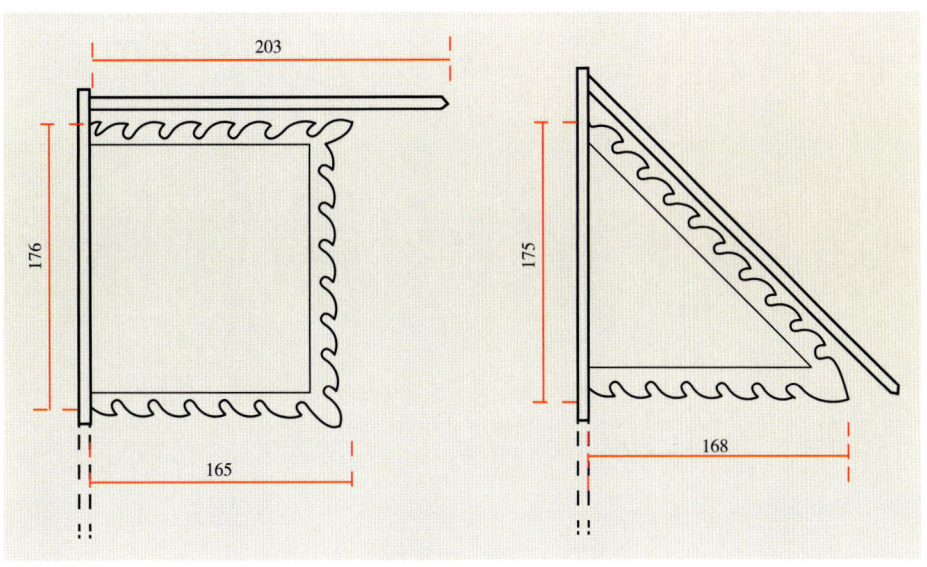

图二　京族幡旗尺寸图（单位：cm）

图三　京族幡旗图形符号示意图

图四 京族幡旗形制分析图

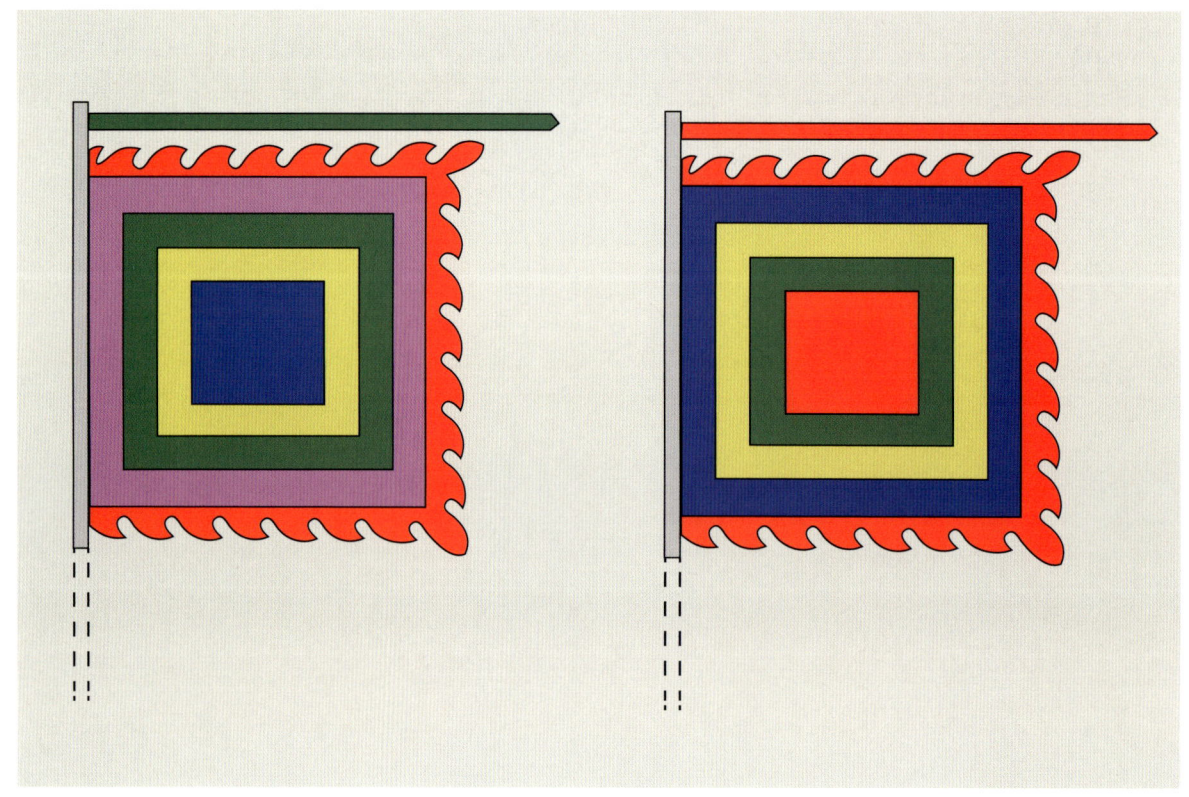

图五 京族幡旗延展图

图六 京族幡旗使用场景图

京族祭祀香案

图一　京族祭祀香案主图

祭祀香案是京族哈节迎神的一种器具。在整个哈节活动过程中,最重要的环节便是迎神仪式。迎神的这一天,全村男女老幼需集体出迎,加之外来宾客,迎神队伍十分庞大,所到之处,人声鼎沸、锣鼓喧天、幡旗招展,其中有两件众星捧月似的东西,那就是祭祀香案和贡台。显然,这里的香案和贡台既是人们向神灵和先祖表达崇敬的象征物,同时,也是迎接神灵和先祖"回到哈亭"的载体。本案例藏于广西民族博物馆,属于京族典型祭祀香案。

经测量,本案例龙杠长238厘米、厚6.5厘米、最大高度42厘米,两龙杠间距86厘米,案例通高169厘米,龛窗宽70厘米、高72厘米,龛窗截面形制呈正方形。案例结构主要由金顶、走龙、龛顶、龛柱、龛窗、龛座及龙杠等组成,通体饰金。从形制上分析,本案例很像汉族的"硬衣式"花轿,有些地方又像皇家庙宇,如龛顶,但更多是与传统神龛近似,说明京族祭祀香案有其自身独特性。此外,本案例雕龙画凤、金碧辉煌,不仅龙杠为龙,其他部位也布满了大小不同、姿态各异的龙形。乍一看,好像是昔日帝王用具;仔细瞧,龙首却是民间草龙特征,表情温顺祥和。从历史上看,京族先人自从踏上三岛后,祭祀的主神便是海龙王,他们虔诚地相信海龙王能护佑乡民出海平安、渔业丰收。除本案例龛形结构外,京族祭祀香案还有其他形制，例如在沥尾哈节上我们就见到龙椅香案，这种香案很像一个高高在上的王位，令人遐想：坐在上面的"神"一定是高贵、威严的。

从设计学角度看，无论龛形还是椅形香案，都是由龙杠和上部配件组合而成，龙杠既有祭祀的象征功能，也方便人们搬挪。据说在过去，由于京族人生活贫穷，使用的祭祀香案只能是普通的方桌，迎神时必须靠人力担当，过程十分辛苦。如今，可将香案放在轮车上，从容行进。令我们印象深刻的是山心吃亭香案，他们将贡台与香案合为一体，设计出一种类似于古代马车形状的祭祀工具，该器具形状特征是：木质大轮，龙椅扶手为行龙，车轮旁各设一条长长的飞龙作为车体边缘，为了方便随时停车，贡台下方再设置一个小车轮，形似飞机前轮。

据哈节礼生介绍，哈节迎神的程序是：先由8名陪祭员护送祭祀香案和贡台随幡旗队、彩旗队、华伞队、兵器队（有的村没有）行走，紧随祭祀香案的是亭长、香公（翁巫）、翁祝和众多礼生，接下来跟随的是声势浩大的锣鼓队、腰鼓队，最后是成群结队的京族村民、被邀请的嘉宾及参观者。当迎神队伍走到指定海边后，香公开始敬三炷香，并掷杯珓（阴阳卦）以确信神灵被请到。完毕后，队伍开始返回，一路上不断燃放鞭炮，热闹非凡。

当迎神队伍回到哈亭前的"迎神彩门"时，先停下来，由敲鼓者（通常为翁村）向神许愿，请求神灵保佑村民平安，击鼓三通，全村村民齐声应和三次，方可进入哈亭，场面庄重严肃。迎神的这一天，上午迎神，下午是"关梁"仪式和祭拜活动，当一根红木柱架于哈亭中殿的当门柱子间时，就意味着神灵已安置完毕，至此哈节才算正式开始。

图片来源

图一、图六　许边疆　摄影

图二　许边疆　制图

图三、图四　孙林　制图

图五、图七　孙林　摄影

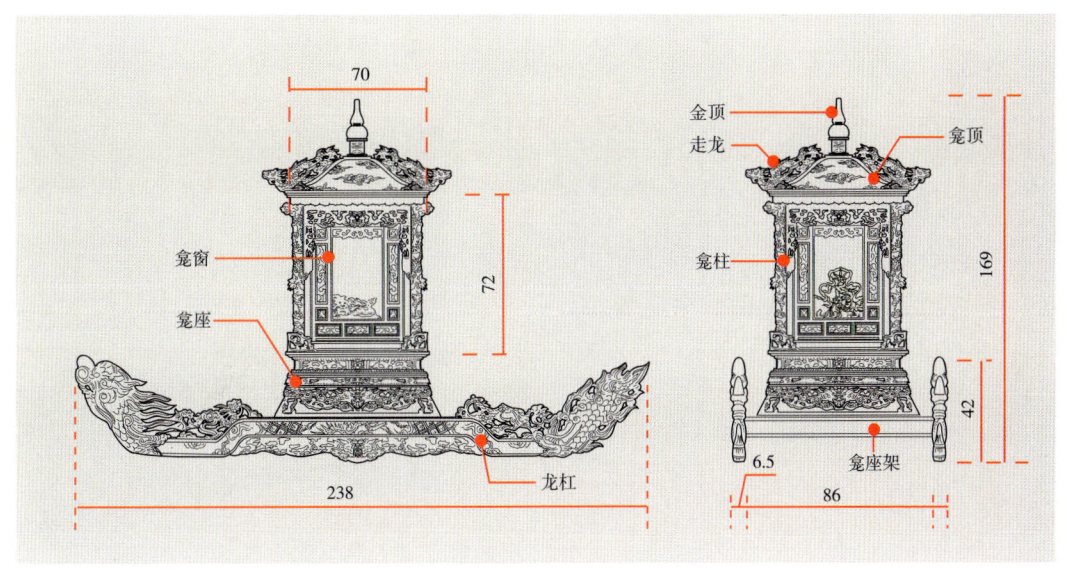

图二　京族祭祀香案尺寸、结构名称图（单位：cm）

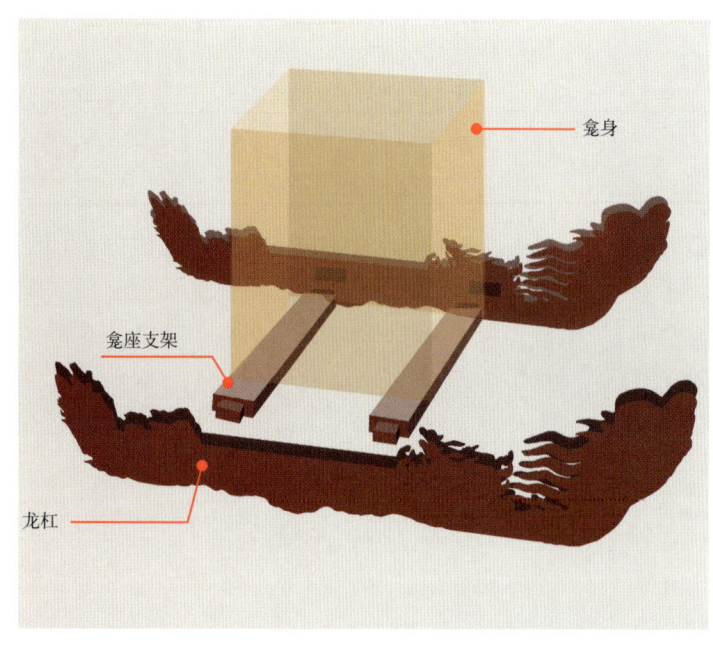

图三　京族祭祀香案结构分解图　　　　　　　图四　京族早期祭祀香案形制

图五　京族龙椅祭祀香案

掷杯珓　　　　　　　　　迎神敬香

图六　京族祭祀香案使用场景图

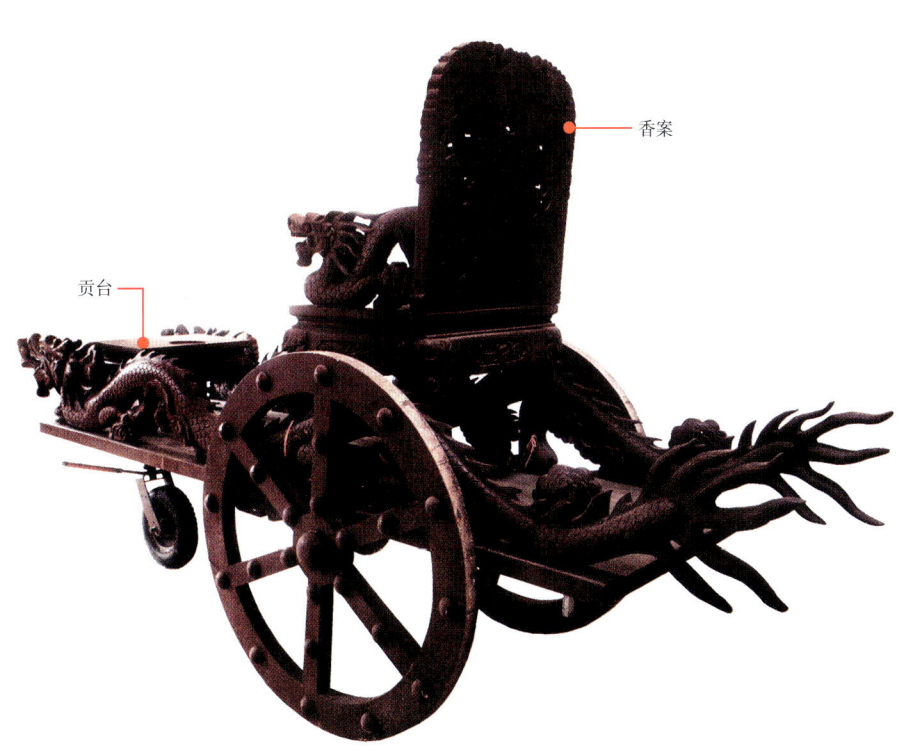

图七　京族祭祀香案延展图

京族耍花棍

图一　京族耍花棍主图

耍花棍是京族哈节期间由哈妹表演的一种祭祀舞蹈。具体地说，是为护送各路神灵，尤其是为送别"白龙镇海大王"而进行驱鬼开路的舞蹈。耍花棍又称花棍舞，其舞蹈道具主要是一根竹棒制成的花棍，京族博物馆藏有此类物品。本案例长36厘米，竹棒直径约2.5厘米，花棍上端及中部用红布和若干细竹篾各扎一束"花"（开张度约10厘米），花棍端头再扎一束纸花，结构并不复杂，属于自制器具。

以沥尾哈节为例，送神的日子一般是农历六月十四或十五的晚上，由翁祝和8名陪祭员祝颂事做仪式，先是哈妹唱一段，然后翁祝读"祭愚"文，求阴阳，待时辰一到，陪祭员们就把关了几天的"梁"搬开，送神返"宫"，随后便是哈妹耍花棍。哈妹耍花棍的主要动作是：双手握着花棍，以逆时针方向踩着鼓点迈动脚步，双手或上下，或左右舞动，每次面对一个方向将舞姿表演一次，共计东、南、西、北四向，这些动作皆暗示驱赶各方恶鬼为诸神、祖先开路送行。此外，哈妹还有一种耍花棍舞姿，即双手分别持棍，或在胸前交叉、分开，或以花棍尾端相互碰击，或以一棍搭肩一棍绕圈，边舞边唱，整个舞蹈的伴奏乐器只用皮鼓，鼓点随舞者的表演逐渐加快，给人以明快和流畅之感。最后，哈妹在急速舞蹈之后迅速地将花棍丢出亭外，早已等候着的村民便争着抢花棍，以祈求健康、求子、求缘、求家财兴旺。跳花棍舞的哈妹一般为1~2名。

事实上，在哈节的不同阶段，京族哈妹要跳多种舞蹈，例如在迎神、关梁之后跳进香舞和进酒舞,哈节结束前的乡饮阶段跳天灯舞。这些舞蹈融祭祀内容和娱乐形式于一体,其浓郁的海洋文化气息,无疑是该民族非物质文化遗产的重要组成部分。

图片来源
图一、图七、图八　孙林　摄影
图二至图六　许边疆　制图

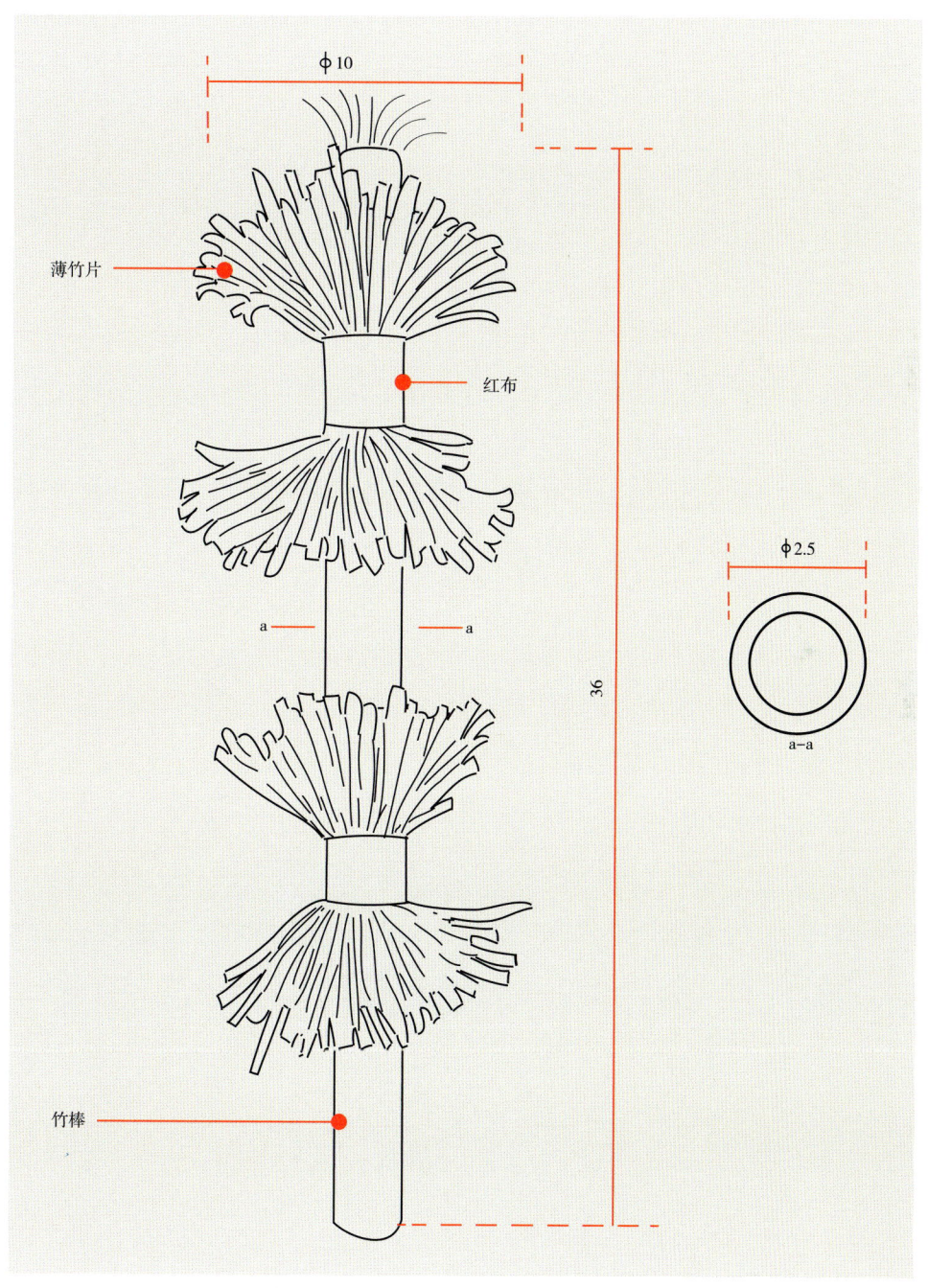

图二　京族花棍尺寸图(单位:cm)

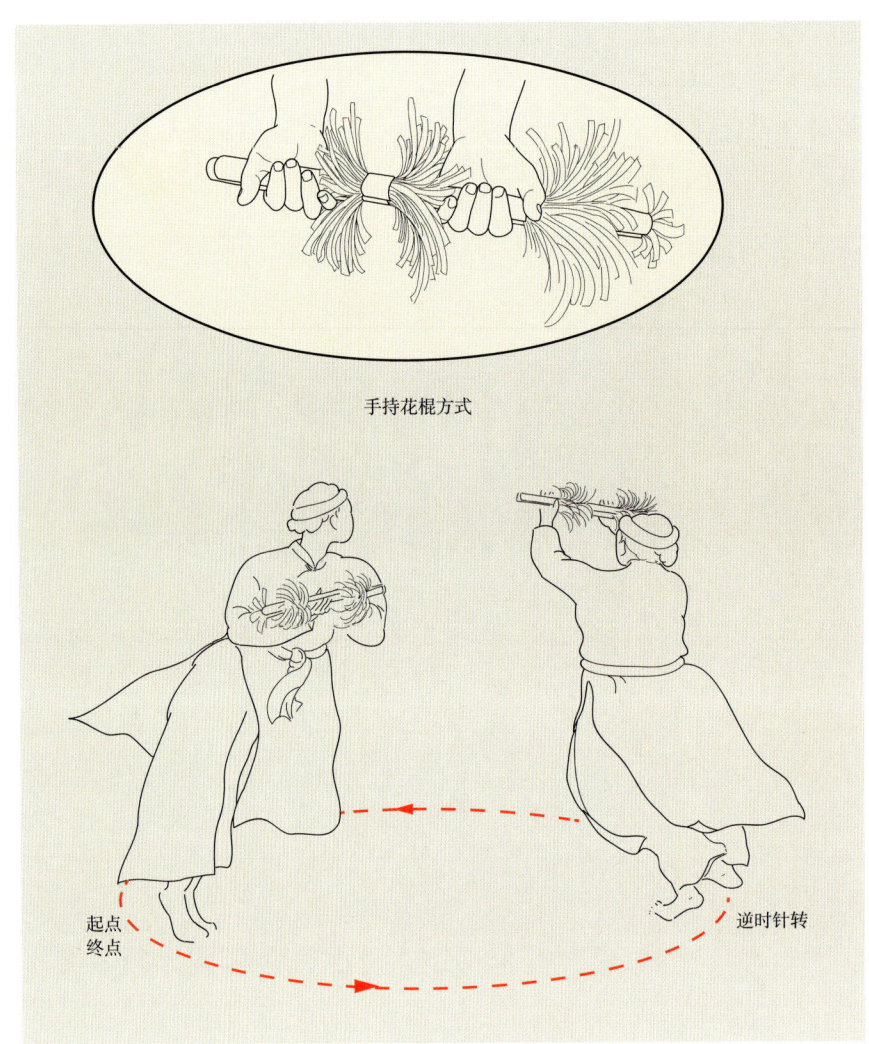

图三 京族花棍舞解析图1

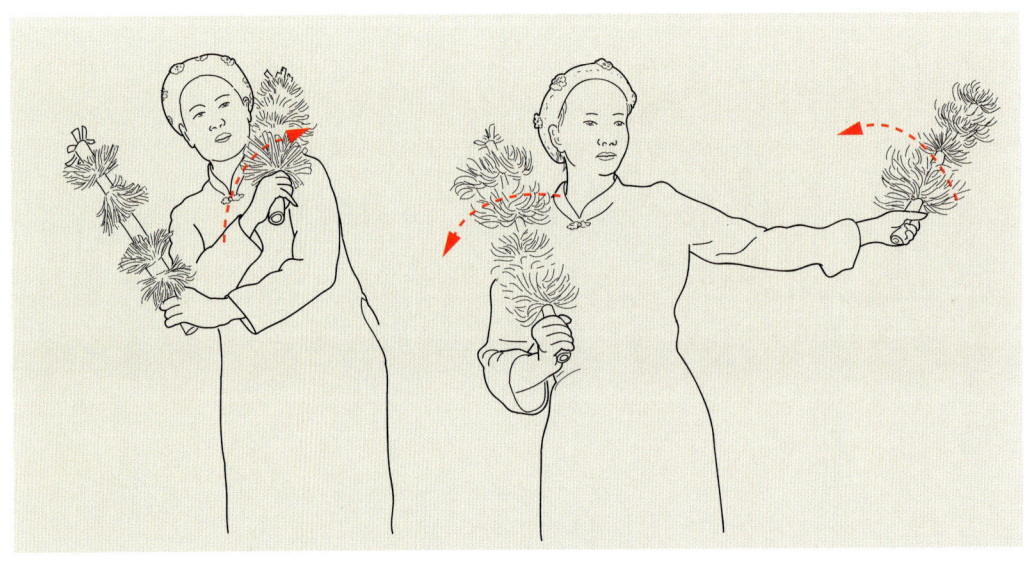

图四 京族花棍舞解析图2

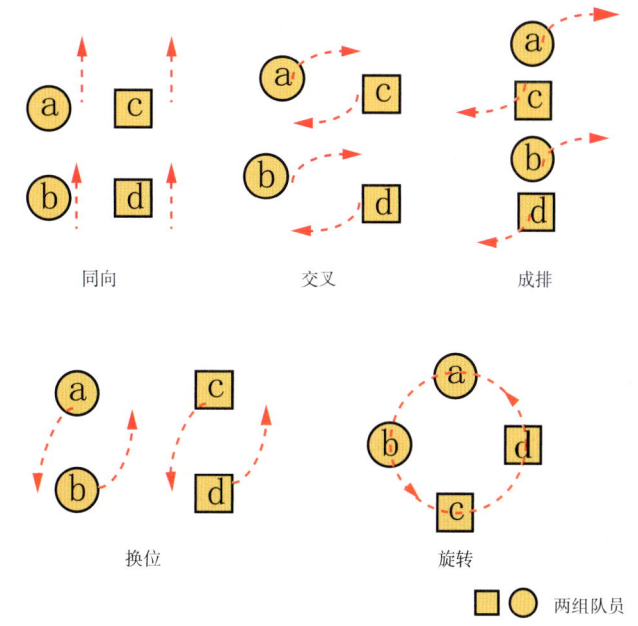

图五 京族进香舞或进酒舞站位示意图

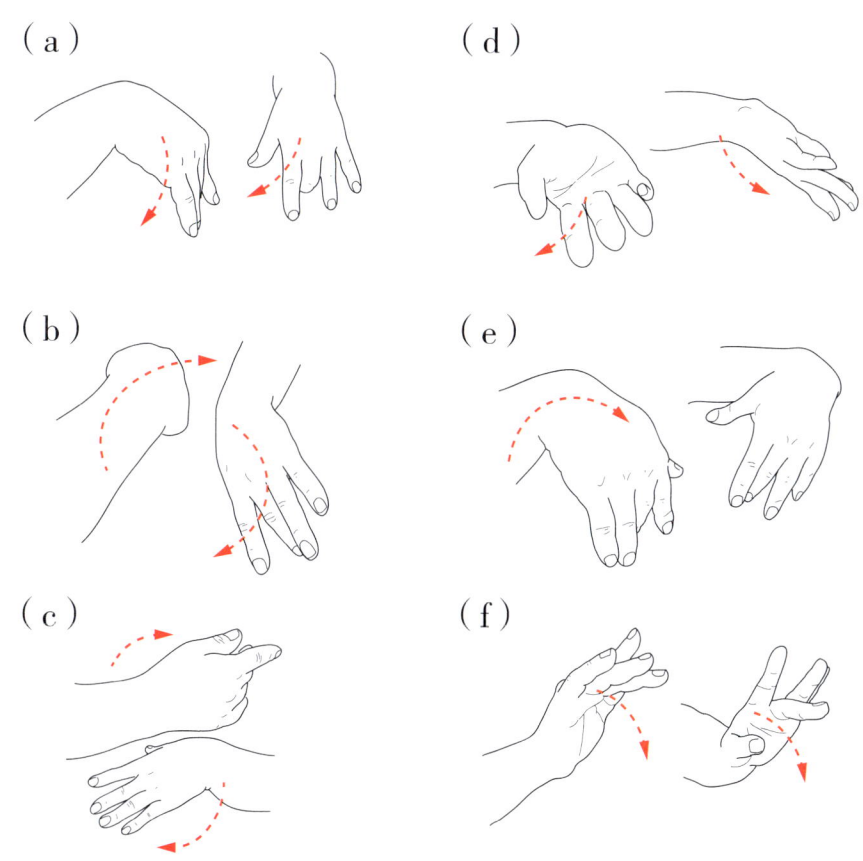

图六 京族进香舞或进酒舞手形示意图

图七　京族天灯舞场景图

图八　京族进香舞或进酒舞场景图

京族华伞

图一 京族华伞主图

过去，伞又称"盖"，华伞即华盖。本案例采自广西东兴市江平镇山心村哈亭，对于京族人而言，华伞是他们用于哈节活动的一种法器。案例伞柄形制为圆柱形，内部骨架结构属于中心支撑型，与现代雨伞结构十分相似，但不像雨伞那样可收，其伞骨为固定式。其结构包含宝顶、伞裙、裙腰、裙带、垂缨、伞柄、撑杆等，其中，伞柄最大直径为80厘米，伞裙高50厘米，垂缨8厘米。

尽管华伞源于何时尚无定论，但华伞的出现不会晚于战国时期，从出土的文物画像可间接印证。佛教传入中国后，华伞同宗教信仰间的关系就更为紧密了，京族人多信仰道教和佛教（少数人信仰天主教），自然也不例外。正因如此，京族人在哈亭神殿正坛前面、神道两边各摆设有圆顶华伞。

从设计学角度分析，在哈亭内部祭祀区摆设华伞，能与其他道具，如神座、神牌、香炉、供品等视觉元素构成一个宗教氛围浓厚的"场"，而这个"场"能将原本日常化的空间转换成肃穆的神圣空间。当然，在京族人眼里，华伞最重要的功能还是它在每年的哈节活动中所起的作用。概括地看，使用华伞的仪式有迎神、祭神、送神。华伞上部是圆柱形，该形态明显与周边物体在特征上形成反差，加之深红色的伞裙及飘逸的裙带，这些都让华伞在迎神队伍里显得格外突出。其次，位列神座两旁，而神座则是祭祀活动的视觉中心，会在华伞的烘托下起到强化人们对祭祀活动的尊崇感与神秘感。

京族华伞的骨架材料主要是竹、木、藤条，而伞裙、裙带则是用绒布制成，材料都相对廉价，这说明京族人使用华伞更注重其功能。华伞在京族人的祭祀活动中，不仅仅是单纯的一种道具形式，其自身也蕴藏着某些文化内涵。

图片来源

图一　孙林　摄影

图二至图六　许边疆　制图

图七　孙林　摄影、制图

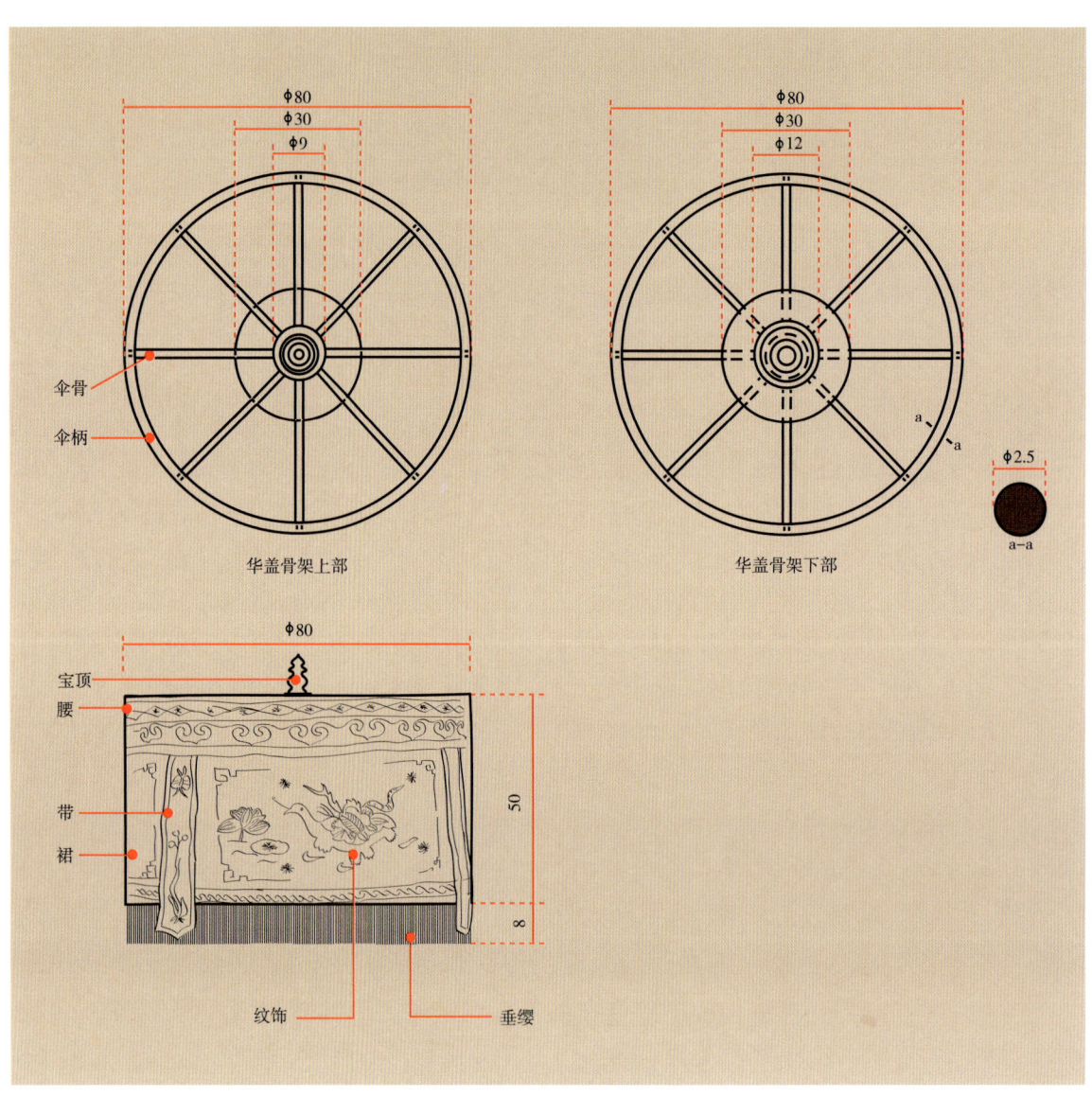

图二　京族华伞尺寸图（单位：cm）

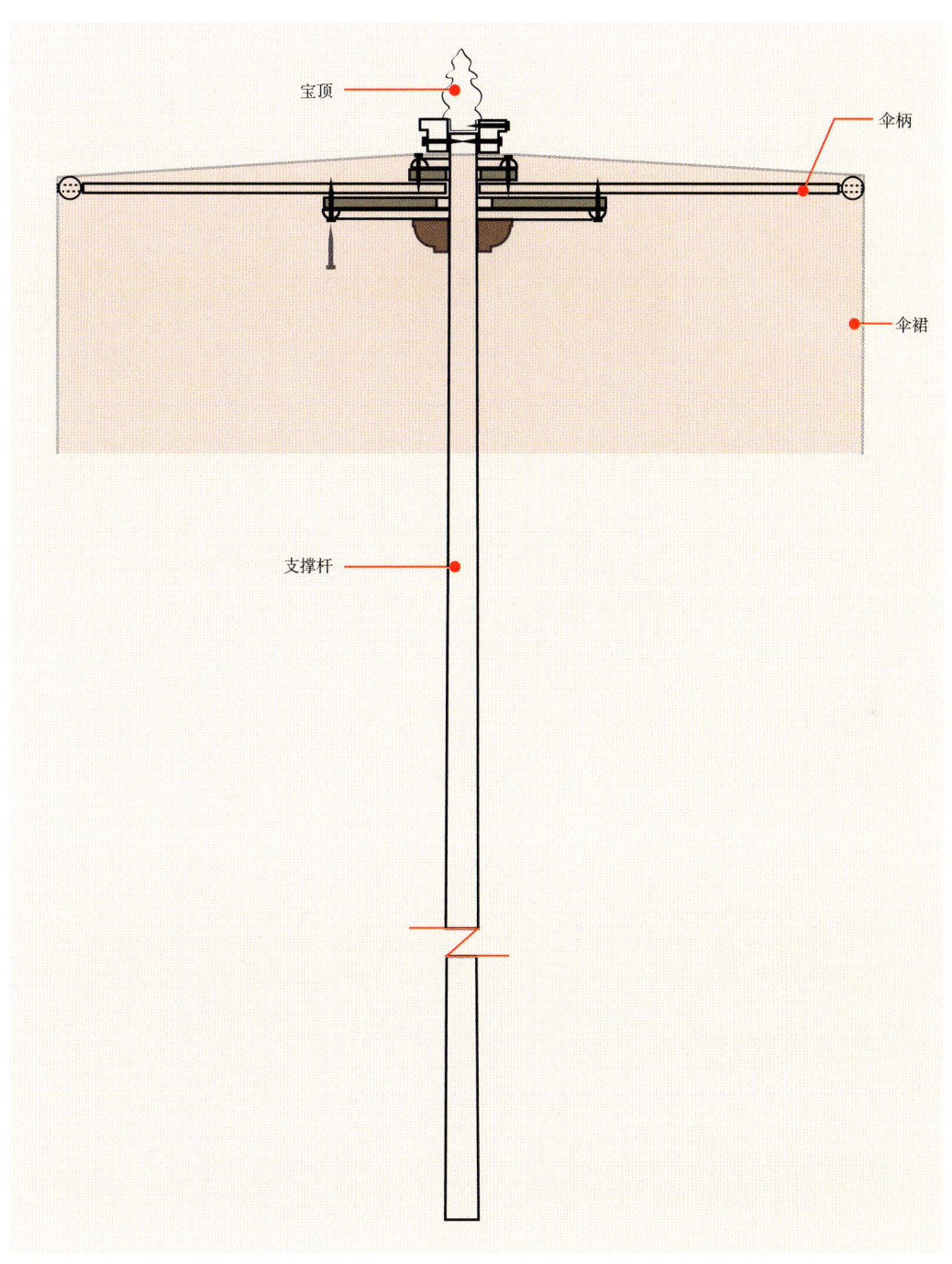

图三　京族华伞结构名称图

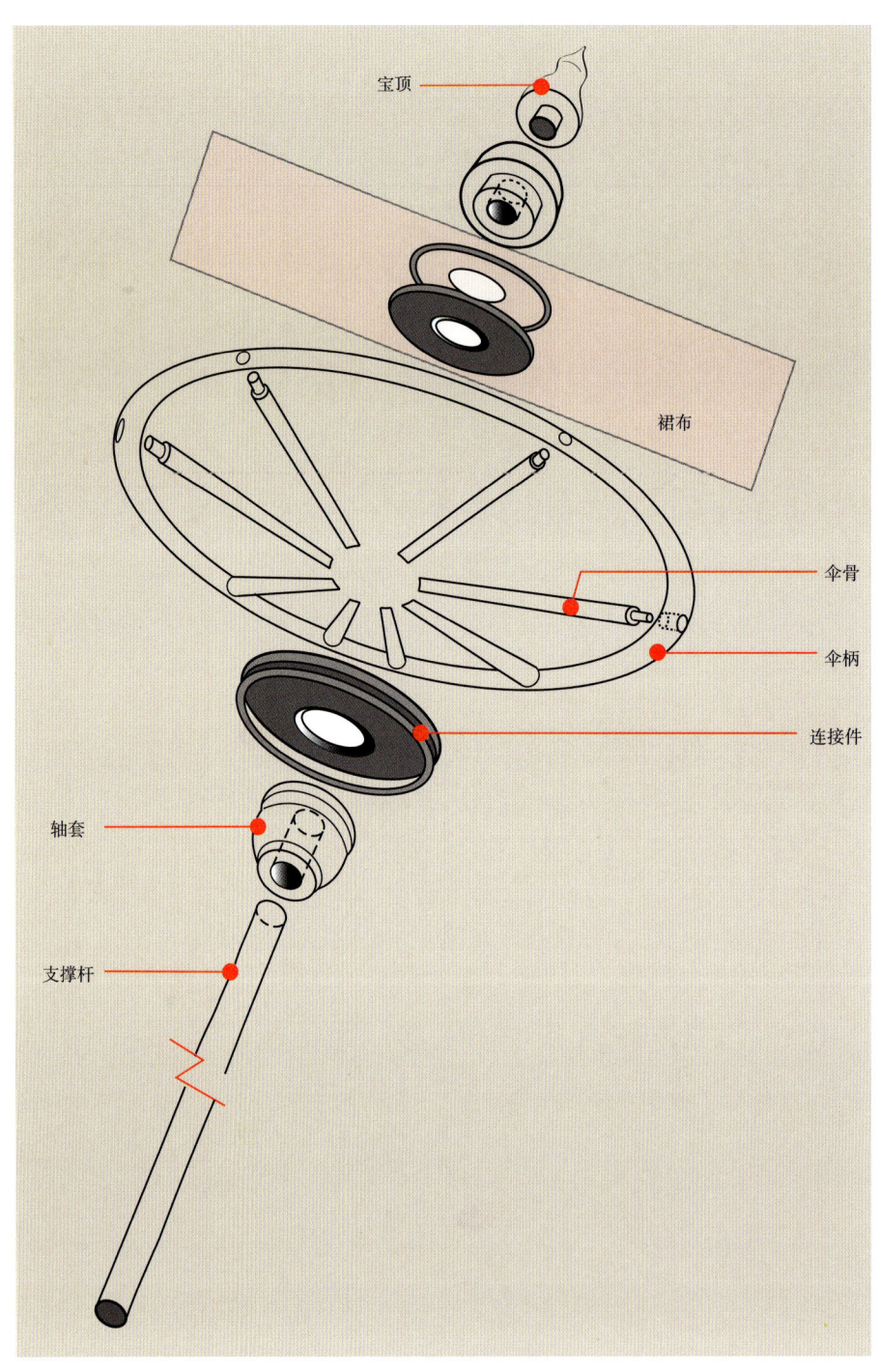

图四 京族华伞结构分解图

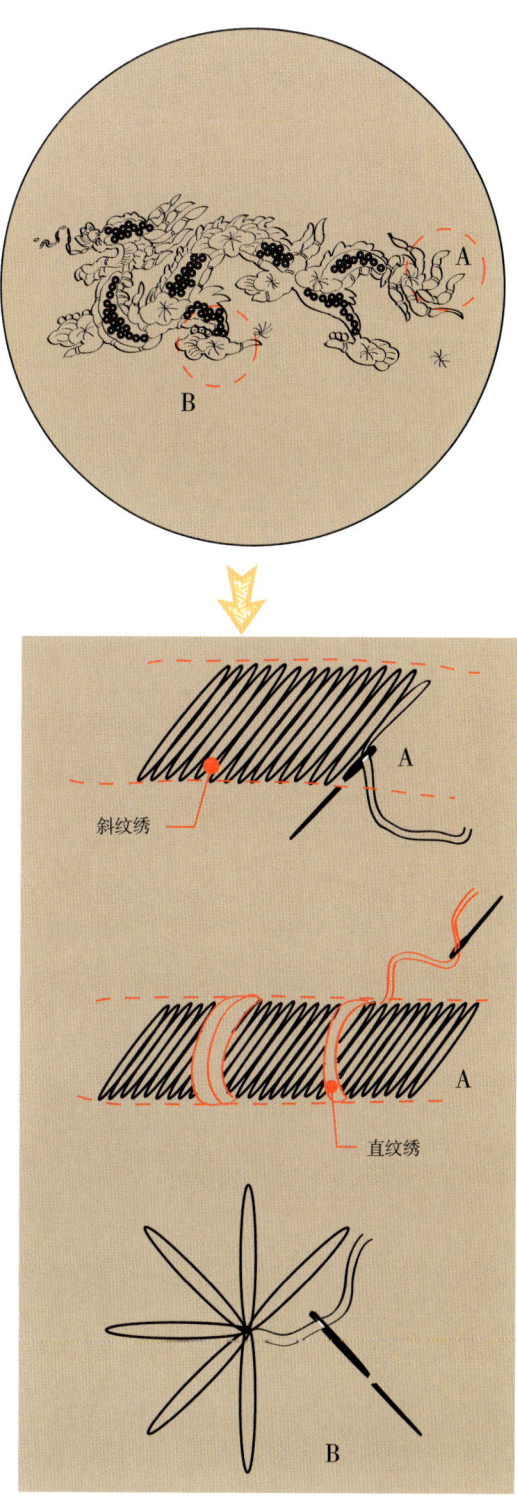

图五　京族华伞刺绣针法解析图

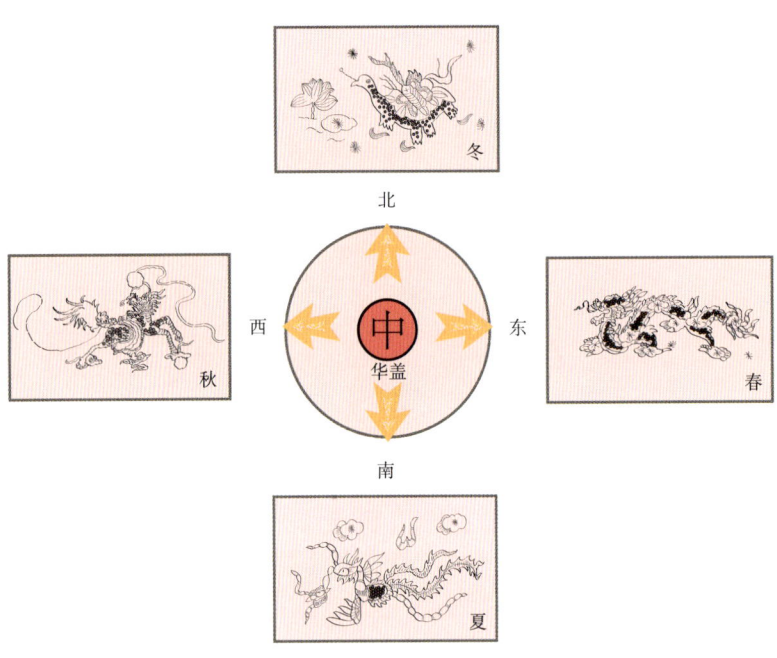

图六　京族华伞装饰分析图

图七　京族华伞使用场景图

京族龙杠

图一　京族龙杠主图

龙杠是京族特有的一种出殡器具，因形制中有两根长长的龙形木杆，故而得名。从形制上看，京族龙杠是一个长方形大木架，出殡时，人们将棺柩放在该架之上，再由若干人凭借体力抬棺出殡。本案例采自沥尾村哈亭侧院，属于龙杠主体构件。

经测量，龙杠全长316厘米，最大高度83厘米，腿高34厘米，杠身中部与后部设三个卯眼，用来安装托杆。本案例除雕出龙形外，还施彩绘，其装饰手法与哈节龙杠有一定区别：本案例仅龙首部位鎏金（下身有少量），龙身则用绿漆涂饰，而哈节龙杠则为通体饰金。京族人之所以用龙杠抬棺，同信奉海神有关，如镇海大王、海龙王、海公、海婆等等，其中海龙王是决定他们生死的神灵之一，有了龙杠，逝者便可乘龙西去。出殡环节的具体操作方式是：先将棺柩的大端（有"福"字）向前、小端（有"寿"字）向后放在龙杠之上，接着将棺罩置于柩上，然后十二名（或十六名）大力分列两旁，待法师作完法事，掷出燃着的火把之时，大力齐喊一声"起"，起杠出殡。这里要说明的是，京族人认为他们的父母出生时头部先出，归终时自然也要头先出，有"脚踏龙尾"之说。灵柩出门后，长子以布带牵着棺柩走在行列的前面，所有孝男持孝杖，身着白色孝衣，头戴白色孝帽；孝女则穿白色孝衣，头包白色孝巾，一路随灵柩哭行。京族的传统习俗为，棺柩每抬至50多米远，后面的孝男就要跑到行列前面，躺在地上，让棺柩跨过之后才能起来，以示孝顺父母。如果出殡之日，法师阅通书见有"重丧"二字，孝子手里还要捧个纸质的"假棺材"走在行列前面，这个纸棺材要与棺柩一起埋葬。

用龙杠抬着棺柩来到事先挖好的坟地之后（坟穴地点与方向是法师根据死者的命庚选好的），法师还要举行某种仪式。第一步是：法师用手牵着一个绳索缠腿的小雄鸡，让鸡在穴里走来走去，谓之"开穴"；接着，将棺材放入墓穴中，法师用牙咬伤鸡冠，让鸡血滴入棺柩四周，孝子随后掷少许泥土至棺柩之上，然后大力们开始填土起坟。埋好后，棺罩要点燃烧毁，京族棺罩是用竹材编制而成的三层楼房，外表粘五色纸，尺度大小与棺材匹配，罩内燃一盏三支灯芯的明灯。燃罩前，棺材大端要设死者灵位，并放置一碗有一条鱼的米饭，饭中插一双筷子以作祭品。送葬回来后，龙杠须存放在哈亭后面。

总之，京族人认为，阴间和阳间是相通的，如果对逝者丧礼做得好，就会得到祖宗先灵的保佑。是故，京族人历来对丧礼都特别重视。

图片来源
图一　许边疆　摄影
图二至图七　许边疆　制图

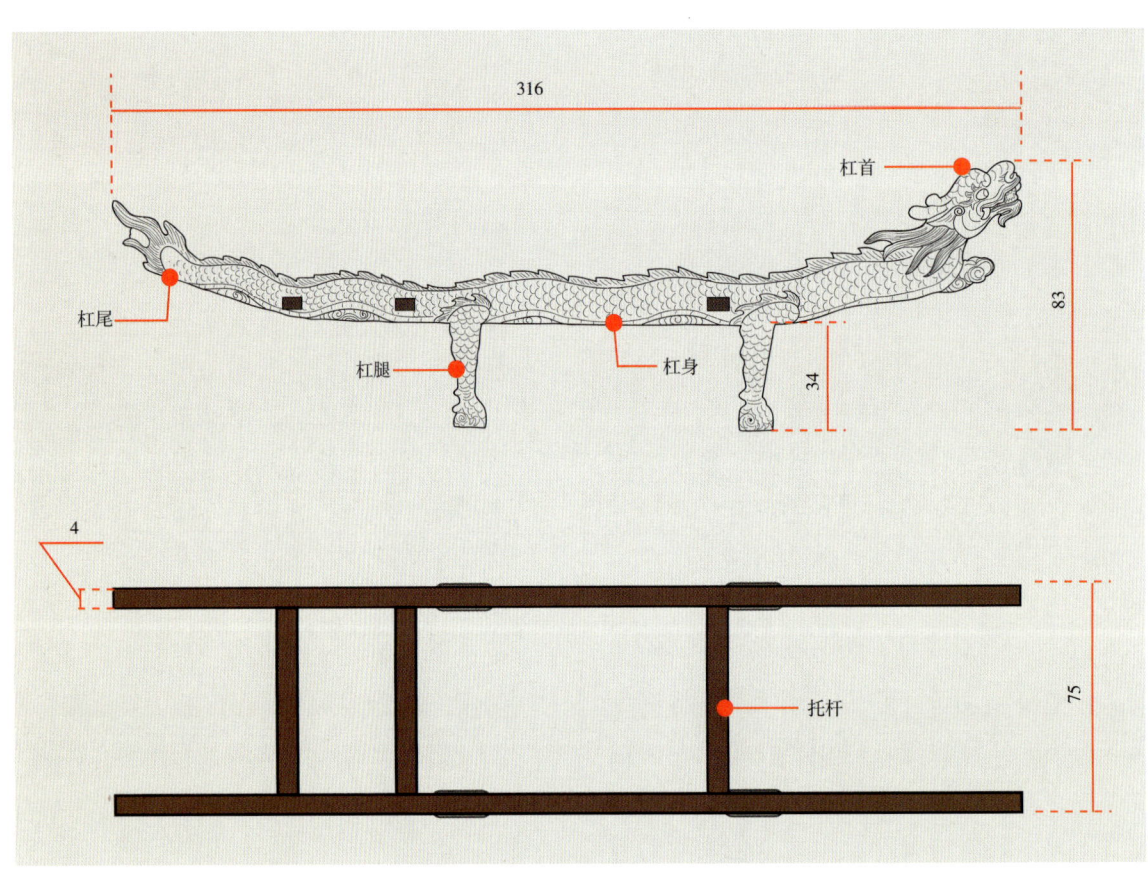

图二　京族龙杠尺寸图（单位：cm）

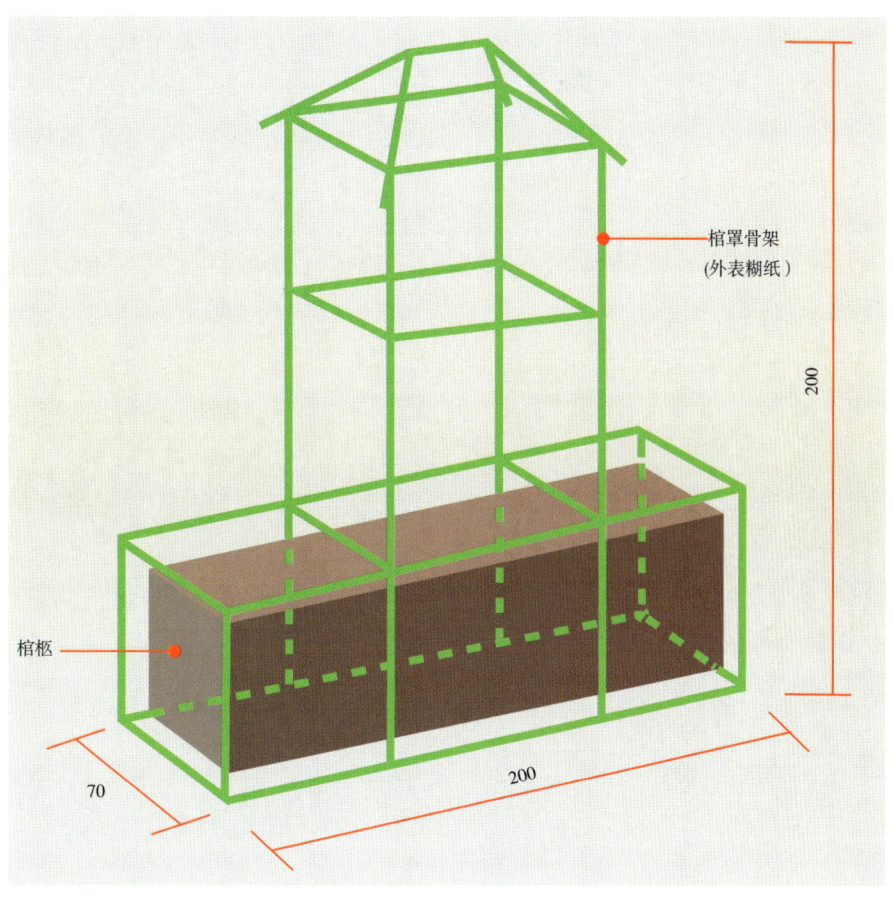

图三 京族竹编棺罩尺寸图（单位：cm）

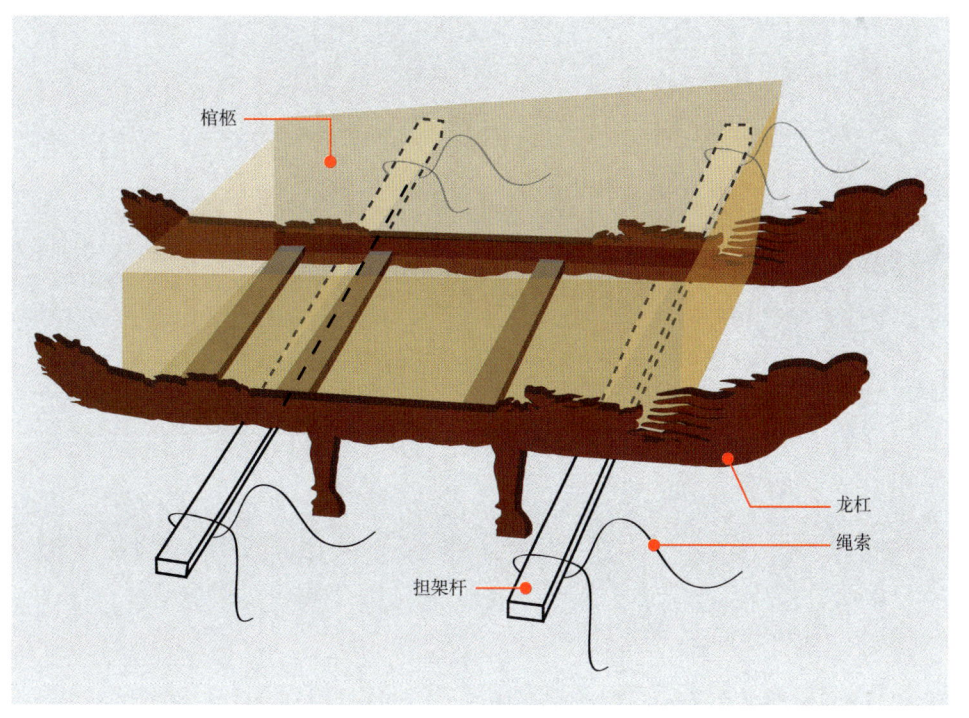

图四 京族龙杠功能分析图

图五　京族丧葬流程图1

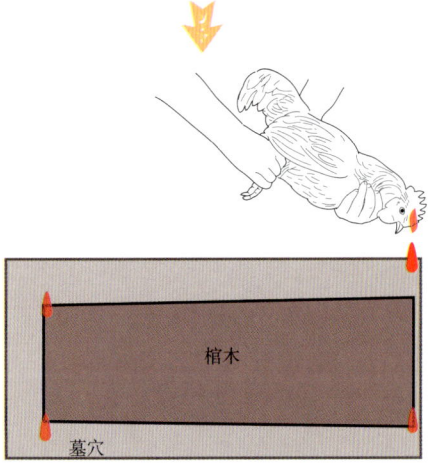

图六　京族丧葬流程图2

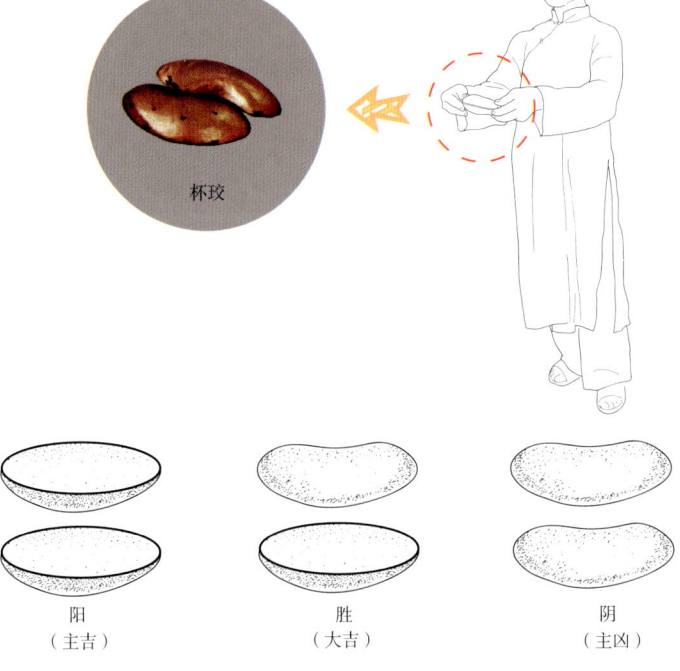

阳	胜	阴
（主吉）	（大吉）	（主凶）

图七　京族丧葬流程图3

声 明

本书编写时收入的个别图片,因条件所限,未能同相关著作权人取得联系,获得授权,敬请谅解。请相关著作权人及时与编者联系,以便奉上稿酬。谢谢!